MON GALURIN GRIS

DU MÊME AUTEUR

Phénomène futur
Seuil, « Fiction & Cie », 1983

Bar des flots noirs
Seuil, « Fiction & Cie », 1987
et « Points Roman », n° R 328

En Russie
Quai Voltaire, 1987
et Seuil, « Points » n° P 327 (à paraître en février 1997)

Sept Villes
Rivages, 1988

L'Invention du monde
Seuil, « Fiction & Cie », 1993
et « Points » n° P 12

Port-Soudan
Seuil, « Fiction & Cie », 1994
et « Points » n° P 200

Fiction & Cie

Olivier Rolin

MON GALURIN GRIS

Petites géographies

Seuil
*27, rue Jacob, Paris VIe*

COLLECTION

« *Fiction* & Cie »
DIRIGÉE PAR DENIS ROCHE

ISBN 2-02-031264-6

Pour Maline

Mon galurin gris

J'aimerais éviter une possible équivoque : je ne crois pas être un « écrivain-voyageur » (je préférerais, à tout prendre, être un gentleman-cambrioleur). Il n'y a pas plus de littérature de voyage, me semble-t-il, qu'il n'y a d'agences de littérature. Et puis, il ne me plaît pas que ce retour au vert paradis des émerveillements enfantins ait été prôné, en France, pour tenter de prendre une très explicite revanche sur le supposé « terrorisme » d'une tradition qui prétendait ne pas laisser cette bonne vieille chose romanesque à l'écart de la philosophie, des sciences humaines, de la pensée critique. Je ne viens donc pas, par la présente, solliciter mon enrôlement dans la troupe, fleurant bon le santal et l'orang-outang, des *travel writers.*

Il n'empêche : on aime partir. On n'a pas l'impression, ce faisant, de signer un manifeste littéraire. On aime partir pour ces fragiles raisons, ces quantités ténues, échappant à la définition et presque inavouables, qui en fin de compte gouvernent notre vie et jusqu'à notre amour des livres. Parce qu'on s'imagine sottement que des cachets étranges donneront un surcroît de charme aux lettres qu'on envoie à une femme, qu'on lui parlera d'une voix que rendront plus regrettable les réverbérations satellitaires. Ou bien parce que depuis très longtemps, depuis toujours dirait-on, on a dans la tête des vers du *Transsibérien* ou du *Panama,* « le bruit éternel des roues en folie dans les ornières du ciel », « la mort en Mandchourie/ est notre débarcadère est notre dernier repaire », ou « le palmier greffé dans la banne d'une grue chargée d'orchidées ». Ou bien encore parce qu'on aime les lignes que jettent à l'infini les rails sur la terre, les sillages dans le ciel et sur la mer, parce qu'on est enclin, pour telle ou telle raison dont la vie est prodigue, à connaître « la mélancolie des paquebots, les froids réveils sous la tente, l'étourdissement des paysages et des ruines, l'amertume des sympathies interrompues », et qu'enfin « il n'y a plus que la Patagonie, la Patagonie, qui convienne à (son) immense tristesse ». On peut imaginer que la Terre est comme le vaste blason bigarré de nos passions. Dans les écrits des pères de l'Église, l'Égypte était synonyme de péché. Loin de moi une telle pensée, il reste qu'il y a des lieux, des paysages, des noms qui conviennent au chagrin et d'autres à l'allégresse, il y a des capitales de la douleur, des déserts de l'amour, des mers de la sérénité, des lointains intérieurs, des ports de l'angoisse, des soleils bas tachés d'horreur mystique, des canaux faits pour le calme et la volupté, des cartes du tendre.

D'ailleurs il y a bien, entre le fait d'écrire et celui de voyager, certains rapports secrets. Le premier qui vient à l'esprit, c'est que l'une et l'autre activité attestent une sorte d'instabilité essentielle. A quelles sources s'alimente cette très mystérieuse énergie qui inaugure et soutient tout du long le travail de l'écriture ? Il faut l'avouer, à un désordre majeur. A l'origine de cette pratique mégalomane et asociale, il y a une « intranquillité » permanente, l'incapacité à trouver ou accepter une place dans le monde, dans l'époque, dans la société. Écrire, cela commencerait par le sentiment d'être déplacé, sans feu ni lieu, sans foi ni loi. Sa vie même, on n'est pas tout à fait sûr d'y être vraiment à demeure, ainsi que l'exprime l'admirable titre d'Armand Robin, *Ma vie sans moi*. Il faut le répéter, parce qu'on aurait tendance à l'oublier : la littérature n'est pas une activité mondaine, elle implique un désaccord avec le monde. Pour tout dire, un écrivain est presque inévitablement un désaxé, un « agité du bocal » (je sais qu'on peut m'opposer quelques cas d'ambassadeurs, de courtisans, de bons pères de famille, on a même vu les œuvres d'un président de la République encensées par des académiciens, il n'empêche : une mère consciente de ses responsabilités ne devrait sous aucun prétexte marier sa fille à un écrivain, ah non !). Celui qui s'écarte des usages sociaux pour ourdir avec personne, que des fantômes, ce complot à nulle fin réelle dédié, il faut que quelque chose très obstinément en lui ne « tourne pas rond », que dévie sans trêve le mouvement de la vie. Disant cela, je n'affirme pas une préférence esthétique un rien théâtrale pour la pose du « poète maudit » : il me semble énoncer quelque chose d'aussi nécessaire et dépouillé de sentimentalisme qu'une loi de cette dynamique assez particulière qu'est l'écriture.

On pressent évidemment le rapport que toutes ces complications entretiennent avec le voyage, les mots mêmes le suggèrent, qui lient métaphoriquement les dérèglements de l'âme aux transports dans l'espace : agité, désaxé, déboussolé. Celui qui se sent déplacé ne tient pas en place, celui qui dévie quitte la route. L'inquiet éprouve l'*inquies* latine, que définit ainsi le Gaffiot : « défaut de repos ; (fig.) agitation, trouble ». Il faut ne pas tourner rond pour tourner, ainsi que Cendrars, « dans la cage des méridiens comme l'écureuil dans la sienne ». On pourrait dire que voyager, c'est transcrire dans l'espace une « intranquillité » que l'écriture fixe dans les lettres, c'est fuir sans cesse, d'éphémère façon (et finalement inutile, bien sûr), le sentiment d'un refus éprouvé, ou bien à venir mais inéluctable, que l'écriture essaie quant à elle de métamorphoser dans l'éternité problématique des mots. Le « dépaysement » : si l'on veut bien dépouiller ce beau mot de la niaise connotation touristique qu'il a revêtue en cette fin de XXe siècle, on retrouvera la signification qu'il a d'abord, et qui est celle d'une expérience intellectuelle. Être « dépaysé », retranché de son pays, c'est faire, si superficiellement et rapidement que ce soit, l'expérience qui est je crois au principe de l'écriture, et qui est celle de la séparation. C'est se priver de ce qu'on a de plus proche et qu'on ne sait (ou ne veut) plus voir, tenter de retrouver une acuité perdue de l'œil : Gauguin aux Marquises ; pratiquer une sorte de suspension, d'*épochè* de la coutume qui empâte et obscurcit l'esprit ; faire ces gestes en sachant qu'ils sont en fin de compte vains : mais sachant aussi que rien ne saurait sans doute plus justement définir ce qu'il y a d'un peu estimable dans l'humanité que la recherche de ce qu'on n'atteindra jamais. Le « dépaysement », c'est l'éloignement de ce qui est, au sens strict, le « lieu commun » : j'observe en passant que le plus grand ennemi de l'écriture se désigne, en français comme en castillan ou en anglais, du même mot, lieu ou *lugar común*, *commonplace*, qui suggère aussi l'idée d'une habitude spatiale ou géographique : l'idée de prendre ses aises dans les lieux, lieux quiets qu'il est difficile dès lors de qualifier autrement que : d'aisance.

De cette parenté inquiète entre littérature et voyage, il y a bien sûr un éminent et paradoxal témoin, le grand contrevenant, Rimbaud. La seule chose qu'il convienne de rappeler ici, c'est ce fameux « mystère » de la disparition de la poésie dans la distance. A vrai dire, il n'y a que des assis pour s'étonner de ce tour de passe-passe. Entre la poésie écrite et la poésie errante, juste une différence formelle : aventures radicales, sidérantes, l'une et l'autre, puisant leur énergie à la même source d'où jaillissent et rejettent la vieille terre recrue des lieux communs révolte, sarcasme, mépris et exil. J'ajoute, tout de même : une différence pratique, aussi ; dans la poésie écrite, on peut être suivi, imité, déformé, dépassé, qui sait ? Dans la poésie errante (dans son rapport avec la poésie tout court), on voit mal Mallarmé suivre le passant considérable. Il m'a semblé comprendre, vaguement, ces choses (tout ce qui se tient du côté de la littérature, on ne l'aperçoit que vaguement, ou bien c'est qu'on est un cuistre), en lisant, au bord de la mer Rouge, à Port-Soudan où m'avait attiré le hasard d'un titre élu huit mois auparavant dans un hiver parisien, *L'Œuvre-Vie* établie et raisonnée (si le mot convient…) par Alain Borer. « Dites-moi à quelle heure je dois être transporté à bord » : dernière phrase connue, adressée au directeur des Messageries maritimes à Marseille, du poète-aventurier rêvant du départ quand la mort en a presque fini avec lui : ce sera fait le lendemain, 10 novembre 1891, dix heures du matin. Rêvant donc, à la façon prosaïque qui devrait être celle des poètes d'aujourd'hui, le vieux mythe du Styx, le calme héros regardant le sillage et ne daignant rien voir... Il m'a semblé alors, aussitôt, et ce sentiment inexplicable peut-être ne m'a pas quitté depuis, que cette phrase était, pour ainsi dire, l'un de ses plus beaux vers (plus « immortels », comme disaient nos vieux maîtres...), le seul qui pût conclure, avec sa vie, son œuvre. « J'ai rassemblé », écrit Cendrars dans la *Prose du Transsibérien*, dont les locomotives en folie filent, aussi bien, à travers la Méditerranée gelée comme le Baïkal, vers de désastreuses Afriques, « j'ai rassemblé les éléments épars d'une violente beauté » : et dans ces éclats magnifiques il y a des lettres, des vers, et il y a de l'espace, des lichens de soleil et des morves d'azur.

L'évocation du nègre blanc suffit à faire comprendre qu'en vérité les voyages ne sont que des exils velléitaires, comme il y a des suicides ratés. Tels sont exactement leur intérêt, et leurs limites. On jette le regard au fond du gouffre, on reste au bord. Le gouffre serait de demeurer. On s'imagine séparé de soi pour mieux se retrouver. Le premier grand récit de voyage, dans la tradition littéraire occidentale, est un *nóstos*, un récit de retour. Ulysse est le contraire de Rimbaud, c'est un rusé, un calculateur opiniâtre qui ne pense qu'à retrouver son île, son palais, son lit, et dans son lit le sexe de Pénélope, au fond duquel il essaiera d'oublier celui, combien plus effrayant, des captives : tous les lieux anciens, lieux de mangeurs de pain, lieux dans l'emboîtement progressif desquels s'opère la réduction sans quoi il craint de voir se disperser sa volatile qualité d'homme. Même l'amour d'une nymphe, aux confins du monde connu, ne saurait lui sortir ça de la tête. Son vieux chien de lui se souvint. C'est dire. Plus que l'air marin la douceur angevine : Ulysse aurait pu l'écrire. Pas de mer allée avec le soleil. Pas d'éternité. Allons, la cause est entendue depuis longtemps, le voyage n'est qu'une feinte, une fanfaronnade philosophique.

Et pourtant, pour une autre raison encore, plus technique en quelque sorte, il me semble avoir quelque partie liée avec la littérature, dont la mort est la routine linguistique, le stéréotype, la phrase somnambule que fait marcher l'habitude. Le premier devoir de l'écrivain, avant celui de « raconter des histoires » ou de « faire rêver », comme on va de nouveau ânonnant, cela demeure de donner un sens plus pur aux mots de la tribu. Ou bien (en fin de compte, cela revient au même, et la formulation est moins douteuse) : mettre le bonnet rouge au vieux dictionnaire. Quoi qu'il en soit : inventer dans sa langue une langue nouvelle, qui dérive et dévie des langues communes, les emploie et dévoie, les décompose, les recompose, les dévergonde, les dégonde, les hystérise, les électrise, suscite en elles une transe ou bien, si l'on veut une autre image, un équivalent de ce phénomène qu'en physique on nomme supra-conductivité. Simplement, ce qui s'appelle le style, tout autre chose bien sûr que « la petite musique », « l'élégance », « l'économie », et autres douceurs qui flattent le Nouveau Bon Goût français : non, la colonne et le poignard, ce qui élève et ce qui déchire, ce qui soutient et ce qui tue, l'un et l'autre en un seul geste décisif : Brutus. Et les voyages, dans tout cela ? J'y arrive.

Dans un petit texte, *Paysages urbains*, qui est en somme une suite d'impressions de voyage, Walter Benjamin écrit ceci, qui n'est paradoxal qu'en apparence : « Trouver des mots pour ce qu'on a devant les yeux, comme cela peut être difficile. Mais lorsqu'ils viennent, ils frappent le réel à petits coups de marteau jusqu'à ce qu'ils aient gravé l'image sur lui comme sur un plateau de cuivre » ; et il ajoute : « c'est seulement lorsque j'eus trouvé ces mots que l'image se dégagea du vécu trop aveuglant, avec des bosselures dures et des ombres profondes ». En d'autres termes, on ne voit vraiment une chose que lorsqu'on a trouvé les mots pour la dire. Ce sont les mots, les mots difficiles, qu'il faut aller chercher très loin, parfois, dans les profondeurs de la langue, qui suscitent et durcissent l'image d'une chose, comme le cuivre martelé, repoussé, fixe une figure. L'œil écrit, ou plutôt : la plume voit. Je ne vois, littéralement, le ciel que lorsque j'ai trouvé, pour le décrire, autre chose que : il est bleu, ou gris. Homère nous fait voir la mer bachique, sanglante, sombre, nauséeuse, la mer vivier de monstres, reflétant des soleils bas etc., lorsqu'il la dit *oinops*, couleur de vin. Or, on a beau dire que le monde est partout semblable, ça n'est pas vrai. La « mondialisation » a encore fort à faire avant de digérer le monde. Il y a, certes, un marché des « choses vues » : mais il y a encore une liberté, une aventure, et même une sauvagerie du regard. Voyager, c'est donc se trouver sans cesse confronté à des situations, des mœurs, des choses nouvelles. C'est renouer un peu, un moment, avec le travail de l'*infans* qui, pour découvrir les choses, doit découvrir le langage qui les dit. Pour voir ce qu'on n'a pas vu, fixer l'image de choses, de mœurs, de situations nouvelles, il faut inventer, sinon des mots nouveaux (ça n'est d'ailleurs pas interdit, n'en déplaise au conformisme du NBGF susmentionné), au moins un nouvel usage des mots, un nouvel arrangement des mots et des phrases. Si je veux ne serait-ce que donner une petite idée du tohu-bohu d'une rue de Bombay ou de Saigon, l'étrangeté de ce qui décille mes yeux m'oblige à trouver, ou plutôt à chercher quelque chose qui en soit un équivalent étrange dans la langue, une vitesse, une tournure, une ruse, un écart des mots, des sonorités, du rythme qui suggèrent un mouvement immense et lent composé de vives agitations, du compact fabriqué d'hétéroclite, du bruit cacophonique et symphonique, etc. Pas plus compliqué que ça : « Comme cela peut être difficile », dit Walter Benjamin.

De cette difficulté, de cette exigence qui est comme l'éthique élémentaire de l'écrivain, Francis Ponge, pas précisément un *travel writer*, rapporte un exemple, avec cette précision non exempte d'une certaine lourdeur qui est parfois son fait. Il se trouve en Algérie, il cherche le mot qui qualifierait exactement « un rose, un certain rose » des collines du Sahel. « Un rose, dit-il, qui ressemblait un peu au rose des chevilles des femmes algériennes ». Cyclamen, non, alors polisson, coquin, « à cause du côté sensuel de la chose » ? « Je mets en fait, je dis que beaucoup de poètes se seraient arrêtés là. Ils auraient dit : polisson, ça marche. Je ne sais pas pourquoi ça ne marchait pas. » Mais ce polisson refusé l'aiguille sur « sacripant » : « Le mot me plaît. Rose sacripant. Ça y est. J'étais sûr que je l'avais. » Et puis, des semaines plus tard, il consulte le Littré, et trouve que le mot vient de Sacripante, personnage de l'Arioste, tout comme Rodomonte : « Rodomonte, qui signifie rouge montagne, et qui était roi d'Alger. Voilà la preuve. (…) Il n'y a pas toujours des preuves comme ça, naturellement. Ça serait trop beau. Mais c'est une indication que j'ai eu raison d'attendre et de refuser des cyclamen et des polisson, des mots, des roses qui étaient presque bien, mais qui n'étaient pas "rouge montagne", "roi d'Alger", jusqu'à celui qui était évidemment "rouge montagne d'Algérie". »

Dans ce récit de très scrupuleux artisan, il y a aussi une sorte de pensée magique jusqu'aux conséquences de laquelle je ne m'aventure pas : il n'y aurait, si l'on comprend bien, qu'un seul mot pour entrer en accord avec une qualité d'une chose donnée, une manière de talisman qu'il s'agirait de découvrir pour la faire apparaître. La littérature de ce siècle (voir le surréalisme) oscille sans cesse entre la tentation de se penser comme une pratique matérialiste et celle de se draper des mystères anciens du sortilège. Si je cite néanmoins cette anecdote pongienne, c'est parce qu'elle a le mérite d'aller un peu dans le détail de la recherche maniaque des mots qu'on s'imagine justes, et que cette obsession-là, qu'est-ce qu'un mot juste, qu'est-ce qu'une phrase belle (rebelle), il n'y a que ceux qui la partagent évidemment dont on puisse se sentir, d'une façon ou d'une autre, proche. Chaque mot, chaque phrase doit être tenu par beaucoup de fils, voilà ce qu'elle rappelle : tant de textes dont les coutures lâchent au premier mouvement, comme des habits de mauvaise confection… Il ne m'échappe pas qu'affirmer ces choses en introduction d'un recueil de petits écrits sporadiquement suscités, depuis une quinzaine d'années, par la fantaisie géographique, c'est donner des verges pour se faire battre : et comme ce ne sont pas les pères Fouettard qui manquent, il serait surprenant que ne s'en saisisse pas tel ou tel de ces sévères serpents qui sifflent sur nos têtes. Mais, à vrai dire, n'importe quel acte littéraire, et si modeste qu'il soit, expose à ce danger, alors… Je présume d'ailleurs qu'à certains la licence que je m'accorde d'utiliser Ponge semblera aussi incongrue qu'un permis de port d'armes délivré par lui-même à un pochard. Eh bien, soit…

Le dépaysement a encore à mes yeux une autre vertu littéraire, plus insaisissable il est vrai. Il me semble être du devoir d'un écrivain de n'ignorer rien de sa langue, de la pratiquer dans son extension la plus large, d'en fréquenter les parties hautes et basses, nobles et triviales, celles qui tombent en ruine et celles dont le ciment est encore frais. Les archaïsmes ont du bon, les néologismes ont leur charme, la langue de Claudel n'est pas négligeable, il arrive que celle des rapeurs de banlieue ne manque pas d'intérêt, les anglicismes, les latinismes, tout cela est à prendre en considération, les lexiques spécialisés sont des mines de Golconde au même titre que le théâtre classique. « Toute la lyre », comme disait l'autre. Proscrire l'usage de certains temps, certains modes, de l'adjectif, de l'adverbe, de ce qu'on voudra, prôner la langue parlée, la langue châtiée, ériger en dogme la simplicité de la phrase (ou, par hypothèse, la complexité), vouloir écrire comme Flaubert, Julien Gracq, Ponge, Cioran, San Antonio, cette fureur si française de régler, de légiférer, d'académiser, m'a toujours laissé extrêmement perplexe. L'idéal, me semble-t-il, serait d'aimer et de pratiquer toutes les formes verbales, toutes les nuances de la pensée que codifie la syntaxe, toutes les figures de rhétorique, les strates historiques et sociologiques de la langue, l'idéal serait de se souvenir de Ronsard en trouvant de l'intérêt à Suprême NTM : et j'ai toujours cru aussi, dans ma simplicité, que Rabelais ne devait pas penser très différemment, que cet enfant, la littérature française, à qui il apprenait les premiers mots, il appelait sur lui un destin de géant boulimique, non de jeune fille anorexique ou de vieux monsieur guindé.

Or, je crois aussi, c'est peut-être une lubie, que pour utiliser sa propre langue dans toute son étendue et sa profondeur, sa géographie et son histoire, il n'est pas mauvais d'avoir au moins quelques notions de celles qui cohabitent avec elle dans le parler de la planète, la bornent comme des montagnes ou des mers, la pénètrent comme des golfes, jettent vers elle des fleuves, des dépressions, des anticyclones et enfin, d'une manière ou d'une autre, exercent sur elle une influence. Voyager, c'est fréquenter ce voisinage linguistique. Les langues sont des monuments aussi intéressants que les pyramides ou le Parthénon, pourquoi ne les visiterait-on pas ? N'en ramènerait-on pas des « souvenirs » ? Le goût immodéré que j'ai du subjonctif, jusque dans ses emplois les plus désaffectés, vient sans doute, du côté de l'histoire, du latin, et de l'espagnol pour ce qui est de la géographie. La féminisation anglaise des bateaux peut suggérer au français une sensibilité maritime qui lui fait assez défaut (en témoigne notamment la tendance contemporaine à gâcher ce mot d'un fâcheux circonflexe : passe encore d'ignorer, dans un bateau, les hanches et les atours et l'allure d'une femme : mais y voir un gâteau...). Dans le même ordre d'idées – quoique de façon plus inexplicable –, j'ai l'impression que, pour décrire un nuage en français, il n'est pas complètement inutile (je reconnais que je préférerais écrire : *irrelevant*) de savoir que ce que nous désignons par ce mot les Portugais l'appellent *nuvem*, les Italiens *nuvola*, les Anglais *cloud*, les Grecs *néphos*, les Russes *óblaka*, et que Virgile nommait *nubes*, presque comme Cervantes, ces fragiles et éclatants volumes célestes. J'aime les dictionnaires, qui sont un commode moyen de transport. J'ai dans ma bibliothèque un dictionnaire « franco-tonkinois » acheté à Saigon, et édité « à Hanoi, rue du Coton », en 1898. J'y trouve, à l'entrée « nuage », les indications suivantes : *mây*, *dam mây*, *mây moc*, *ang mây*, *vân*. Mon ignorance du vietnamien me laisse perplexe. Il serait beau que cette langue disposât de plusieurs mots pour désigner ce lieu aérien dépourvu de réalité stable, cette ferveur de formes incontestables qui ne sont que mouvement et passage, liberté spectaculaire de ce qui sans cesse se dissipe, se détruit et s'engendre. Je ne sais pas comment on dit « nuage » en ouïgour, je le regrette, car je suis sûr que les Mongols, dont le grand dieu était le ciel, ont pour désigner les voiles dont il se pare des mots qui jettent de l'ombre sur les herbes et les chevaux. Si le lexique, et la fantaisie, gouvernaient absolument les vies (ce ne seraient pas de mauvais maîtres), cette croyance devrait suffire à ce qu'on marche un jour, nez en l'air, dans les banlieues d'Oulan-Bator.

Écrire ces mots me fait me souvenir d'une histoire qu'on m'a racontée autrefois, à Buenos Aires. Saint-John Perse, qui devait présider le jury de je ne sais quel festival (de cinéma ?) à Mar del Plata, avait séché la solennelle cérémonie d'ouverture. Il était parti en Patagonie, « écouter le vent ». Sur le moment, cette anecdote m'enchanta. A présent, je crains qu'elle ne soit un peu trop persienne... Il y a là-dedans, évidemment, de la pose, de la frime. Mais au fond, c'est ainsi. On voyage pour être cette minuscule silhouette, rouge il me semble, qui marche au bord d'une mer de bronze dans je ne sais plus quel tableau de Friedrichs. On s'éloigne pour figurer *in the distance*, pas grand-chose mais quelque chose quand même, un éclat infime de lumière dans le prodigieux orage du monde. On est mieux assuré, bizarrement, de briller comme ça, loin. Tout cela est assez infantile, mais les hommes, s'ils ne demeuraient infantiles, mériteraient-ils qu'on se souvienne d'eux ? Pour découvrir la perspective, il faut cette école occidentale d'exaltation et de dépréciation du sujet : on ne sort pas de là. On regrette que la planète, de part en part découverte, ne nous permette plus d'être des enfants grandioses, Colomb, Magellan, Livingstone. On aimerait être mangé comme Cook. On aimerait qu'une femme pleure nos abattis. Alors, on se balade, on se silhouette, convaincu vaguement qu'on est mieux, plus dignement là malgré tout, ailleurs, à l'hôtel des antipodes, que dans le lieu commun, et possédé en même temps par cette ironie qui est notre lot inévitable, pour peu qu'on ne soit pas trop stupide : on sait qu'on ne sera pas mis aux fers, ni tué, ni cérémoniellement boulotté très loin de nos anciens parapets... Hélas... « Tu ne trouveras pas de nouveaux pays, tu ne découvriras pas de nouveaux rivages. La ville te suivra. Tu traîneras dans les mêmes rues, tu vieilliras dans les mêmes quartiers, tes cheveux blanchiront dans les mêmes maisons. » Cavafy écrit cela, qui n'a rien de génial : c'est juste assez vrai.

Et puis, encore un mot, mais alors sans insister, tant cela devrait être évident. Nous vivons malheureusement des temps où l'affirmation du cosmopolitisme est redevenue une urgence éthique. L'Europe, qui eût pu offrir une perspective civilisée pour le début du nouveau millénaire, ne devrait pas se relever de l'ultime infamie (désolé, quel autre mot ?) de Srebrenica et autres fosses communes de Bosnie ouvertes et emplies de chair humaine sous nos yeux et presque notre contrôle. Pour les gens de ma génération, en tout cas, la messe est dite, nous ne croirons plus à cette vacherie. Plutôt : ceux qui continueront à y croire, c'est qu'ils ne croient en rien, je sais bien qu'ils sont légion. Partout, et jusqu'aux cœurs de nos pays, on tue ou s'apprête à tuer au nom de la « pureté ethnique », de la « race », de la religion, d'un principe réputé identitaire. Il se fait là-dessus, il faut le dire, un accord bien remarquable entre les pauvres et les riches, les anciens maîtres et les descendants des damnés de la terre. « Imams » égorgeurs, charcutiers serbes, miliciens cinglés du Rwanda, du Libéria, des États-Unis, de Somalie, basse-cour xénophobe russe ou française, colons israéliens, « indépendantistes » mafieux, gangs de banlieues, talibans de tout poil : il paraît assuré que le XXIe siècle sera tribal ou ne sera pas. Face à ce désastre, des vagabonds vêtus de flanelle comme Larbaud ou Cendrars font figure de défenseurs sinon d'une idée, au moins d'un style de l'universel : autant dire, presque, des révolutionnaires... Je comprends et approuve l'ironie dont Alain Finkielkraut, à la fin de son beau livre sur *L'Humanité perdue*, fustige la volatilité de l'homme moderne. Pas plus qu'à lui, tourisme ou barbarie ne me semble une alternative recevable. Il n'empêche : s'essayer à connaître les autres, même vaguement, rêveusement, même à la façon d'un dilettante, redevient une bonne manière de l'esprit.

Clarence, bâtard scandaleux du huitième earl of Warwick, lorsqu'il partait en voyage, faisait serrer dans ses malles trois caisses de porto, avec Lucrèce, Ovide, et quelques romans libertins : trait qui atteste un attachement pour certaines manifestations de l'Europe. Au reste, il affectait de ne se laver jamais, ou presque. A une comtesse russe qu'il connut en Perse, assez intimement pour qu'elle en souffrît et s'en étonnât, il fit cette réponse : *« It's enough that I should be cleansed of my country » :* « il me suffit d'être lavé de mon pays ». Et ce n'était pas qu'il ne l'aimât point, aussi : seulement il lui fallait pour cela, de temps à autre, s'en débarrasser et comme s'en purifier. Ses chemises de dentelle, pour sales qu'elles fussent, étaient célèbres dans l'Orient, ainsi que son feutre gris. Peut-être est-ce le même, racheté chez un fripier d'Istanbul ou de Moscou, que Cendrars (cet autre patriote cosmopolite), naviguant vers le Brésil, évoque dans un poème du *Cœur du monde* qui s'achève ainsi : « Ma malle pèse 57 kilos sans mon galurin gris ».

*

Les textes rassemblés dans ce recueil ne présentent évidemment aucune cohérence, sauf par hasard. Lorsque c'était le cas, un goût fâcheux de la classification, qui lutte en moi contre une tendance au désordre baroque, m'a poussé à ranger la Baltique avec la Baltique, le cône Sud avec le cône Sud, la France avec elle-même. Si j'en avais les moyens, il ne serait pas exclu que je redessine à l'équerre pays et continents, que j'élimine haies et chemins creux du monde : ce serait évidemment déplorable. Je serais le premier à regretter, comme toujours, ce que j'ai fait.

Est-ce que je regrette déjà ces « petites géographies » ? Il serait un peu ridicule de le soutenir, n'est-ce pas ? Néanmoins, certaines faiblesses m'apparaissent : naïvetés et tics dans tel ou tel texte ancien (les plus récents doivent en être pleins aussi, seulement je les vois moins ; et puis, après tout, il se peut que j'aie fait des progrès) ; tendance à la cuistrerie de certains autres ; certaines fois, ironiquement, c'est l'ignorance dans laquelle j'étais à l'époque qui m'a préservé de ce défaut : eussé-je été familier, en 1982, des œuvres de Neruda, que j'aurais sûrement lesté de sa poésie, à la beauté un peu lourde, mes souvenirs de Valparaiso. Des lambeaux de romans pas encore imaginés se laissent deviner ici ou là : rétrospectivement, pour les très rares, dont je suis, qui se souviennent à peu près de ce que j'ai écrit, cela fait des redites. Je me demande pourquoi, voyageant dans les pays Baltes, en 1990, j'ai choisi de transcrire mes impressions dans une forme qui évoque le vers libre. Ça n'était assurément pas pour « faire poète », il me semble que c'était plutôt pour échapper à cet artifice tyrannique de la *construction*, de l'enchaînement, de la transition, etc., qui requiert tant d'efforts stériles. Quoi qu'il en soit, je ne suis plus assuré du bien-fondé de ce parti. Reste la principale interrogation : quand on commence à rassembler ses petits écrits épars, n'est-ce pas qu'on n'a plus rien de neuf à proposer ? Il serait ridicule d'écarter cette hypothèse. Aucun écrivain, jamais, ne peut le faire : on vit toujours sous cette épée. Je laisse volontiers à d'autres l'affectation d'assurance qui caractérise les discours contemporains : ceux des politiques, des publicitaires, des sportifs (etc.). J'espère simplement prouver bientôt, à moi-même notamment, que cette inquiétude est vaine.

Sont mentionnés, après chaque texte, la date et le lieu de première parution, éventuellement de réédition. Je remercie ceux dont l'obligeance m'a permis, à tort ou à raison, de repasser par ces escales anciennes.

(1996)

Ushuaia : le bar Anna Karénine

Une fine pluie glacée tombait sur les alignements de baraques de Rio Grande, sur les grands camions des Transports de Patagonie, sur le rivage de terre rouge où chiens et goélands se disputaient des tas d'ordures. Pendant que Pepe, chauffeur de taxi fuégien, préparait pelles et chaînes pour le passage du col Garibaldi, je buvais un café, puisqu'il fallait l'appeler ainsi, dans sa maison où ronflait un accablant poêle à mazout, sous les yeux suspicieux de sa femme et de quelques enfants bigleux. Pour Bougainville, les Fuégiens étaient les derniers des hommes, opposés terme à terme, dans la hiérarchie de la sauvagerie, aux aimables Polynésiens : disgracieux, frustes en amour, pauvres et habitant une nature « effroyable », tandis que les Tahitiens étaient beaux, voluptueux, riches de l'abondance d'une nature luxuriante. Darwin aussi se demandera s'il pouvait exister quelque part au monde des hommes *« in a lower state of improvement »*. Les derniers Indiens fuégiens ont été exterminés au début de ce siècle, au terme de ce que les Argentins préfèrent appeler la « conquête du désert », mais enfin il semble qu'il reste quelque chose d'élémentaire, un principe rustique chez les actuels habitants de la Terre de Feu. Le décollage des Super-Étendards de l'Armada argentina faisait de petites vagues dans mon café : depuis quelques heures, une guerre bizarre avait commencé – à mon insu – sur un îlot désert situé à la même latitude, environ 1 200 milles plus à l'Est.

Pepe, à la différence de beaucoup de chauffeurs de taxi, était un homme d'excellent tempérament. Il trouvait tout *muy lindo* : la piste qui, traversant la Grande Ile, joint Rio Grande à Ushuaia, sa vieille Falcon au pare-brise grillagé avec laquelle il prenait des virages en dérapage sur les cailloux, le moindre baraquement d'une scierie perdue au milieu des forêts. Tous les vingt kilomètres environ, il baissait la vitre pour expédier un mollard dans l'air vif. De temps en temps, un grand trou disloquait les nuages, un soleil blanc pleuvait sur une forêt hérissée de lichens, sur un lac immense autour duquel s'ébattaient chevaux, moutons et guanacos. Pepe était très désireux de me présenter son frère, après avoir scruté les profondeurs verdâtres pendant quelques kilomètres il arrêta subitement sa voiture et émit une série de sifflements. Un homme des bois, en effet, sortit du couvert des sapins. Il travaillait pour une scierie autrichienne, jouait très bien de l'accordéon, et était heureux de ne pas « vivre en ville ».

« *Es el culo del mundo* », m'avait-on dit à Buenos Aires de la capitale du Territoire national de la Terre de Feu, de l'Antarctique et des Iles de l'Atlantique Sud. Prenant les choses du bon côté, Ushuaia, sur le canal de Beagle, s'enorgueillit d'être « la ville la plus australe du monde ». Devant le port, des panneaux indicateurs fixent les idées : pôle Sud, 4 000 km, continent antarctique, 1 000 km, La Quiaca (frontière argentino-bolivienne) 5 100 km. De l'autre côté du détroit, l'île chilienne de Navarino et, à l'est, les trois petites îles de Lennox, Picton et Nueva, prétexte d'un état de guerre larvée avec le Chili. La capitale du Deep South ressemble à une ville du Far West coincée entre des glaciers et la mer. Des rues qui grimpent en pente raide, vite lassées d'être pavées, finissent dans la montagne, tranchées boueuses bordées de maisons éparses. Tout ça est assez soigneusement bâti de tôles et de planches, souvent peint de couleurs pastel, et surmonté d'une grande quantité de fils électriques erratiques. Des pick-up Ford chargés d'hommes rougeauds en anorak et bonnet de laine soulèvent des tourbillons de poussière. Un monument en bronze vert épinard représentant trois dauphins tirant une sorte de skieur nautique rend un hommage allégorique à « l'œuvre civilisatrice de la Marine ». Là commence le quartier militaire, englobant notamment l'ancien pénitencier où fut enfermé et, dit-on, sodomisé, l'anarchiste le plus célèbre d'Argentine, Simon Radowitsky qui tua en 1909, d'une bombe adroitement jetée, dans le plus pur style *Condition humaine*, le chef de la police de Buenos Aires. Côté argentin comme côté chilien, le Grand Sud est évidemment la Sibérie américaine : neige et barbelés. Le long du détroit, derrière des remblais de gadoue, quelques épaves dodelinent avec la marée. Avec un peu de chance, on peut voir passer un phoque. Lorsque le soleil se couche, teignant de couleur glace à la fraise les sommets enneigés de l'île Navarino, il arrive qu'on rencontre dans l'avenue San Martín un cheval aux naseaux empanachés de vapeur qui regagne une *estancia* voisine. Une chose pourrait faire, à la rigueur, d'Ushuaia un lieu de plaisirs, c'est son statut de port libre : pour rares que soient les bateaux qui viennent ici chercher la laine des moutons de la Terre de Feu ou l'araignée de mer en boîte, ils suffisent à arroser les magasins de produits *duty free*. Les modestes vitrines regorgent d'une quantité absurde de whiskies, cigares, chaînes hi-fi, et plus généralement de toute une brocante internationale parmi laquelle j'ai été étonné de ne pas trouver un Sacré-Cœur de Montmartre.

Je savais qu'une jeune femme enseignait le français à trente Fuégiens. J'étais curieux de la voir, d'apprendre d'elle ce qui pouvait bien pousser, en Terre de Feu, à étudier le français. « L'ennui », me répondit, comme effrayée, cette créature minuscule, cependant qu'elle achetait quelques turgescentes pizzas dans une boutique en face de l'*escuela*. Son mari arriva bientôt, au volant d'une 404 éreintée. Fabriquait-on toujours ce modèle en France ? Je ne voulais pas le vexer, et l'assurai qu'on en redemandait. L'engin avait du mal à gravir les rampes qui menaient à leur maison, au-delà des derniers lampadaires, aux confins de la montagne. Il faisait une nuit peu commune. Enfin nous y fûmes. Dans la pièce principale, aux murs de parpaings bruts, sans revêtement, il y avait une table de camping, un berceau avec un enfant à tête d'éléphant de mer, et une télé. La buée dégoulinait le long des vitres. L'homme me demanda ce que je faisais à Ushuaia. *Periodista ?* Les journalistes, d'après lui, étaient souvent des espions. On venait d'arrêter trois Anglais munis d'appareils photo. Ça se passait de commentaire. Je pensais à Lowry : « Nous fousillons les escopions. » Sa femme me défendit. Elle me demanda en français, langue que n'entendait pas son époux, si j'habitais, à Paris, un appartement. Je ne comprenais pas. « Mon rêve était d'habiter un appartement, me dit-elle, « un appartement à Buenos Aires, en face de l'Obelisco. Et maintenant je suis ici, dans cette baraque, à Ushuaia, avec un enfant et ce mari. » L'autre me regardait par en dessous. Il était contremaître dans un chantier de bâtiment travaillant pour la Marine. Ça n'accrochait pas entre nous, Le jeune éléphant de mer se mit à hurler. J'assurai que je ne voulais surtout pas les déranger. Elle me suppliait de rester, je fus lâche. Je m'enfuis à reculons, lançant des *« muchas gracias »* et des *« hasta luego »* dans la nuit froide.

Quelquefois, les morts parlent plus que les vivants, et sur le quai, non loin du musée, certainement un des plus petits du monde, et qui témoigne d'une volonté touchante de se constituer une histoire, j'ai été leur rendre visite. Au cimetière, parmi les herbes gelées, les tombes attestaient une étonnante diaspora. Trois parmi d'autres : Gessie Lawrence, regrets éternels ; Wolfgang Wallner, né à Graz, Autriche, 1910, mort à Ushuaia, Tierra del Fuego, 1960 ; à Tomas Ivandic, hommage de la communauté yougoslave. Qu'est-ce qui a bien pu pousser des Yougoslaves à venir s'établir dans ce bout du monde ? Tard le soir, sous des lumières blêmes, derrière les vitres embuées du bar Anna Karénine, des Serbes ou peut-être bien des Croates se soûlent à la Quilmès en jouant au billard à 150 kilomètres du cap Horn.

Je n'étais pas depuis une journée dans la mélancolique capitale de la Terre de Feu, de l'Antarctique et des Iles qu'on est venu me trouver pour me signifier, courtoisement mais fermement, comme on dit, que je ne pourrais ni téléphoner, ni écrire, ni sortir de la ville, sans autorisation préalable. *Claro ?* Eh bien oui, c'était clair. Le lendemain, comme je regardais un petit caboteur prendre son mouillage devant le port, un policier me conduisit à la *Jefatura*. Le *jefe* me fit observer que je regardais la mer. C'était incontestable. Il me pria de ne plus le faire. « Je quittai Ushuaia, dit Bruce Chatwin, comme un endroit où je n'aimerais pas m'enterrer. » Moi non plus.

(*Libération*, août 1982)

Punta Arenas : une beauté magellanique

Midi un quart, dimanche : sortie de la messe devant la petite cathédrale blanc et ocre, très espagnole, de Punta Arenas. Le soleil a atteint son zénith, c'est-à-dire qu'il érafle les toits des maisons et jette sur les trottoirs, entre les grandes zones d'ombre glacée, quelques durs éclats de lumière d'hiver. Au bout de la rue Pedro Montt, on aperçoit un rectangle violet, le détroit de Magellan, et la côte neigeuse de la Terre de Feu sur laquelle vont et viennent des averses roses. La place d'Armes est le seul endroit où Punta Arenas, capitale de *Magallanes y Antarctica chilena*, ressemble furtivement à Montpellier : un square d'herbe rase piquée de ces pancartes, *Prohibido entrar en este jardín y cortar flores*, qui, d'être écrites en espagnol, évoquent irrésistiblement, pour le Lowryien impénitent, le fameux *« ¿ le gusta este jardín ? »* d'*Au-dessous du volcan* ; un kiosque à musique et des bancs publics qui témoignent qu'en été il doit faire presque chaud ; tout autour, quelques hôtels assez tarabiscotés, avec clochetons, belvédères, lucarnes et falbalas, même, pour l'un d'eux, une petite serre anglaise, abritent différents clubs d'officiers en retraite ou non ; dans une librairie, on trouve la biographie de Proust par Painter et *¿Existe el amor maternal ?* d'Élisabeth Badinter. Devant un Magellan de bronze entouré de la Patagonie et de la Terre de Feu soumises et rêveuses, la fanfare municipale menée par un gros à moustaches, à la veste grise trop courte, et qui s'embrouille dans son pas de l'oie, ouvre le défilé dominical. Derrière, un détachement de la marine, mitraillette en travers de la poitrine. Puis viennent les six institutrices de l'École n° 15 en jupe grise et blazer, puis les élèves, filles déguisées en pingouins, uniforme noir et passe-montagne blanc, garçons en premiers communiants. Il ne leur manque que de crier « Longue vie au président Pinochet » pour avoir complètement l'air d'une école chinoise. Toutes ces petites têtes sont alignées par ordre de taille décroissante, et le défilé est fermé par deux *Indios* si minuscules qu'on n'a pu leur trouver de partenaires, et qui en profitent pour en prendre à leur aise avec les cadences martiales. Quand tout est fini, les gens se dispersent et vont acheter des gâteaux, comme dans toute la chrétienté.

J'avais toujours rêvé de voir la frontière exacte d'une ville, la ligne au-delà de laquelle, sans discussion, commencerait la campagne : lieu autrefois matérialisé par les remparts, et que notre civilisation a pratiquement aboli tant les villes, même petites, n'en finissent plus de se dissoudre en baraques, hangars, cochonneries diverses qui dilapident la limite. Mais ici, ce n'est pas le genre de pays où les villes peuvent se permettre de faire durer les adieux : au-delà de la *laguna de patinar* où quelques enfants, glissant sur la glace, composent (si l'on y tient absolument) un tableau hollandais, c'est fini, les façades butent sur le lichen jaunâtre et les plaques de neige : début de quelques milliers de kilomètres de désert. La géopolitique a, dans ce Finistère américain, des subtilités de jeu de go : le territoire chilien de Magallanes coupe la Terre de Feu argentine de la mère patrie continentale puisque, pour y parvenir, il faut traverser le détroit, dont les deux rives sont chiliennes ; mais en retour, pour remonter par la route de Punta Arenas vers le nord du Chili, il faut obligatoirement passer par la Patagonie argentine, le territoire chilien, à ces latitudes, n'étant qu'une étroite bande de montagnes inaccessibles tombant dans le Pacifique. Chacun enferme l'autre, ce qui, en cas de guerre, promet bien des amusements.

L'avenida España, qui coupe la ville du nord au sud, semble avoir été construite par les fameux géants patagons, puisqu'elle mesure, pour des raisons qui, autrement, échappent à l'entendement, une bonne quarantaine de mètres de large. De minuscules arbustes émergent d'une sorte de poussière d'herbe agglomérée, protégés du vent antarctique par des coffrages de planches. De là, les rues dévalent à angle droit vers le détroit, et ce sont vraiment des rues sans histoire, sinon qu'on est surpris d'y trouver une bonne quantité de magasins *hindus* – à côté des inévitables yougoslaves. Le long du rivage, quelques épaves rouillées de grands voiliers du début du siècle servent de repaire aux cormorans et aux bernaches, ainsi, bien sûr, qu'aux militaires, qui les utilisent comme pontons. Une demi-douzaine de bateaux sont à l'ancre devant le port, navire-usines d'une incroyable vétusté, immatriculés au Japon, en Chine ou à Valparaiso, chargés d'hommes hirsutes en passe-montagnes, corvettes chiliennes bariolées comme des zèbres. Une reproduction assez exacte de temple grec, grande comme la Madeleine ou peu s'en faut, semble témoigner, avec l'hippodrome et les quelques hôtels de la place d'Armes, d'une volonté depuis longtemps abandonnée de faire de cette ville à la charnière des deux océans une sorte de Corinthe australe. Le temple sert d'entrepôt. Vers quatre heures et demie, le détroit devient couleur d'anthracite, le soleil se couche au fond de tourbillons de poussière, et on n'en parle plus.

Que faire à Punta Arenas la nuit ? Une promenade sous les lumières jaunes des lampadaires n'est indiquée que si on a le vent dans le dos – mais, voilà le problème, il faut toujours revenir – et qu'on est soigneusement encapuchonné. Et où aller ? On se lasse vite de suivre le cours du *río* des mines, une rivière si peu prétentieuse qu'un chat la traverserait sans se mouiller les genoux, d'autant qu'elle est à moitié gelée. Entre l'embouchure du *río* dans le détroit et le port, il y a une plage-terrain vague où l'on ne trouve plus guère, déception, de vertèbres de baleine enchâssées dans le sable, mais de ces détritus cosmopolites, pneus et boîtes de conserves, qui proclament sur tous les rivages l'avènement de l'ère du monde fini. Là se retrouvent, sous des nuages rapides d'encre bleue qui laissent voir beaucoup d'étoiles filantes, les amoureux de Punta Arenas : à condition évidemment de disposer d'une voiture. Le ressac, le vent tressant furieusement dans les épineux des haillons de plastique, y font un bruit déchirant. La bonne société, c'est-à-dire les militaires et les employés de la Compagnie du pétrole, se donne rendez-vous dans les salons de l'hôtel Cap Horn. J'ai, quant à moi, tenté ma chance au bar-bowling Ipanema, rue Jose Menéndez.

A quelques rares exceptions près, les filles buvaient du Seven-up à des tables exclusivement féminines, et les mecs se racontaient des histoires de mecs autour d'une bière Crystal. Attablée au milieu de créatures présentant le type des femmes de l'île de Chiloé, qu'un livre décrit ainsi : *bajas, gruesas y simpáticas*, c'est-à-dire courtes sur pattes, épaisses et sympathiques, il y avait une jeune fille d'une beauté admirable. Sa blondeur absolument étrange en ce lieu me fit imaginer qu'elle était yougoslave. Maigre, avec une grande bouche, des yeux verts à l'iris débordant, quelque chose de Miou-Miou qui aurait tiré sur Anouk Aimée, enfin je crois. Des poignets, des doigts, des chevilles d'une minceur stupéfiante, sur lesquelles étaient lacés des souliers dorés à hauts talons. Jeans blancs. Elle allumait clope sur clope, fumant de cette façon un peu ridicule qu'ont les adolescents, aspirant en tendant les lèvres, rejetant aussitôt la fumée en long jet. Je n'entendais pas ce qu'elle disait, dans le vacarme, elle secouait la tête avec brusquerie, faisant voler des pendentifs à quatre sous, riant puis bâillant. Ah, l'enlever à l'amour infâme, inévitable, d'un sous-officier de la marine… Lui faire connaître les rives de la Seine… Ce coup de foudre austral se déguisait de suspectes considérations philanthropiques, pas si éloignées peut-être de celles qui incitaient Cook ou Bougainville à ramener un aimable sauvage pour lui apprendre le violon dans les cours d'Europe. Le vent faisait des vagues de givre sur les vitres du bar-bowling Ipanema. Naturellement, je m'abstins d'aller lui parler : cela arrive souvent dans ces cas-là, et puis il y avait aussi que la chaleur de ce lieu, réconfortée par quelques verres de *coñac nacional*, et venant après les frimas du dehors, faisait de ma gueule une véritable débâcle, oreilles incandescentes, nez suintant et tout le reste. J'aurais bien voulu la voir se lever, mais j'ai craqué avant. De solitaire, il n'y avait, en plus de moi, qu'un vieux bureaucrate à grosses lunettes qui buvait de l'eau gazeuse.

Le lendemain, j'arrêtai un petit bonhomme emmitouflé pour lui acheter le quotidien du lieu, *El Magallanes*. J'espérais y trouver un fait divers qui fixerait à jamais dans ma mémoire la capitale du détroit. Un titre rouge barrait la une : « *Esperaron la muerte abrazados* ». Embrassés, ils ont attendu la mort – ou espéré, avec l'ambiguïté de ce mot en espagnol. Deux jeunes gens s'étaient laissé écraser à la tombée du jour, sur l'avenida Bulnes. Lui s'appelait Luis Omar Barrientos Chaura, vingt-deux ans. Elle, on n'avait encore pu l'identifier. Mon Dieu… Avait-on idée d'être romantique comme cela, sous ces latitudes…

(*Libération*, août 1982)

Valparaiso, aspects du Paradis

Les voyages sont surtout, j'imagine, une consommation de noms fabuleux. Valparaiso, pour moi, était de ces noms auxquels on ne peut résister toute une vie – surtout lorsque je m'avisai de ce que cela signifiait : la vallée du Paradis. Cette consommation s'accompagne d'une fourmillante jubilation sourdement contrariée, bien sûr, car rien n'est plus pur depuis le Jardin d'Éden, par le sentiment d'un grotesque enfoui au sein même du plaisir. Elle a ses règles qui, pour être arbitraires, n'en sont pas moins strictes : si vous vous trouvez, par exemple, à un carrefour entre la rue Arturo Prat et la rue Talcahuano, et que rien ne vous oblige à prendre l'une plutôt que l'autre, vous n'hésiterez pas, en principe, à choisir la seconde. Mais il faut compter aussi avec une autre faiblesse, tout à fait opposée – mettons que, dans une classification de type fouriériste, la première serait plutôt du côté de la *papillonne*, la seconde de la *pivotale* : il s'agit de l'assez lâche besoin qu'on éprouve, lorsqu'on est au diable, de se retrouver en terrain connu. Tout cela explique – autrement, ce serait un mystère – qu'à Valparaiso j'aie préféré, après avoir longtemps balancé, aller dîner au restaurant Francia plutôt qu'au Blue Ship. Sur les murs, c'était inévitable, naviguaient quelques cap-horniers naïfs, et une statue de la Liberté trempait ses doigts géants dans la mer. Les serveuses, qui avaient dû en voir, portaient des dos larges et ronds comme des carapaces de tortue. Je les laissai me tirer quelques cigarettes, essayer de me vendre une médaille miraculeuse en laiton doré de la

Vierge de je ne sais plus quoi, puis je leur demandai pourquoi le restaurant s'appelait comme ça, Francia. Je me voyais déjà fêté au champagne par une vieille maquerelle qui aurait rêvé de la pluie sur Sanvic depuis les années de sa douce innocence. Eh bien non. « *No hay razón* », il n'y a pas de raison, fut la réponse, plutôt interloquée. Avait-on idée de poser des questions pareilles ? Tant qu'à faire, elles étaient quand même curieuses de savoir où ça se trouvait, la France. Lorsque je les eus assurées que ça n'était pas loin de l'Angleterre, elles s'en furent plutôt satisfaites. C'était un bon endroit à occuper, le voisinage de l'Angleterre. Quelque chose comme l'avenue Mozart dans la carte du monde.

Sur l'avenida Brasil, le grand *corso* du port, l'Europe a élevé des monuments pour l'édification de ses lointains descendants. L'Institut hispanique propose au souvenir des promeneurs le buste d'Isabel la Católica, patronne de l'Amérique, tandis que la communauté italienne rappelle, avec un très convenable Christophe Colomb, qu'elle n'est pas pour rien dans cette histoire de Nouveau Monde. Mais l'Angleterre, non sans quelque arrogance, ne laisse pas ignorer qu'à la grande époque de Valparaiso, les mâts de ses navires faisaient de la baie une forêt aussi mouvante que celle de Birnam, et que les prétentieux immeubles de la ville basse, mélange très mercantile de styles corinthien et néo-gothique, étaient peuplés par les employés des maisons de Glasgow ou de Liverpool. Lord Cochrane, juché sur un éperon de trière, muni de l'inévitable lorgnette qui symbolise toujours dans la statuaire l'homme de guerre maritime, fend les flots de la ville à l'entrée de Brasil. Un peu plus loin, l'arc de triomphe élevé en 1910 par ses compatriotes sous le prétexte hypocrite de commémorer l'indépendance du Chili permet surtout au lion britannique de poser ses fesses de bronze très au-dessus des palmes et des jacarandas. Celui qui a le courage de grimper l'interminable escalier des frères Montgolfier, plutôt une échelle de pierre, à vrai dire, qu'un escalier, tant sa pente est insupportable au fumeur de Gitanes, peut s'en convaincre : les morts étrangers qui prennent leur dernier repos, haut au-dessus de la ville et du Pacifique, dans la blanche forteresse funéraire du *cerro Panteón*, sont tous, si on néglige une poignée d'Allemands, des Anglais.

Valparaiso est bâtie sur une série de collines assez abruptes, ravinées par les eaux, tailladées en dizaines d'éperons, les *cerros*, lancés vers la baie. En bas, dans un étroit croissant étiré le long du port, la City affiche l'opulence éclectique d'une ville commerçante du siècle passé : plan en damier, réminiscences d'Europe, frontons, pilastres, Big Bens, ogives et pleins cintres, places avec verdures et kiosques, flamboyantes plaques de cuivre portant les noms internationaux des maisons de navigation, d'assurances, de courtage, *and Cy*, *and sons*, *e hijos*, *y socios*, *Ltd.* Au fur et à mesure que la ville escalade les *cerros*, la pompe de la City se reproduit en se dégradant, les rues orthogonales s'embrouillent, s'affolent, se retournent sur elles-mêmes, s'entortillent en vermicelles de plus en plus confus, en *caracoles*, escargots, spirales, accrochés aux courbes de niveau, finissent par se jeter, torrents de boue pétrifiée, dans les *barrancas* qui labourent les collines. La géographie étrange de Valparaiso, tas d'éboulis sur la mer, fait qu'il est presque impossible de passer d'un *cerro* à un autre voisin pourtant d'à peine une centaine de mètres : Valparaiso est un archipel, formé d'îles parfaitement isolées les unes des autres par les ravins, et qui ne communiquent que par la ville basse, ou par le chemin de ceinture tout en haut, où se réunissent les griffes de terre. Jusqu'à mi-pente, les maisons recouvertes de tôles finement striées, sorte de velours mille-raies peint de toutes les couleurs du hasard, conservent quelques-uns des fastes de la City, le métal se plie encore aux fantaisies décoratives, aux nostalgies architecturales. Des écheveaux piranésiens de passerelles permettent d'aller d'un rez-de-chaussée au toit d'une maison voisine, émettent des diverticules qui se transforment, au gré de leur caprice, en escalier, en balcon, en belvédère planté dans le vide. Plus haut encore, après quelques glissements progressifs, Valparaiso n'en peut plus, et opte franchement pour le bidonville, avec tout de même une ingéniosité, une audace dans la conquête du vide, qui interdisent de voir dans ces entassements vertigineux de ferrailles le simple sédiment du hasard.

Surmontée de cette inscription à peine lisible : *ascensor*, une porte s'ouvre dans la façade rouillée d'une maison comme les autres. C'est l'entrée presque invisible d'un des nombreux passages secrets de Valparaiso. A l'intérieur, dans l'ombre, tournent de grandes roues de fer, et par le rectangle de lumière où scintille la baie, des rails s'échappent, plongent vers les toits en contrebas, disparaissent dans le ventre d'une maison également indiscernable. Valparaiso est la ville des funiculaires. Il faut parfois cheminer une centaine de mètres dans des souterrains ruisselants pour parvenir à des embarcadères encore plus clandestins. La plupart sont hors d'usage, mais certaines épaves continuent à monter et à descendre sans fin au milieu des broussailles et des bosquets de mimosas, sans que personne préside apparemment à leur mouvement inexplicable et vain. Les cabines supposées bonnes pour le service n'inspirent guère plus confiance.

Dans toutes les rues, des étalages ruisselants font rouler jusque sous vos pieds d'énormes coquillages assez répugnants, gros comme de petites volailles, et dont il est impossible, une fois pour toutes, de retenir le nom. Celui qui voudrait consacrer sa vie à manger des langoustes et des oursins devrait aller à Valparaiso. On pêche la langouste surtout autour des îles Juan Fernandez, à quelque 400 milles au large, et qui sont dignes d'intérêt aussi parce que c'est là que fut abandonné le véritable Robinson, inspirateur malgré lui de De Foe, le matelot anglais Selkirk. Quant aux oursins, on en sert le corail dans de grands bols, baignant dans l'huile et le jus de citron, et on jette ensuite là-dessus un hachis d'oignons et de ce qui m'a paru être du cerfeuil, mais sur ce point mon témoignage n'est pas très sûr. Manger cela arrosé d'une bouteille de « Rhin » Undurraga, en méditant sur le sort de Crusoé – « C'est le soir sur ton île/ Et partout à l'entour où s'arrondit le vase sans défaut de la mer » – est un plaisir qui ne fait de tort à personne.

Vers dix heures du soir, la plaza de la Victoria est le lieu de la prostitution sauvage des filles et des femmes des hauts quartiers, sous les yeux indifférents des carabiniers kaki et de quelques clochards de type maritime – barbe, tatouages et bonnets de laine. Le voyageur, dans un hôtel pas très net, se retourne sur sa couche imprégnée d'odeurs et damasquinée de cheveux en entendant bruisser les sommiers métalliques, et pour le reste c'est le silence qui va avec ces amours-là. A la même heure, 200 mètres plus haut, une trentaine de fidèles de l'Église pentecôtiste de la Trinité chantent, en tapant dans leurs mains et en s'accompagnant d'harmonicas, de banjos et de maracas, que Dieu est avec eux. Au-delà de leur baraque en tôle bleu ciel perchée au bord d'un éboulis, on voit les bateaux illuminés tourner autour de leur ancre, sous les premières neiges des Andes, dans la baie du Paradis.

(*Libération*, août 1982.
Repris dans *Sept Villes*, Rivages, 1988)

Villes, livres

Je ne sais pas pourquoi Vieira da Silva faisait des villes avec des caractères de machine à écrire, des amis pourraient me renseigner, mais à quoi bon ? De toute façon, je trouve qu'elle avait raison. Et pas seulement parce que Alexandrie c'est Durrell, comme on dit, ou Cavafy pour les Grecs, ou Trieste Svevo, ou Prague Kafka, etc. Que veut dire, d'ailleurs, cette équivalence ? Probablement que les écrivains, avec leurs perspectives et leurs avenues et leurs quais de mots, leurs coupoles et leurs colonnes de mots, et aussi leurs poubelles, égouts, remugles, papiers gras de mots, nous aident puissamment à nous tromper, à errer dans et sur les villes. On lit un de ces livres dont une ville est le lieu et puis, débarquant un jour pour la première fois, on constate que rien n'a changé depuis qu'on n'y est jamais allé. Ai-je vraiment observé des ombres d'un mauve crayeux à Alexandrie, je ne sais, ou respiré le long du boulevard de Ramleh l'odeur des citrons mêlée à celle de la poussière de brique, et pourtant je suis certain de les avoir retrouvées là-bas, à peine descendu du petit avion d'Air Sinaï. Et qu'on ne vienne pas me dire que les ombres sont noires. Noires ! A d'autres… Au Mans, peut-être, quand il y en a, ou bien à Clermont-Ferrand, lieux, j'en demande pardon à leurs occupants, de peu de phrases. Mais là-bas, non : ombres et couleurs, souks et minarets, et mer de mots. Ces choses sont d'ailleurs assez connues, inutile de s'appesantir. Les villes construites, achevées – ce qui veut souvent dire : déjà à demi détruites – sont des villes écrites, archivées.

A cet égard, il est certain que beaucoup de villes attendent encore de naître, et risquent d'attendre longtemps, étant donné le tour que prennent les choses de l'esprit, et de l'écrit. La carte du monde est piquée de ces points clignotants, agglomérations s'imaginant être des villes, s'y essayant de façon touchante, ou choquante, cela dépend, à coup de rues, habitants, maisons, transports en commun, musées, même, toutes sortes d'accessoires encore, du mobilier urbain. Ces villes éventuelles, garde-meubles en fait, collections de fenêtres, n'ont parfois (et même le plus souvent) pas conscience que ce qui leur manque, c'est de prendre une forme imaginaire dans des livres, et ainsi il y a très peu de chance que Dallas ou Perth, par exemple, en dépit de leurs efforts parviennent jamais à être des villes, ces espaces flous où les lignes de mots, décalées, brouillent les lignes de pierre, et enfin c'est sans doute très bien comme ça. (Il ne m'échappe pas que, ce disant, je cours le risque de manifester l'ignorance où je suis, peut-être, de grands livres planant sur ces lieux-dits, mais ça m'étonnerait quand même.)

Une autre chose, encore, qui lie les villes et l'écriture, c'est d'être des formes de hasards plus ou moins ordonnés, mais ordonnés, on pourrait dire des hasards instruits, ou bien encore des désordres contrariés par une assez mystérieuse obstination. Parmi les nombreux aphorismes tirant sur la boutade que Borges a proférés au long de sa vie, je me souviens (à peu près) d'une réponse à la question « pourquoi n'avez-vous jamais écrit de roman ? ». C'est parce que, disait-il, je me suis aperçu que tous les romans, même les plus grands, sont mal construits. Justement, cette possibilité quasi infinie de bifurcation, de détour et de fourvoiement, à laquelle bien peu d'auteurs, grâce à Dieu, résistent, ces passages secrets, souterrains, ces mélanges de style, dénivellations, colimaçons, funiculaires textuels et incongruités diverses, font des livres, et particulièrement des romans « mal construits », la reproduction (comme les cimetières, mais plus gaiement) des labyrinthes urbains. Que les écrivains puissent se prendre pour des dieux, voilà qui m'a toujours semblé étrange.

En revanche, créant à partir de carrières de mots possibles ces grands réseaux aléatoires de phrases qui tant bien que mal tiennent ensemble, acquièrent une manière de personnalité commune, et auxquels on reconnaît même, parfois, une certaine beauté, leur travail n'est pas sans évoquer celui des générations qui finissent par nous léguer, sans s'en douter, Lisbonne et Prague et toutes les villes, les dédales intelligents d'Alfama ou de Malá Strana, ou le sympathique salmigondis architectural de Buenos Aires. Enfin il y a, dans tout premier mot écrit, première phrase de ce qui sera un tumulte de mots et de phrases, quelque chose d'aussi mythique que dans le sillon de Romulus, les lanières de cuir de bœuf de Didon.

J'aime les cartes des villes, qui sont une manière un peu naïve encore, mais tout de même plaisante, et d'ailleurs utile, d'en faire des choses imprimées. Les cartes des montagnes, pénéplaines, etc., non, mais celles des villes, oui (et aussi les cartes marines). Ce sont les seuls objets que je ramène de l'étranger, et ainsi je suis heureux d'en posséder quelques dizaines, dont certaines assez rares, comme celle d'Irkoutsk, qui n'est pas sur le marché. Il m'arrive d'y repérer parfois de hasardeuses ressemblances. Ainsi, un jour (et j'en ai, depuis, tiré quelque effet littéraire, bon ou mauvais, je ne sais, dans un roman), je me suis aperçu d'une familiarité formelle liant homothétiquement la gare de Retiro à Buenos Aires (à laquelle m'avait d'abord conduit, on s'en doute, plus que le besoin de prendre le train, la lecture du *Journal* de Gombrowicz), le chemin de fer General Mitre, qui en part, et la vieille banlieue aquatique du Tigre, où il aboutit, à la gare de Cais do Sodre, au chemin de fer et à la station balnéaire de Cascais, aux portes de Lisbonne. J'ai éprouvé, à découvrir cette particularité passée, je crois, inaperçue jusqu'alors, la même joie que celle ressentie le jour où je me suis avisé d'une ressemblance, pour moi frappante désormais, entre la fin du *Voyage au bout de la nuit* (« De loin, le remorqueur a sifflé... ») et celle de la *Connaissance de la douleur*, de Gadda (« Le coq, soudain... ») : cris rauques dans l'aube et la proximité de la mort. Pour en revenir à mes gares transatlantiques, une des manières d'exprimer l'ambition – déraisonnable, bien sûr – d'un écrivain, serait de dire qu'il souhaite continuer le travail de désinformation (pour l'information, voyez les guides) et de travestissement dont ses prédécesseurs lui ont légué le goût, intoxiquer de ses billevesées, homothétiques ou autres, de nouvelles générations de lecteurs, de telle sorte qu'à la fin il ne reste pas pierre sur pierre, mais bien mot sur mot, de Buenos Aires, de Lisbonne et des autres. Romulus ou Didon, oui, mais Gengis Khan aussi, voilà ce qu'il rêve d'être. Ce mégalomane. Et, autrement dit, Chronos, si l'on veut bien me pardonner ces embarras historico-mythologiques.

Puisque j'en suis aux cartes, autant signaler encore une autre chose qui se passe entre les villes et les livres, et dont elles sont les témoins : les révolutions et autres accidents historiques proscrivent en général, on le sait, les livres et leurs auteurs, en même temps qu'ils débaptisent les rues des villes, et quelquefois les villes elles-mêmes, qui furent leur berceau. Entre l'Alexandrie de Durrell et celle d'aujourd'hui, la Pétersbourg de Nabokov et Leningrad, il s'est passé quelque chose, c'est clair, même quelqu'un qui ne ferait que lire des romans s'en apercevrait au fait qu'il est désormais impossible de trouver Tattwig street, le boulevard de Ramleh lui-même, ou la Bolchaïa Morskaïa. Enfin, impossible, non, pas tout à fait, et c'est là qu'à l'aide des cartes s'improvise une discipline onomastico-urbanistico-littéraire délicieuse au cœur de tout vrai ami des livres et des villes, et qui consiste à faire rentrer de force la ville « vue » dans la ville lue, changeant mentalement, au nez des policiers qui n'y voient que du feu, les plaques qui portent les noms des rues. C'est un travail, autant le dire tout de suite, qui requiert beaucoup de méthode. D'abord, il faut compter avec l'esprit lunatique de quelques auteurs, qui ont vite fait de vous faire passer une ruelle pour une avenue, ou l'inverse, ou d'omettre des croisements, habitués qu'ils sont sans doute à traverser sans prendre garde à la circulation (laquelle a, évidemment, beaucoup changé depuis que le livre a été écrit). Les textes ne font donc pas toujours foi. Ensuite, il arrive que de nouvelles rues aient été percées, d'anciennes aient disparu (cas plus rare). Enfin, il faut se méfier comme de la peste des biographes, commentateurs, traducteurs, etc., qui, sous l'insidieux prétexte de vous aider, vous mettent dedans, et gravement *(scripta manent)*, une fois sur deux. Le témoignage oral des vieux habitants doit être accueilli, cela va sans dire, avec plus de précaution encore. La chance consiste évidemment à tomber sur une vieille carte dans un Guide bleu ou un Nagel du début du siècle. Ce n'est pas toujours si facile, et d'autre part il faut alors se méfier de ne pas, remontant trop loin dans le temps, tomber d'une erreur dans une autre. Ainsi l'avenue Fouad Ier, qui joue un tel rôle dans le *Quatuor*, et qui, si elle n'a pas été encore débaptisée, devrait s'appeler aujourd'hui al Mutwalli, se nommait, dans le Nagel trop ancien que j'ai consulté, rue de la Porte Rosette, ou rue de Rosette – autrement dit, le nom qu'elle avait pour Ungaretti ou pour Forster.

Bref, c'est à un vrai travail d'édition critique qu'il faut se livrer, mais aussi quelle satisfaction, comparable, j'imagine, à celle que procure la restitution des états successifs d'un texte, lorsqu'on est parvenu à dégager, dans toute sa pureté de début de siècle pétersbourgeois, l'itinéraire que le jeune Nabokov suivait pour aller de chez lui, 47 Bolchaïa Morskaïa, à l'institut Tenichevski (où étudia aussi, quelques années auparavant, Mandelstam), et qui s'énonce ainsi, maintenant [1] : rue Gersen (Herzen), place Isaakievskaïa (ex-Marie), perspective Nevski à droite, rue Tolmatchiova à gauche (ex-Karavannaïa, ce qui était plus joli), un cirque qui s'appelait alors Ciniselli, et qui se trouve à l'angle de Bielinskogo, qu'on va prendre sur la droite, ainsi que page 189 d'*Autres Rivages*, « un canal bâclé par les glaces », et enfin Mokhovaïa à gauche (il ne m'échappe pas que je suis peut-être en train à mon tour, d'induire en erreur d'éventuels promeneurs littéraires. C'est la vie. Pourtant, je ne crois pas. Je

1. En 1988. Cela a dû encore changer depuis.

vais jusqu'à garantir cet itinéraire, que j'ai choisi, volontairement, simple).

De ce qui précède, les esprits pratiques auront déjà déduit ce qui suit : les livres (qui ne sont pas faits pour résoudre des problèmes d'aucun ordre), l'espèce d'agitation dans laquelle ils jettent, peuvent aider à trancher une question particulièrement irritante pour tout amoureux des villes, et qui s'énonce simplement : par où commencer, et en fin de compte à quoi bon ? Chacun s'est trouvé dans cette situation : on débarque dans une ville inconnue, attendue, et au lieu de l'excitation qu'on s'imaginait devoir ressentir, c'est l'abattement : comment embrasser un objet si immense ? Dans l'espace, dans le temps ? Et naturellement, comme ces amoureux proustiens qui ne peuvent supporter de ne pas connaître, de la vie d'une femme, ce que d'autres ont connu, on ne peut accepter d'ignorer ce qui a fait les délices des foules sans nombre de promeneurs anonymes. Une solution consiste à repartir aussitôt, en emportant un sachet de sucre, un ticket de bus, une feuille morte, la notice nécrologique du journal du jour, par lesquels on se persuade que passe éminemment, ignorée des esprits vulgaires, l'essence de la ville. C'est une solution orgueilleuse, mais tout de même regrettable. On tombe alors dans une autre possibilité théorique : établir un système de quadrillage, de « ratissage » systématique. Mais par où commencer ? Par le centre, comme tout le monde ? La jalousie de la passion souffre de cette promiscuité. Par la périphérie ? C'est tout de même frustrant. Et d'ailleurs, quel principe d'investissement adopter ? Progresser en spirale ? en étoile ? carré par carré ? On se convainc vite que cette méthode est impraticable. Reste alors l'empire du hasard : prendre une ligne de métro et descendre à toutes les stations, ou à une station sur deux, ou à toutes celles qui commencent par l'initiale du prénom d'une femme aimée, etc. Plutôt que d'en venir là, mieux vaut s'en remettre à un hasard à tout prendre moins absurde, et laisser le fouillis d'une ville se composer lentement au fil des pérégrinations littéraires. Pour peu qu'on s'attache à suivre la trace d'écrivains aux domiciles aussi changeants que Kafka à Prague ou Joyce à Trieste, on aura vite dessiné sur le corps de la ville un réseau aléatoire mais tout de même plus signifiant que celui des transports en commun ou des transports de la fantaisie. On le compliquera avec celui des lieux décrits, des lieux fréquentés, on aura des discussions, qui tourneront parfois, tard dans la nuit, à la controverse, sur l'emplacement de la maison de la famille Popper, dans les hauts de Trieste, la localisation exacte de l'échoppe de Mnemjian « le coiffeur babylonien », de la cave « le Chien errant » où Akhmatova côtoyait Blok et Biély, Essenine et Mandelstam, on essaiera de reconnaître, au détail caractéristique des petits pavés noirs et blancs du trottoir, la rue de Lisbonne où fut prise une célèbre photographie de Pessoa, comme un fantôme en gabardine, chapeau et nœud papillon, celle de Prague où l'on voit, accoudé à une colonne, un Kafka à l'air gai près de sa sœur Ottla. Ceux qui font profession de dédaigner les biographies, les pèlerinages, les petites pratiques révérencieuses, prétendront – et ils auront peut-être raison – qu'ainsi on n'aura rien appris sur la littérature : mais la littérature, en se refusant, nous aura au moins, insensiblement, livré la ville, qui n'est que sa manifestation pétrifiée.

Et puis alors, chemin faisant, on aura, ou bien c'est qu'on est insensible, croisé le regard de la passante baudelairienne, « un éclair, puis la nuit », les pas tapant, claquant, haut et clair, d'Amalia Popper suivie par les yeux morts de Joyce, « amour obscur, noir désir, plus rien, le noir », le visage que Breton, une nuit, « avait follement craint de ne jamais revoir ». Yeux noirs, yeux tartares, « main balançant le feston et l'ourlet », « blanc ourlet ajouré d'une combinaison qui indûment se relève », etc. Conductrices de mortels tramways. Bourrasques subites aux carrefours, beaux coupe-gorge, palpitants accidents de la circulation. Milliers de hasards en chemin. Perspective Nevski, le démon allume sa lampe au regard des inconnues. Sous le ciel roulant les grands arums si beaux, sur les trottoirs bifurquant inexplicablement, marchent les ambassadrices du salpêtre. Ce n'est pas parce qu'il y a, dans les villes, des bibliothèques, les yeux morts des statues, des parcs que l'automne peint des couleurs du raisin mûr, des mouvements sociaux, les édifices de la presse quotidienne, non ce n'est pas pour ces raisons qu'elles sont les lieux où l'on écrit des livres. Je m'exprime ici à titre strictement personnel, mais enfin il y a longtemps que dans nos campagnes on ne croise plus de bergères, et comme, en plus, on n'y fait plus la guerre, cela ne facilite pas le travail des écrivains rustiques. Je ne veux pas prétendre que toute la littérature tourne autour de la rencontre d'une inconnue ou de la mort sur un champ de bataille, je connais comme tout le monde des exemples qui me démentiraient, et même des quantités. Mais enfin, tout de même… cela compte. Et, dans une époque qui ménage si peu de risque, une si faible part d'émotion, ce que nous savons désormais de la violence du hasard, c'est seulement la catastrophe inopinée d'un regard qui nous le fait éprouver (je sais ce que ces phrases dénotent de peu « moderne » : inutile de dire que cela m'est égal). Enfin, ces visages d'aventure, ces charmes impromptus qui à peine laisseront au cœur le temps de broncher qu'ils auront disparu, qui pourront, aussi bien, mener à tout et même à la mort, font des villes les espaces romanesques par excellence, les grands théâtres des masques et de la foudre, ou, si l'on veut le dire autrement, les seuls lieux du monde où d'assez nombreux Don Quichotte peuvent se balader, équipés de pied en cap, sans se faire particulièrement remarquer.

(*Sept Villes*, Rivages, 1988)

Triste Trieste

Ritorno a Trieste. Pluie. Le voilier, un peu vaisseau fantôme, glisse sur l'eau grise du Mandracchio, le vieux port cher au cœur de Quarantotti-Gambini. La jeune fille, mi-grecque mi-italienne, débarque sur le môle de l'*Audace*, un homme entre deux âges, cigarette aux lèvres, silencieux, tourne l'aussière. « Je te reconnais, vieux contrebandier. »

Giani Lepre, homme de cinéma, de télévision et de théâtre maintenant installé à Oslo, agité, volubile, difficile à suivre dans son dialecte italo-triestino-anglais, essaie de me parler des sentiments contradictoires qu'il éprouve pour sa ville : « *A typical cannot town* : ici, on a toujours mille raisons pour expliquer pourquoi les choses ne peuvent pas se faire. Une ville à l'écart. Rome, Vienne, sont loin. Trieste te laisse survivre sans trop de souci, c'est tout. *Easy going.* Une ville agréable pour écrire, sans doute. Pourtant, j'y reviens chaque année. » Les mots s'embrouillent, hésitent, Gianni le lièvre bondit sur un magnétoscope, enclenche une cassette : « C'est plus facile avec des images. C'est un film que j'ai fait l'année dernière pour la RAI. *Ritorno a Trieste.* »

« Je te reconnais, vieux contrebandier : nous sommes une ville frontière, une ville de *smugglers*, de passeurs, pas de héros. » Sous la pluie qui lui plaque les cheveux, la jeune fille frappe les sarcophages, les cippes, les chapiteaux brisés qui blanchissent l'herbe pentue du jardin lapidaire, devant la cathédrale San Giusto, au-dessus de l'Adriatique évasée entre les promontoires bleus de l'Istrie yougoslave et la côte basse où des fumées allées avec les nuages surplombent Venise invisible. *Hic jacet*, non loin des tombes des archiducs d'Autriche, Johan Joachim Winckelmann, fils d'un cordonnier mecklembourgeois devenu préfet des antiquités du Vatican et fondateur de l'archéologie, mystérieusement poignardé dans une auberge de Trieste quatre ans après avoir écrit son *Histoire de l'art chez les Anciens.* « Chez nous, la tradition est une excuse, et un carcan, pas une source d'inspiration. » Immobile sous un parapluie, face de pierre parmi les pierres, lunettes noires, un vieillard observe la jeune fille, s'approche, la suit, la poursuit, qui danse bientôt dans un hospice, au milieu d'un cercle de visages ridés, aux yeux fixes reflétant la stupeur, ou bien absorbés dans la remémoration de très antiques émotions, de lourdes mains nouées sur le pommeau des cannes, sous les masques de plâtre sardoniques qui veillent au plafond. Arrêt sur image. « Ici, c'est la ville qui compte la plus forte proportion de vieux en Europe. Les cimetières croissent tandis que la ville décroît. » La voici maintenant qui allume un cierge aux morts dans l'ombre fourmillante d'ors et d'argents de l'église orthodoxe d'Hagios Nikolaos, entre les stalles de bois noir où luit doucement le cuivre des lettres grecques. Déjà le vaisseau fantôme froisse l'eau du Mandracchio nocturne et les façades pâles des palais des *Rive* s'estompent et se brouillent, gris de plume du Lloyd Triestino, mosaïques pailletées du palazzo del Governo, ocre du teatro Verdi, pilastres, coupole pistache, statues d'archers et de buccinateurs de la Capitainerie, colonnes et balcons mauve léger du Savoia Palace, passerelles rouillées de la Gare maritime où n'accostent plus les grandes formes blanches, trouées de lumière, des paquebots.

James Joyce, *il maestro inglese* de la Berlitz School, note avec mauvaise humeur, dans une lettre de 1905, que les femmes de Trieste « se privent souvent de manger pour se pavaner en belles robes sur la jetée ». Le môle de l'*Audace*, du nom du navire de guerre italien qui prit possession, en 1918, de l'ancien port irrédentiste, est resté le lieu de promenade de la ville, *corso* débouchant sur le vide de la mer. Lorsque tombe la lumière, de partout converge sur ses grandes dalles le peuple des ombres triestines, ni vraiment mortes ni franchement vivantes, espèces de Cimmériens de l'*Odyssée*. Vieux messieurs à canne et chapeau, couples de veuves à pas lents, employés des innombrables banques ou compagnies d'assurance marchant pressés, attaché-case à la main, vers un hasardeux rendez-vous d'affaires avec le soleil couchant, amoureux éblouis qui vont s'enlacer devant le scintillement de l'eau. Traits noirs sur les bassins éclatants, passent et repassent, mécaniques, abstraits, silencieux, les rameurs des *Régates de San Francisco*[1]. L'ombre descend, le phare della Vittoria, le seul au monde, sans doute, à être éclairé en bleu et rose, s'allume sur la hauteur de Barcola, les jacquemarts sonnent les heures à la cloche de l'hôtel de ville, face à l'hôtel resplendissant d'électricité des Assicurazioni generali qui employèrent Franz Kafka dans leur succursale de Prague, la terrasse du café *degli specchi*, le Café des Miroirs, se vide doucement, les feux d'un vieux cargo mouillé en dehors des môles tremblent dans la mer, les conversations, tapotements de cannes, pas menus, déclinent sur la jetée. Onze heures : le théâtre Verdi ferme ses portes, filent les derniers passants pressés : dans le silence retombé que ne froisse plus que le chuintement rare des pneus et le clapotis des bassins, abandonnée sous les éclats réguliers des phares, coupoles bleues de Saint-Spiridion, dôme écrasé de Saint-Antoine au bout du trait d'eau noire du canal, frontons néo-classiques, austères façades Marie-Thérèse, halle Liberty désaffectée de la stazione Campo Marzio au-dessus des mâts de la Sachetta, Trieste semble alors non pas tant une ville réelle que la reconstitution sur documents, à la fois instruite et naïve, d'une ville après une catastrophe. « Plus les choses demeurent/ Vraies et intactes dans leur ancien aspect/ Trieste, et plus tu retardes ta fin » (P. A. Quarantotti-Gambini).

Gare, marché, cimetière : trois bons endroits pour se faire

1. Roman de Pier Antonio Quarantotti-Gambini.

une idée d'une ville dont la gloire fut d'être une petite Babel périphérique. A la Stazione centrale, à côté des trains de Rome ou de Vienne, arrivent ceux en provenance de l'autre Europe, si proche. Diretto 260 Moskwa-Warszawa-Budapest-Zagreb-Ljubljana. Espresso 262 Istanbul-Athinai-Beograd-Skopje. La tradition cosmopolite de Trieste la commerçante, l'« identité frontalière » dont parle Claudio Magris ne pèsent pas lourd devant la crainte qu'inspire le monde de l'Est. La ville garde un mauvais souvenir des quarante-deux jours d'occupation, en 1944, par les partisans de Tito, et les panneaux routiers ne se résignent toujours pas à donner à Pola ou Capodistria, les villes de l'Istrie perdue, leurs nouveaux noms yougoslaves. Des wagons couverts des poussières de la Pannonie débarquent des foules de paysans croates, hommes en costume sombre, au visage ciré et moustachu sous la casquette, femmes en ample robe, cheveux serrés sous le fichu, et on se dit que le *limes* qui passe ici ne sépare pas seulement deux espaces politiques, mais aussi et d'abord la petite péninsule urbaine d'Europe occidentale de l'immensité du monde agraire, russe, turc, et tout ce qui s'ensuit. On retrouve les voyageurs danubiens au marché de la piazza Ponterosso, sous les fenêtres où Joyce enseigna et habita, les croix de l'église serbe où il lui arrivait d'aller suivre la messe, non certes par dévotion excessive au « Seigneur Jaysus », mais par amour du chant – qu'il s'essayait lui-même à pratiquer. Étalages de jeans en tout genre, rétroviseurs-obus et mini-volants, articles pour la frime automobile du pauvre, jouets de pacotille pour la marmaille, les prix sont affichés en lires et en dinars, mais les regards des forains sont noirs. La colline des cimetières, vers San Sabba, témoigne pourtant de ce que Morand appelle, dans la coda assez chateaubrianesque de *Venises*, « une diversité qui est le dernier luxe de l'Occident : nécropoles italienne, anglaise, russe, juive, orthodoxe, grecque ». « Cette colline des morts, ajoute-t-il, devant la dernière vallée industrielle d'Italie, élève ses cyprès, ses marbres froids au-dessus des hauts-fourneaux (...) là, j'irai gésir, après ce long accident que fut ma vie. » Eh bien en effet il gît là, sous la terre du carré grec, face au « flux de la mer slave poussée elle-même par l'océan mongol ». Le plus émouvant des *acattolici*, ne serait-ce que pour avoir été célébré par Umberto Saba et par Jamesy dans l'admirable petit texte qui s'appelle *Giacomo Joyce*, est sans doute le cimetière juif dont toute une partie abandonnée, griffes de lion et tétragrammes de pierre envahis, retournés par les lauriers, les lilas, les myrtes, dans la pénombre verte et odorante, sous le chant des tourterelles, évoque assez les ruines d'une cité indienne d'Amazonie. *Giacomo :* « Corps de juifs gisent autour de moi, pourrissant dans le limon de leur champ sacré. Voici la sépulture de son peuple, dalle noire, silence sans espérance. »

Ville des assurances et des banques. Ville prudente. Atypique, italienne et viennoise, occidentale et levantine, mitteleuropéenne, insatisfaite et incertaine, Trieste n'a pas la cote, en général, auprès des voyageurs. Pour Chateaubriand, « le dernier souffle de l'Italie vient mourir sur ce rivage, où la barbarie commence ». Stendhal y fut consul, et s'y ennuya. Nerval, en route vers les femmes du Caire, parle de Trieste comme d'une « ville assez maussade, située sur une langue de terre qui s'avance dans l'Adriatique, avec ses grandes rues qui la coupent à angle droit et où souffle un vent continuel » : première apparition de la *bora*, qui allait devenir un personnage météorologique des romans de Svevo. Morand évoque « un pendu au haut de l'ogive Adriatique, dans une déréliction poignante ». Même Joyce, qui y vécut onze ans, y vit une anamorphose odysséenne de Dublin et trouva dans son meltindoeuropéen linguistique quelque aiguillon à l'aventure littéraire de *Finnegans Wake*, en parle d'abord, injustement, comme de « la ville la plus primitive dans laquelle j'aie jamais vécu ». Tout en ajoutant que cet exil n'a pas été inutile, puisqu'il y a engendré un enfant, appris l'allemand, écrit 500 pages du *Portrait of the artist*… et escroqué deux tailleurs…

Trieste « à la grâce ombrageuse », rues serrées de la vieille ville où Jamesy errait le soir, fumant ses cigares Virginia, *completely drunk*, chantant des barcarolles et roulant sous son chapeau à larges bords le souvenir de la blanche peau frôlée d'Amalia Popper, Trieste mélancolique et abandonnée, dont les cafés rénovés exhibent presque tous le mauvais goût bourgeois des années soixante ; le Tommaseo est en réfection, à l'identique paraît-il, alors la vie bistrotière intellectuelle s'est repliée au San Marco où, dans un décor assez beau d'ombre et d'argent, des jeunes gens s'appliquent à avoir l'air d'écrire – et, après tout, peut-être certains le font-ils vraiment ; le Specchi n'est pas aussi miroitant, loin s'en faut, que son nom le laisserait supposer, mais enfin sa terrasse est l'endroit obligé, à « l'heure solennelle » où, selon Saba, « tout semble stationné/ au sein de l'action même/ et tout ce mouvement/ revêt une apparence d'immobilité », pour voir le soir descendre sur la mer et les pigeons voleter autour de la fontaine des Quatre Continents ; dans sa galerie face au théâtre Verdi, le Tergesteo n'a guère d'autre intérêt que d'être un des hauts lieux des romans de Svevo. « Tergesteo ! Vous ne descendez pas ? » demande la jolie conductrice de tramway au « bon vieux » perdu dans la cahotante contemplation du creux de son épaule à la naissance de la courbe du sein, sous de courtes boucles noires aplaties par un béret bleu. Et cætera. Cartes postales passées, images d'autrefois, bains Ausonia délabrés, délavés sous une pluie insistante, avec les grues du port, grises, derrière, la mer battant doucement les cabines cent fois repeintes de bleu et de vert brillants, les caillebotis de bois blanchi et odorant, les murs du château de Miramare, cette sorte de casino tarabusté d'où s'embarqua pour le Mexique, un jour de 1864, Maximilien le malheureux, sur la frégate *Novara* qui ramènerait, trois ans plus tard, son corps criblé de balles et une impératrice folle.

Si *« Trieste è una donna »* comme le dit – presque – le titre d'un livre d'Umberto Saba, ce doit être une vieille dame, et nulle plus charmante ni plus triestine que Letizia Fonda Savio, la fille d'Italo Svevo. Un vaste appartement, des tableaux de Veruda, un petit Renoir. Un visage que le grand âge n'a pas détruit et, sur d'anciennes photos, le souvenir d'une frappante beauté. On le lui fait remarquer, elle rit : « On le disait. » Lorsqu'elle parle de son père, elle l'appelle « papa », et ce n'est pas gênant, on a l'impression soudaine qu'elle est toujours petite fille et qu'Ettore Schmitz, dit Italo Svevo, souriant, moustache et col cassé, va entrer dans le salon, revenant de son entreprise de peintures sous-marines. « Intérieurement, papa était un pessimiste. Mais il aimait rire, de lui et des autres. Il était désespéré de l'insuccès de ses livres. Il trouvait un réconfort dans le violon, dont il jouait très mal. Mais il étudiait des heures, comme pour écrire. Un jour, il devait jouer une partie en solo dans un quatuor, il l'a travaillée pendant des jours. Le moment venu, il a fait une fausse note. Il s'est arrêté : "Qui a fait une fausse note ?" C'était sa forme d'esprit. Il a passé sa vie à parier qu'il s'arrêterait de fumer. Moi, comme enfant, j'ai gagné des bicyclettes, des tas de choses : il perdait toujours. Avec sa future femme, qui était aussi sa cousine, il a parié que, s'il ne fumait pas pendant trois mois, elle lui donnerait un baiser. Le jour venu, il a eu son baiser. Il lui a alors avoué qu'il l'avait trompée, qu'il n'avait pu se retenir de fumer en cachette. » Et Letizia sort de sa bibliothèque un volume des *opere* de Manzoni dédicacé par Svevo à Livia en souvenir de cette ruse : *« Un bacio dato non è mai perduto »*, un baiser donné n'est jamais perdu, Trieste, 20.12.1895, Ettore.

« Le premier qui lui a donné le courage de continuer à écrire, c'est James Joyce. L'Amirauté britannique s'intéressait aux peintures sous-marines de l'entreprise Veneziani, dont papa était un des directeurs. On l'a envoyé à Londres, mais là-bas, à l'Amirauté, il ne trouvait pas les mots, il parlait avec ses mains, tout le monde regardait ses mains. En revenant il a décidé qu'il devait apprendre l'anglais. Et il a pris ce jeune Joyce, qui venait à peine d'arriver, mais qui était déjà le professeur de toute la bourgeoisie triestine. Il était long, long, maigre… avec des lunettes qui lui faisaient des yeux énormes. Toujours sans argent. Il passait beaucoup de temps dans les bistrots » – Letizia, dans son français presque parfait, dit « les buvettes » – « mais je ne l'ai jamais vu ivre. Enfin, il n'était pas très normal… La première fois qu'il est venu à la villa Veneziani, il a lu quelque chose de *Dubliners* ou du *Portrait.* Et papa a dit, modestement : "Moi aussi, j'ai écrit deux romans." Quand Joyce est revenu, ayant lu *Senilità*, il lui a dit qu'il était un grand écrivain. "Vous avez opéré sur moi le miracle de Lazare", disait-il ensuite à Joyce » (malgré toute sa gentillesse, on se demande si Letizia le ressusciterait, lui, Jamesy… L'impression, peut-être fausse, que non…). « Leurs leçons, c'était plutôt des entretiens littéraires. Moi aussi j'ai pris des cours de conversation avec lui, à Zurich, pendant la guerre. On avait des discussions terribles : moi, comme patriote italienne, je souhaitais la victoire des Alliés, et lui, Irlandais, voulait la défaite de l'Angleterre. »

Trieste, août quatorze. Sur le môle de l'*Audace*, qui ne s'appelle pas encore ainsi, au son des tambours voilés et des *Salvi Dio l'austriaco regno*, un bateau aux aigles en berne a déposé, il y a quelques semaines, les cercueils des archiducs François-Ferdinand et Sophie, en route pour leur dernier voyage de Sarajevo à Vienne. Au numéro 4 de la via Donato Bramante, sous le château vénitien, dans un appartement aux allures d'église où *Dubliners* trône sur un lutrin, Joyce, suprêmement indifférent aux bruits de la guerre qui monte, correspond avec un protecteur inconnu nommé Ezra Pound et commence la rédaction des premiers chapitres d'*Ulysse*. Dans quelques mois Zeno Cosini, parti de bon matin faire une promenade et caresser au passage une jeune paysanne, se verra empêché de revenir prendre son petit déjeuner à Lucinico par cinq soldats armés jusqu'aux dents et un officier qui lui criera discourtoisement *« Was will der dumme Kerl hier ? »*, que vient faire ici cet imbécile ? Et la princesse de Thurn und Taxis observera à la longue vue, d'un balcon du Savoia Palace, les premiers obus italiens détruire le donjon du château de Duino immortalisé par les *Élégies* de Rilke, et qui se dresse aujourd'hui, restauré, portant toujours les couleurs bleu et rouge de la famille, sur la mer bourdonnante de lents moteurs, les grues et les cheminées industrielles de Monfalcone. Le XXe siècle commence, Trieste s'endort. « Il n'y a rien à regretter, j'ai eu une belle vie » : ce sont rapportées par sa fille, les dernières paroles d'Italo Svevo. Puis : « Enfants, voyez comme on meurt. »

(*City Magazine*, 1985.
Repris dans *Sept Villes*, Rivages, 1988)

Alexandrie,
paysage littéraire avec ruines

L'amateur de choses révolues débarque à Alexandrie par une nuit pluvieuse de l'hiver finissant. La poussière du désert s'est muée en une tunique de boue qui pustule, bouillotte, mijote sur les moindres replis du grand corps usé de la ville. Tout est en ordre, constate-t-il, satisfait : un immense chantier de démolition, une littéraire fondrière. Il prend une chambre dans ce qui fut un bon hôtel perché aux derniers étages d'un immeuble de la rue Talaat Harb. Dans la haute cage d'ombre des murs lépreux, sous les lambeaux de stuc courant au plafond, une ampoule nue éclaire vaguement le bois éclaté d'une armoire et d'une table, des draps gris, un plancher retournant à la terre. Parfait : la brise du nord passe sous les vantaux mal joints de la fenêtre. Toute la nuit d'obsédantes gouttes égrènent un chapelet d'échos sur la porcelaine monumentale, rouillée, criblée de menus détritus, estampillée « Royal Boulton, London », de la salle de bains. Pursewarden aurait bien pu se suicider dans cette chambre, songe-t-il, amusé, en grillant des cigarettes. Un peu après cinq heures, issue de tous les points de l'horizon, la mélopée énorme des muezzins le tire du demi-sommeil où il est tombé. Il va à la fenêtre, l'ouvre. La pluie a cessé. Des squelettes d'immeubles sortent d'un brouillard orange. La grande galerie en ruine du Muséum d'histoire naturelle. Mammouths et baleinoptères mités. Au-delà, la mer fait une flaque noire, sur laquelle brillent les volves de néon vert des minarets.

Lorsque s'arrête la louange mégaphonique de Dieu l'Unique,

l'Éternel, résonne sur un toit voisin l'appel grêle d'un premier coq, et bientôt c'est toute une céleste basse-cour qui s'égosille au-dessus de la ville, parmi les cabanes, tas d'ordures, éboulements de gravats, dédales de parpaings, de planches, de tôles, de linge claquant, sédimentés au faîte des murs d'Alexandrie la grecque, l'italienne, la juive, diadème de misère au front du fantôme de pierre d'Alexandrie l'anglaise, la française, la cosmopolite, qui s'en va rejoindre sous le sable, inexorablement bu, les décombres de la ville des Ptolémées. Le jour point. Longues notes graves des tramways beuglant sur l'ancien boulevard de Ramleh, vers les plages, sur l'ancienne Tattwig street vers les bulbes du palais de Ras el-Tin devenu caserne de la marine. Il est temps de prendre un mauvais thé dans la salle à manger dévastée, où de beaux paravents sinueux de bois moulé ont été oubliés par l'oubli. Mâchant un pain de plâtre, le dandy des épaves sifflote l'air du bal masqué chez les Cervoni, dans le *Quatuor* de Durrell, *« Old Tiresias,/ No one half so breezy as,/ Half so free and easy as/ Old Tiresias. »* Eh bien ! A nous deux, vieille Alexandrie !

Deux conques parfaites, deux ellipses de mer, deux rades enserrant un pédoncule de terre sédimenté autour de l'*heptastadion*, la digue qui joignait dans l'Antiquité le rivage à ce qui était alors l'île de Pharos : voilà le cœur d'Alexandrie. De part et d'autre, sur la bande de sable qui sépare le lac Mareotis, maintenant Maryut, de la mer, un rideau de pierre, quarante kilomètres entre Agami à l'ouest et Aboukir à l'est : ville-couloir, ville-façade, ville-faille s'enfonçant lentement sous la croûte terrestre, ville-mirage entre l'eau et l'eau. Au carrefour de la rue Nebi Daniel et de celle qu'on appelle toujours Fouad Ier, bien qu'elle ait changé plusieurs fois de nom depuis, Durrell situe la boutique de Mnemjian, le « coiffeur babylonien », la mémoire de la ville. La poussière ocre pleut du ciel, rayonne du sol. Au petit trot, des porteurs de plateaux de thé ou de café chuintent continûment les *sss, sss* d'avertissement dans le tohu-bohu des klaxons. Tintinnabulantes calèches, tôles ferraillantes, charrettes hérissées de gerbes de carottes comme plumes de Sioux, de laitues raides et craquantes, de lingots de dattes mordorées. C'est ici, ce carrefour banal et fabuleux, que se croisaient il y a vingt siècles les deux voies cardinales de la ville d'Antoine et de Cléopâtre, miroitants milliers de colonnes joignant la porte de la Lune à celle du Soleil et les eaux du lac à celles de la rade. Un peu plus haut, dans une crypte sous la mosquée du prophète Daniel, un Russe probablement éméché crut apercevoir, en 1850, par un trou de serrure, Alexandre dans son cercueil de cristal. Comme si le *Soma*, le Corps du fondateur, pouvait être autre chose que le centre introuvable, la cause absente. Énigme essentielle. Un des charmes d'Alexandrie, fait remarquer un auteur anglais, c'est qu'elle ne nous assomme pas, comme Athènes ou Rome, avec ses ruines : il faut tout imaginer. L'histoire aspirée, étouffée. Ville boa. De-ci, de-là, un chapiteau dépareillé, un fragment de colonne un peu incongru dans un mur attestent l'énorme digestion. Vers le lac, la ville semble s'effondrer continûment, retourner au limon. Quartiers pourrissants des bords du canal Mahmoudieh, enchevêtrement de décompositions. De loin en loin, un lieu, une trace, rappellent que la promenade des berges fut autrefois « cette route d'ombre et de parfums », longeant « d'immenses jardins », qu'évoque Ungaretti. Les grilles des jardins de Nouzha, où Forster, entre deux pages de *La Route des Indes*, donnait rendez-vous à son amant le chauffeur de tram Mohammed el-Adl, se dressent toujours au bord de la berge défoncée, de l'eau putréfiée ; elles bornent de vastes étendues terreuses, semées de débris, sur lesquelles de légers renflements du sol, l'alignement désormais absurde de bancs de pierre et d'ironiques corbeilles à papier permettent de reconstituer, comme les os d'un squelette la chair, l'emplacement des anciens gazons. Palmes ternes, crissantes, banians comme fossilisés par le bombardement de la poussière. En face, l'« Oberge du Nil » abrite quelques roses grises, une pergola longe le canal dont le bief mort, étouffé de jacinthes d'eau, enserre des épaves de chalands. Mouches.

Du côté de la mer, sur la corniche, les façades gardent encore beaucoup de leur gloire passée. Néo-classique, néo-gothique, néo-vénitien, ruines néo-quelque chose comme le crâne de Voltaire enfant. Cette manie de la citation architecturale, du pastiche, des villes cosmopolites. Grands rythmes verticaux de pierre dorée ou rose. Des déchets, des pluies d'eau de lessive tombent des fenêtres. Caryatides cariées, Atlantes, pilastres et frontons fracassés. Au bout de cordes montent des paniers qu'un maraîcher, dans la rue, a remplis de légumes. Loggias guillochées, dômes crevés. Bas-reliefs où ne galopent plus qu'une ou deux pattes de cheval portant l'empreinte d'un cavalier disparu, où dansent la tête masquée, le bras drapé, brandissant une cithare, d'un corps volatilisé. Persiennes fermées, jalousies éclissées. Escaliers monumentaux, jonchés de gravats, dans l'ombre desquels tâtonne toute une foule. Machineries noires, cuivrées, d'ascenseurs décrochés, ferronneries en fagots. Une forêt de colonnes décapitées, avec le ciel pour toit. D'anciens noms qui s'effacent, Grand Café du Commerce et de la Bourse, Coiffeur pour dames, Ellinikon Kourion, Piccadilly Hotel, Café Memphis, Cinéma Rialto. Pour qui la contemple de la mer, Alexandrie doit offrir à peu près son visage durrellien de « Babylone style Boulle ». Au fur et à mesure qu'on s'approche, les traits se mettent à bouger, la netteté des lignes se corrompt : la ruine pulvérise finement le masque de la richesse. On songe à ces photos qui saisissent, au millième de seconde, l'effondrement d'un immeuble dynamité : tout est là encore, debout mais légèrement disjoint, oblique, gondolé, tout tient pour un temps infime et tout n'est déjà plus que l'apparence de ce qui a été, qui va choir, se résorber dans un énorme nuage de poussière. Instantané d'un tremblement de terre. *« Though they had no intention of destroying her*, écrit Forster des conquérants arabes du VIIe siècle, *they destroyed her, as a child might a watch. »*

« Tu ne trouveras pas de nouveaux pays, tu ne découvriras pas de nouveaux rivages. La ville te suivra… » L'ami des jours anciens se remémore ces vers du « vieux poète de la ville ». En haut de la rue Safiya Zaghlul, non loin du cinéma Alhambra où chantèrent Mistinguett et Maurice Chevalier, où Sarah Bernhardt venait étrenner ses rôles, il pousse la porte du restaurant L'Élite. Madame Christina, la patronne, y trône entre un portrait de Cavafy et le manuscrit du poème « Les dieux abandonnent Antoine » : « Quand tu entendras, à l'heure de minuit, une troupe invisible passer avec des musiques exquises et des voix, ne pleure pas vainement la Fortune qui déserte enfin, tes œuvres échouées, tes projets qui tous furent illusoires. Comme un homme courageux qui serait prêt depuis longtemps, salue Alexandrie qui s'en va. » *« Apochairéta tin, tìn Alexándria poù févgi. »* Madame Christina se souvient du temps où Furtwangler venait diriger, et Wilhelm Kempf jouer du piano. Elle se rappelle avoir vu, enfant, Cavafy portant une cape noire, un foulard rouge autour du cou, le nez busqué, rentrer au Billiards Palace aujourd'hui fermé. « Coup de poignard au cœur, le sombre café où ils allaient ensemble… » Troupe invisible, musiques exquises, il y a longtemps qu'Alexandrie s'en est allée. La rue Lepsius où habitait Cavafy s'appelle maintenant Sharm el-Sheikh. Au numéro 10, une pension plutôt minable, la pension Amir. Le promeneur nostalgique se hasarde dans l'escalier obscur, par les vitres cassées, couvertes d'une espèce de suie, il aperçoit, dans la cour, des éboulis de ferrailles, de matelas crevés, de toiles d'araignées. Il frappe à la porte de l'appartement, qui évoquait, paraît-il, la demeure d'un héros de conte d'Hoffmann, un homme en pyjama lui ouvre et le laisse très courtoisement faire l'inventaire d'une disparition. Dans le salon où le vieil homme aux yeux de chouette, « aux désirs vêtus de noir », recevait flatteurs et amants, une paillasse. Dans le couloir, des ordures. Par la fenêtre de la cuisine, le spectacle d'une ville comme bombardée. L'hôpital grec en ruine, où meurt Melissa, les clochers de San Saba. Du temps de Cavafy, il y avait un bordel au rez-de-chaussée de son immeuble. « Où pourrais-je vivre plus agréablement ? demandait-il. Le bordel pour la chair, l'église pour le pardon des péchés et l'hôpital pour mourir… »

Dans les vitrines du Yacht Club, il y a encore tout un tas de vieilles coupes de régates ; sur le toit, le vent tourne les pages d'une collection complète, reliée, gondolée par les intempéries, de *The Rudder*, une vénérable revue de voile britannique. Dans la salle à manger, le maître d'hôtel dont le nœud papillon a nourri des vols entiers de mites est désolé de ne plus pouvoir servir de vin, la mer jette de tremblants reflets au plafond. « Oui, se souvient sans amertume une vieille Alexandrine, c'étaient des bals tous les jours… Les soirs où Mme Salvago et toutes ces dames des grandes dynasties cotonnières allaient au théâtre Mehmet Ali, les loges scintillaient de bijoux… » Par les fenêtres on voit la courbe parfaite du port de l'Est se dérouler depuis la forteresse enfermant les soubassements du phare antique, vers Chatby-les-Bains, Glymenopoulos, Stanley Beach, San Stefano, les plages aux anciens noms d'Europe maintenant surplombées par un mur continu de béton délabré. « Lorsque vous descendiez la rue Sherif, se rappelle la vieille dame, vous respiriez d'un bout à l'autre le numéro 5 de Chanel. On avait beaucoup de goût à Alexandrie… » Tout à l'heure, elle emmènera l'inspecteur des ruines dans le quartier de Moharram Bey, derrière la gare du Caire. « Vieux jardins reflétés par les yeux », grandes villas poudreuses endormies entre les chantiers. Seul, rue Badawi, l'extravagant palais, gris et ocre et rose, dont Durrell aurait fait le modèle de la maison de Nessim, a résisté à l'érosion : il est occupé par le consulat de Chine. « C'était un architecte italien qui vivait là. Il était tellement jaloux qu'il tenait sa femme prisonnière. La pauvre… Je jouais avec elle au Sporting. » Une belle chaise, avec un sac en jute pour coussin, dans la guérite de la sentinelle, provient sans doute du salon de Justine. La vieille dame cherche la maison Ambron, où habitait Durrell. Est-ce celle-ci, avec une tourelle, un toit crevé ? Ou bien celle-là, avec des colonnes de porphyre ? « Il faudrait que je trouve un vieillard. Les jeunes ne savent plus rien de ce temps-là. » Une façade aux persiennes closes lui tire un petit rire : « La propriétaire de cette maison achetait les faveurs du plus beau garçon de la ville avec des tableaux de Dufy… Une nuit, un Dufy… » Une porte rouillée donne accès aux profonds jardins de la maison Lévi. Les arbres, les tonnelles ont pris une couleur d'or terne. Entre des chapiteaux, un vieil homme pique des salades, indifférent aux visiteurs du souvenir. La maison est haute et muette, elle semble le lieu d'une vie ralentie et discrète, presque clandestine, silencieuse au sein du tumulte d'Alexandrie. Derrière un rideau soulevé apparaît une seconde le visage d'un squatter. La vieille dame se souvient être venue ici à un bal costumé 1900. « J'avais des bottes zinzolin. A l'intérieur, c'était un rêve… Quels meubles ! Quelles porcelaines ! » On a rasé le pavillon de musique, aboli bibelot. Sur le trottoir, un canard tangue devant l'échoppe en carton d'un cordonnier.

Le soir tombe. Obsédante, multipliée par des milliers de haut-parleurs, l'énorme louange de Dieu roule de nouveau sur la ville. Bientôt les collerettes vertes des minarets vont s'allumer. C'est l'heure où le fantôme de Pursewarden quitte sa chambre du Mont-Vautour pour aller au café Baudrot : « Les rues prenaient lentement le teint bleu métallique du papier carbone, mais dégageaient encore la chaleur blonde du soleil (…). Les grandes limousines prenaient leur essor dans le quartier de la Bourse. » A Chatby et tout le long de la corniche la lumière se brouille et se brise dans les voiles d'embruns roses et les tourbillons de poussière, la mer devant la silhouette grise d'Alexandrie prend des couleurs et des gerçures de lait bouilli. Les vagues écument sous les pilotis des casinos, aux terrasses des couples se regardent dans les yeux, des mains se hasardent à se poser sur des mains, des gamins allument un feu de déchets sur la plage, sur les coursives sinueuses où s'ouvrent à perte de vue les cabines de bain des hommes ont tiré des tables et jouent aux cartes. De l'autre côté de la ville, au Mex, sous la fumée des cimenteries, devant les cargos au mouillage, les serveurs apprêtent les couverts dans le restaurant Seagull qui fut la maison des frères Thuile, cette « demeure ibsénienne en Afrique » dont la bibliothèque fut si accueillante à Ungaretti. « L'ivresse de ces lectures sur les tapis silencieux, accompagnées par les battements d'ailes du vent rasant les eaux, la retrouverai-je jamais ? »

Quelques-uns de ces livres ont peut-être échoué, avec d'autres débris des lectures dispersées, dans les charrettes de bouquinistes, autour de la mosquée du prophète Daniel, où le voyageur décadent achète pour une poignée de piastres deux Verlaine et les *Essais* de Montaigne, auxquels il joint une plaquette de vers latins de l'English Girls College. Dans les cafés, sous les pyramides scintillantes de verres, de tasses, de lampes à pétrole, les serveurs passent les pots remplis de braises pour les narguilés, les plateaux de thé et de café, les dominos claquent sur les tables. De petits nuages roses volent dans les résilles de fer des anciennes verrières, des marquises et des dômes disparus. Descendant la rue Nebi Daniel, le pèlerin nostalgique s'arrête à la Grande Synagogue, aux proportions de cathédrale, quelques vieux Juifs aux yeux brillants, vêtus d'antiques costumes, larges chemises aux manchettes élimées, pantalons remontant jusqu'aux seins, s'affairent à leur désœuvrement. « Vous voyez l'agonie d'un homme qui a été très beau et très riche », lui disent-ils. C'était le temps du baron Alfred de Menasce, le modèle, paraît-il, du Nessim de Durrell, qui ne portait jamais d'argent sur lui ni ne daignait y toucher, laissant ce soin au secrétaire qui le suivait comme une ombre. Descendant toujours vers la mer, il arrive maintenant devant l'édifice vaguement vénitien du Cecil Hotel, le trouble violet du crépuscule, les lampadaires qui font briller la courbe de la rade, le froissement métallique des palmes, les lueurs incertaines de la mer sur les hautes façades donnent une fugitive illusion de baie des Anges. Il entend une troupe invisible passer avec des musiques exquises et des voix… La Rolls argent de Nessim glisse devant le Cecil dont les miroirs reflètent une seconde le visage d'ivoire et d'ébène de Justine, les mains tremblantes du vieux Cavafy frôlent furtivement, au-dessus d'un étal de mouchoirs du boulevard de Ramleh, les mains d'un jeune homme, le Corps disparu d'Alexandre s'entretient de l'amour avec l'ombre *so breezy* du vieux Tirésias. Allons ! « Ne dis pas que ton ouïe t'a trompé ou que ce n'était qu'un songe… Ému, mais sans t'abandonner aux prières et aux supplications des lâches, prends un dernier plaisir à écouter les sons des instruments exquis de la troupe divine, et salue Alexandrie que tu perds. »

(*City Magazine*, 1986.
Repris dans *Sept Villes*, Rivages, 1988)

Quelques verres à La Havane

Neuf heures du matin, et il faisait déjà une belle chaleur. La liftière en livrée havane de l'ascenseur du Riviera poursuivait une chantonnante, souriante conversation commencée trois heures plus tôt, *subiendo y bajando*, montant, descendant, à coups de petite manette, avec les Russes du quinzième étage, les Français du seizième, les Mexicains et les Cubains d'ici et de là, la veille la première pluie de mai l'avait ondoyée, comme tous les ans, c'est pour ça qu'elle restait jeune, son neveu avait une fiancée, comment n'en aurait-il pas puisqu'il avait déjà dix-sept ans, Arsen aurait ce soir la clef du mini-bar, elle en avait parlé à la préposée, neuf heures déjà, elle n'aurait pas cru qu'il fût si tard, espèce de flot ininterrompu de paroles, monologue beckettien à *n* interlocuteurs abstraits, interchangeables et internationaux, songeait Arsen, il avait décidé de s'appeler ainsi, le temps de son séjour havanais, en hommage à l'immortel personnage de *Trois Tristes Tigres*, tout en descendant à la piscine. La mer flamboyait derrière les vitres, en regardant bien on aurait peut-être pu apercevoir à l'horizon le fleuve indigo du Gulf Stream, hérissé par les dorsales des espadons voiliers, enfin ça c'était dans les livres, mais qu'est-ce qui de la vie n'est pas dans les livres, spécialement à La Havane ? Quatre-vingt-dix kilos de muscle bronzé terminés par une tête rasée munie de deux espèces d'objectifs photographiques noirs nageaient souplement dans l'eau bleue, suivis par les yeux fascinés d'une assez jolie blonde bouclée, *una rubia*, le super-luxe ici. Arsen piqua une tête, rien de tel pour la gueule de bois, l'athlète scintillant de perles d'eau se hissait maintenant sur le carrelage, évoquant le rameur Baena Albornoz, « viril et robuste à l'extrême », qui rangeait son canoë et se livrait à diverses sodomies clandestines dans le fort de la Chorrera dont on voyait les murs trembler dans l'air chaud, entre des palmes immobiles, au bord de l'Almendares, et au chapitre neuvième de *Paradiso*. Arsen sortit à son tour et commanda une bière Polar, quatorze degrés bien glacés avec un ours blanc sur l'étiquette. « *La bella y el oso son simónimos de Polar* », se dit-il, la belle et l'ours sont symonymes de Polar, et c'était une journée qui commençait bien, c'est-à-dire de façon assez métalittéraire et embrouillée.

Le long du Malecón la mer poisseuse battait lentement les rochers, on voyait des cargos-mirages au large. Des pêcheurs sortaient de l'eau de frétillants poissons, allégorie lézamienne des mots aux soubresauts de plaisir et d'agonie, aux éclats de vif-argent. D'autres gamins jouaient au base-ball sous un grand panneau annonçant aux *señores imperialistas* qu'on n'avait absolument pas peur d'eux. Le goudron frais exhalait une âcre odeur de radoub et faisait un bruit de friture sous les pneus de brinquebalantes vieilles américaines, l'air était comme de la gaze humide et chaude. Le premier éclair plongea du dôme de nuages sombres et vint fracasser l'aile d'un ange boudeur et sensuel veillant dans le cimetière de Colón. Le cargo russe *Alexandra Terechkova* glissait entre les forts espagnols. Sur les dalles roses et grises du Prado, entre les lions, les vasques et les lampadaires de bronze clairsemés, les haies de colonnes déglinguées, les façades de pastel feuilleté, saupoudré de salpêtre, de piaillants pionniers en pantalon pourpre jouaient au football. Commençait l'incessant susurrement, *psst, cinco por uno, cinco por uno,* cinq pesos pour un dollar, par lequel les petits changeurs au noir, métonymiquement noirs eux-mêmes, en général, accompagnent, tels des dauphins bondissant autour d'un navire, la marche du noble étranger par les rues de la vieille Havane. Arsen prit à droite Trocadero, les premières gouttes de pluie, soyeuses et tièdes, étoilaient la poussière, au numéro 162 une plaque sur une maison grise annonçait qu'ici avait vécu José Lezama Lima. La maison était maintenant une bibliothèque de quartier, ce qui n'était pas un si mauvais usage. La bibliothécaire, une jeune femme à l'air grave et doux, était très désireuse de savoir, entre autres choses, ce qu'on pensait, deux siècles après, de Marie-Antoinette (hommage inconscient au *Jeu des décapitations* du « Proust caraïbe » ?), elle s'enquérait de tout avec un sérieux que nous ne connaissons plus guère dans nos pays.

Lorsqu'il sortit, un fleuve d'eau jaunâtre dévalait le Prado, faisant de grands remous aux carrefours, emportant motocyclettes et side-cars à la dérive, sous les palmes furieusement fouettées, une grosse Buick orange remontait lentement le courant, repoussant des moustaches d'écume autour de ses babines de chrome, et il songeait à l'étrangeté de ce que lui avait dit la bibliothécaire : que, les numéros ayant changé, emportés eux aussi vers la mer, peut-être, par les torrents d'une autre saison des pluies, on ne savait plus où se trouvait l'ancienne maison d'enfance de Lezama, sur le Prado, dont « la grille de fer évoquait un baroque mourant ». Progressant sous les arcades, il eut envie soudain de s'en jeter un au Wonder Bar, à l'angle de la rue Virtudes, où notre agent à La Havane avait l'habitude d'aller s'envoyer des daiquiris en compagnie du docteur Hasselbacher, mais il ne l'y trouva plus. Du côté du carrefour où la rue Virtudes plongeait vers le Vedado, les trottoirs portaient encore l'inscription d'anciennes boutiques, Splendid Store et Pharmacy, ce devait donc être de l'autre côté, là où il y avait maintenant le restaurant Habana, ou bien à l'emplacement de ce pâté de maisons détruit qui avait aussi abrité, sur la rue Zulueta, au numéro 408, la « demeure des transfigurations » où le jeune Cabrera Infante monta pour la première fois de sa vie un escalier, le 25 juillet 1941, peu avant d'avoir la révélation des autobus ou *guaguas* (prononcer *wawas*), puis celle, plus importante encore, des infinis vertigineux du corps féminin (« le 408 de la rue Zulueta, écrit-il dans *La Havane pour un Infante défunt*, était bel et bien une colonie sexuelle »). Pour se consoler, Arsen fit un saut non loin de là, au bar de l'hôtel Sevilla où Wormold, le représentant en aspirateurs de Graham Greene, a rendez-vous avec Hawthorne, le cinglé de l'Intelligence Service. Une cuiller à café de sucre, une demi-once de jus de citron, une bonne rasade de rhum, glace, soda, il se commanda un Ron Collins. Ah... Par les fenêtres on apercevait, exposé sous son espèce d'ombrelle géante au milieu de la place, le *Granma*, le yacht d'où Fidel débarqua avec ses quatre-vingts *barbudos* en 1956. C'est alors que le frappa cette vérité saugrenue : le Comité central du Parti communiste de Cuba était le seul dont l'organe officiel s'appelât, non pas la Vérité, ou l'Humanité, ou le Quotidien du Peuple, ou quelque chose du genre, mais *Granma*, grand-mère, mémé pour tout dire. Cette constatation lui plut, il siffla son verre, paya, sortit, allègre, traversa en courant le *parque central* dont les hauts palmiers gris se nouaient dans un fouillis d'éclairs, et se réfugia au bar du cinéma Payret, un local sombre, magnifiquement kitsch, calfeutré de rideaux grenat, où il commanda un rhum de sept ans doux et fort comme un buffle domestique. Sur ces entrefaites, il lui revint à l'esprit que c'était précisément dans les *baños* du bar Payret que l'organiste de l'église de la Salud, qui habitait aussi au démoli n° 408 de la rue Zulueta, ayant tué et dépecé son amant, s'était débarrassé de sa tête enveloppée de papier journal : « Il avait essayé de la faire passer par la cuvette, raconte Cabrera Infante, chose évidemment impossible, mais à laquelle il s'était appliqué, dans sa folle obstination, jusqu'au moment où, les journaux humides s'étant déchirés, la tête était apparue, les yeux ouverts. » Désireux de connaître les lieux d'un si littéraire fait divers, il fit un tour dans le sinistre réduit où, à peine installé, on lui susurra encore à l'oreille un *cinco por uno* absolument sans équivoque.

C'est donc nanti d'un bon paquet de pesos dont un seul, ô merveille, lui permit d'acquérir, au premier coin de rue, un odorant et tendre Montecristo n° 2, qu'il commença la descente de la rue Obispo vers le port, mains dans les poches, la tête environnée, telle celle d'un dieu de l'*Iliade*, de petits nuages de fumée bleue. La pluie avait presque cessé, un arc-en-ciel s'élançait au-dessus de la forteresse de la Cabaña. « Ces deux rues » – Obispo et O'Reilly – « ne sont qu'une seule rue en deux parties », écrit Lezama dans *Paradiso* ; « on semble, par l'une, suivre la lumière jusqu'à la mer, puis au retour, en une espèce de prolongement de la lumière, aller de la clarté de la baie au mystère de la moelle de sureau ». Ces deux rues, ne craint-il pas d'ajouter encore, « sont une des merveilles du monde ». Dans une librairie qui était sans doute celle où Foción demandait les *Mémoires* de Marie Brizard, il acheta pour le prix de deux tickets de métro RATP deux beaux tomes de Quevedo dont il prisait par-dessus tout le « portrait de Lisi qu'il portait dans une bague », et notamment ce vers si havanais (et mallarméen), lui semblait-il, *las fieras altas de la piel luminosa*, les fauves élevés de peau lumineuse (ou altiers ?, se demandait-il), il descendait Obispo en égrenant les vers du portrait, *traigo todas las Indias en mi mano*, le soleil maintenant dissipait les buées, faisait sécher les pages de *Granma* qu'une femme avait pour se protéger de la boue déployées autour de sa ceinture, sur la roulante caravelle de ses hanches – et il put même lire, à peine mouillé, le titre qui estampillait sa fesse droite, et qui était justement *el último traje que vistió Martí*, le dernier costume de José Martí.

Arsen fit halte à la *drogueria* Johnson, austère cathédrale de la pharmacopée, chœur de bois obscur où il semblait qu'eût dû siéger, escorté dans l'ombre des vagues reflets du verre et de la porcelaine, l'évêque éponyme de la rue, pour y chercher une *imprescindible* aspirine. A l'angle de Mercaderes, il eut un regard pour l'ancien hôtel Ambos Mundos où Hemingway descendait, de 1933 à 1939, les pavés de bois de la place d'Armes fumaient lorsqu'il y déboucha, le disque du soleil se rapprochait dangereusement des balustres du palais des Capitaines généraux, aussi n'eut-il d'autre recours que de se réfugier au café La Mina, que son carrelage noir et blanc, son imposant comptoir sur lequel un dormeur avait posé sa tête comme un sac, ses ventilateurs au plafond, ses appliques de bronze avec deux ampoules et une bougie pour les pannes, ses vitrines emplies de bouteilles de grès, lui auraient probablement fait élire, de toute façon, pensa-t-il. Ainsi, il n'y avait que demi-mal. Cette histoire du dernier costume de Martí le préoccupait, aussi se procura-t-il *Grand-mère* auprès d'un vendeur ambulant qui, descendant la rue de l'Amertume où il avait déposé le journal dans les paniers que les locataires faisaient à cet effet descendre au bout d'une corde, avec une pièce de 10 centavos au fond, débouchait sur la place par Oficios.

« José Martí
45-76-20 (50-82)
102-80-81-78
65 (gilet) », lut-il dans l'article,
c'étaient les mesures prises par le tailleur, en 1895, cela faisait une sorte de poème crypté, wormoldien pour ainsi dire, que le rédacteur commentait ainsi : « Ces chiffres symboliques reflètent la dimension de la chair qui abrita la conscience d'un des plus grands Américains qui aient existé. » *Sursum corda*, pensa Arsen tout en buvant la première gorgée de son *mojito*, une demi-cuiller à café de sucre, un doigt de jus de citron, deux onces de rhum, une branche de menthe – *bien macerada !* – glace, soda. *« Et cum spiritu tuo »*, murmura-t-il en fermant les yeux.

Il descendit vers le quai, des torchères flamboyaient de l'autre côté de la baie, vers Regla, le *José Martí*, justement, une sympathique petite roulotte flottante habillée de planches vermillon qui faisait la traversée vers le faubourg de Casablanca, croisait le sillage du *Fedor Chaliapine*, blanc paquebot festonné de mouchoirs d'Odessa glissant sur l'eau mordorée vers le castillo del Morro, là même où Arsenio Cué, bien des années auparavant, au volant de sa décapotable, autoradio allumé, regardait glisser le ferry de Miami tout en se demandant, assez absurdement, quel effet cela ferait à Bach, qui était en fait Vivaldi, « s'il savait que sa musique parcourt le Malecón de La Havane, sous le tropique, à 65 km/h ». De son mouchoir il fit des signes d'adieu vers les coursives du *Fedor Chaliapine*, les destinant à la fille du capitaine, une blonde jeune fille d'Odessa, à son avis, *una rubita* qu'il ne pouvait distinguer mais qui s'y trouvait certainement. Une mulâtresse aux belles lèvres en forme d'oiseau au vol inverse jouait du piano sous les arcades du Patio, au milieu des palmes et des friselis d'eau hispanico-cubano-mauresques, elle portait le joli nom de Dulce María et était très gaie, savait-elle *tocar* Bach ?, oui elle savait, et aussi Édith Piaf emportés par la foule et rien de rien et encore Domino et *bésame mucho* comme si cette nuit était la dernière, et Arsen songeait qu'allumer un Havane (l'odeur un peu musquée de la cape, ou de la robe puisque ça s'appelait comme ça aussi, la souplesse charnue sous les doigts, la flamme bleu et rouge qui fuse au bout, comme la post-combustion d'un jet) en buvant un *mojito* en dessinant des pièces d'aspirateur en écoutant Dulce María jouer du piano entre les trilles de l'eau, justifiait à certains égards la découverte du nouveau monde sous la forme de cette île, il y avait bientôt cinq siècles de cela.

Puis il eut envie de remonter O'Reilly vers les mystères de la moelle de sureau, de marcher encore dans l'ombre des maisons que les grosses hélices quadripales des ventilateurs rouillés encastrés dans les fenêtres faisaient ressembler à des bateaux immobiles, ou peut-être pas si immobiles que ça, à bien y regarder, en partance peut-être, mine de rien, pour Odessa et tous les ports du monde, d'aller faire un tour au Floridita pour y retrouver, sur les pentes neigeuses d'un daiquiri, les ombres de Jémingwé et de toute la bande (« disons les ducs de Windsor, Gene Tierney, Jean-Paul Sartre, Gary Cooper, Dominguín, Tennessee Williams, Charles Scribner, Spencer Tracy, Rocky Marciano, Ava Gardner… », énumérait la petite brochure écrite par Fernando G. Campoamor), et, coryphée de toutes ces ombres, celle du Catalan Constante, le barman universel, qui avait « acquis sa renommée grâce à la pureté de ses boissons et à une conduite agréable et respectueuse », disait encore la brochure de

Fernando Champ d'Amour. El Viejo Papa avait évoqué, dans *Iles à la dérive*, « les doubles daiquiris glacés, les grands, que préparait Constante, qui n'avaient pas un goût alcoolisé et qui faisaient l'effet, quand vous les buviez, d'une descente à skis d'un névé à travers la neige poudreuse... » Allons, *seguiremos adelante, comandante Che Guevara*, chantonna-t-il, et il chaussa ses skis. A partir de là, les choses cessent d'être claires. On le vit l'après-midi traîner dans les rues du Vedado, entre les belles villas ombreuses, vers Palacio autour du socle de la statue de Gerardo Machado qui ne porte plus que les godasses de bronze du dictateur jeté à bas au chapitre neuvième de *Paradiso*. Il dîna, croit-on, au restaurant des Sept Mers, de tranches de requin qui avaient le goût de côtelettes de cancrelat géant, lui sembla-t-il, arrosées de vin bulgare, il resta longtemps frappé d'émotion devant le mouvement amoureux de palmes couchées par l'orage, doucement recourbées autour des formes rebondies d'une Chevrolet rose, il traîna sur la Rampa, d'un *nite-club* à l'autre, à la recherche d'Arsenio Cué, il fit dix fois le tour, entraîné par un lent mouvement cyclonique, ou anticyclonique, à ce stade-là les météorologues de l'âme ne savent plus très bien, de l'espèce de soucoupe volante de Coppelia, posée sur ses pattes de béton entre les orgues ligneuses des yagüeys, emporté par la foule de jeunes gens suçant des glaces et draguant, nymphettes, collégiens, militaires débraillés, suçant des glaces et draguant, nonchalants dans la *noche* tiède. Vers une heure du matin, alors que débutait le second show du Tropicana, *el cabaret más fabuloso del mundo*, il buvait du *ron on the rocks* au bord de la scène en discutant d'une voix inflammable avec un type qui se flattait de pouvoir reconnaître n'importe quel modèle de voiture américaine entre 1950 et 1960 sur simple présentation d'un feu arrière, tout en guignant vers une jeune ondulante beauté noire en jabot de dentelle blanche, aux yeux effilés comme ceux des gazelles dont il avait vu les têtes aux murs de la maison d'Hemingway, qui s'envoyait, elle, pas Hemingway, des Polar à la table d'à côté et lui soufflait dans l'oreille, don Juan femelle et tropical, des *me quiero divertir me quiero divertir. Un paraíso bajo las estrellas,* disaient les réclames. Un *Paradiso* sous les étoiles. Il leva la tête, vit des femmes lumineuses dans les arbres, et des projecteurs de toutes les couleurs, et, loin au-dessus, un manège d'étoiles embuées, et même l'étoile Polar dansait, lui semblait-il.

(*La Havane*, ouvrage collectif, Quai Voltaire, 1987)

Communication internationale

On attend. On est un bloc. Des mouvements, il y en a, autant que d'habitude, sans doute, mais au cœur on est immobile. Une lettre, la dernière, il y a déjà... Un appel, c'était... Il y a assez longtemps. L'attente n'est rien, un vide. Mais qui attire, aspire, aimante tout : phrases dites et d'autres retenues, pas, rues parcourues, climats, gestes et vêtements, pensées échappées, musiques entendues, tout ce qui bouge de quelque façon creusé par le vide immobile au centre, surplombé par l'imagination, infantile, que cela va cesser, se combler, maintenant, là. Tout ce qui advient, en apparence inchangé, dérangé désormais de sa trajectoire, séduit, roulant autour du vide grave de ce qui n'advient pas.

Des gestes infimes, des modifications infimes dans les gestes et les choses. On rentre, il y a du vent dans la rue, on se passe la main dans les cheveux, on est attentif. On sort, on choisit avec soin une cravate, on est attentif. On se surprend à converser seul. Le dimanche même, on va ouvrir sa boîte aux lettres. On sait reconnaître au toucher le timbre d'une république lointaine. On porte une lettre, qui se froisse, dans sa poche. Le téléphone vient-il à sonner, on se prend à détester la voix qui inflige le sarcasme de n'être pas la sienne. Tout ce qui tourne dans l'orbite de l'attente, et le corps lui-même, comme autour d'une maladie, subit une transformation essentielle, presque invisible. Tout ce qui est banal, on continue à le faire, à le subir, dans le pressentiment que cette banalité n'est que dénégation, mensonge de ce qui déjà n'a presque plus de réalité et va disparaître. La pluie brille bizarrement sur les murs noirs. Quelque chose de la mer remonte sous les arches des ponts, rebrousse le fleuve gris et jaune. L'heure qui passe n'est que l'ombre d'une heure d'ailleurs, la nuit venue ne cache pas le soleil couché sur les méridiens.

On connaît ces postes nocturnes que ne fréquentent que les étrangers et les amoureux : télégrammes, mandats, lettres à la grosse aventure. On pousse ces portes de verre où se reflètent les feux tournants des camions d'arrosage, on éprouve, sitôt refermé, claquant, le petit volet de cuivre (et les profondeurs masquées, par-dessous, sont-elles intelligentes ? On a peine à le croire), ce qu'ont d'irréparable les mots écrits. Déjà d'autres se pressent, qui demandent à être écrits. On imagine que la vie entière pourrait passer dans cet entretien solitaire. On ressort dans la nuit humide, méditant les itinéraires secrets du courrier, supputant les traditions du mouvement ouvrier, et spécialement postier, d'un pays lointain : de grands jours muets longuement s'étendent. On est sceptique.

Sous le blanc de la lampe, on se répète, absurde, des vers de *Bérénice*, on fait effort pour se moquer de son absurdité. On boit, souvent, il faut bien le dire. Écrire quelque chose à son sujet devient un souci impérieux qui, comme presque tout désormais, donne aussitôt naissance à deux sentiments opposés : pour une part, c'est tout l'hommage qu'on peut rendre, la plus grande intelligence aussi qu'on peut espérer introduire dans ce tumulte ; d'un autre côté montent le soupçon d'une futilité, le dégoût d'édifier avec ce qui est vif de misérables monuments. Et, cependant qu'on en débat, on se retourne vers le souvenir, quelque chose soudain (ou lentement, comment le savoir ?) a glissé, on s'en accuse furieusement, on maudit cette tentation, insensée, de fixer dans les mots un charme, on se rassure en songeant à Pelléas, « et tous ces souvenirs… c'est comme si j'emportais un peu d'eau dans un sac de mousseline ». Une boucle qui tombe, une façon de tomber, un glissement rieur des yeux… une certaine démarche, qu'on ne saurait pas décrire, ni même sans doute reconnaître, quelque chose de tendrement incertain, de gaiement divaguant, appelant la main à se poser sur le bras : non plus l'émotion elle-même, sa trace enfouie, jusqu'à un certain point abstraite, et qui est pourtant une nouvelle émotion. Des rues noires, des éclats de lumière sur l'eau, un cheval de bronze, un taxi qui s'en va, un visage retourné derrière la glace. Des mots, des affiches dans sa langue. Après, d'autres choses, qui ne sont même plus de l'ordre du souvenir : une simplicité, une sveltesse...

Choses très légères et très obsédantes, qui ont tendance à se dissocier, agrandissant le lieu vide du corps. Tout devient vague sans, curieusement, perdre beaucoup de force. Dans l'effort qu'on fait, doigts posés au creux des yeux, environné de fumée bleue, pour recomposer une image qui se dissipe, alors que les traits poursuivent leur lent égarement, un autre, neuf, surgit. Un léger écartement des dents, peut-être, un sourire un peu gamin ? Sauver ces livres des flammes... Ramener ces brebis perdues... Rien n'apparaît plus décisif, et on a raison. On ne parvient plus à réunir ce qui a commencé à se séparer, on oblige simplement sa mémoire à battre la campagne : elle trouve une sorte de paix harassée dans cette occupation. (Plus tard, dans un wagon de métro, soudainement s'imposant à la rêverie, des cheveux posés sur un blouson de cuir noir... cheveux que le nom d'aucune couleur ne caractérise... on suivra cette femme dans les couloirs, le miracle qu'elle permet d'aller contre le cours de l'oubli. On s'interrogera sur les probabilités mathématiques d'un ajustement parfait de hasards : combien d'années-lumière ?)

On sort dans la rue, la nuit est froide, il n'y a plus que des hommes ivres, le vent agite des papiers froissés. A quoi bon marcher ? Pour qu'une scène, d'un autre petit matin, se répète. Dans le curieux dessein, qui ne se révèle que progressivement, tandis qu'on va, de susciter par le mouvement, dans les plis du mouvement, ce que le ressassement immobile a refusé de livrer : que son corps, ou au moins le jeu de son corps, *la soltura en el* *andar*, comment dire cela, le délié dans l'aller ?, soit évoqué par le mouvement même d'aller, la mémoire qui s'y est incarnée, un peu à la façon d'une partie de soi qu'on aurait amputée. Et en effet, franchissant un carrefour, il semble qu'une esquisse, rapide… des yeux qui se baissent pour rire, une mèche qui tombe… une main qui se pose… c'est très incertain, très fugitif. Ce qui se passe, on ne peut le saisir, une furtive animation de l'air. Il faudrait marcher toujours, environné de ces remous.

Alors, on croit l'avoir perdue, on s'en accuse avec une colère redoublée, froide : non celle, pleine encore d'attente, qu'on a pour la faute d'un ami, et qu'avaient fait naître les premiers glissements du souvenir ; non, une colère dont le mépris est le principe. Personnage bouffon, paillasse, bon à rien, variété d'idiot de village, à qui on confie un trésor qu'il abandonne dans la première auberge. Comme un cyclone qui se creuse en avançant, la déception de soi a tôt fait de mettre à nu, sous la figure du pitre, celle du traître : tandis qu'elle retourne et achève de rompre, de proche en proche, toute la chaîne de la mémoire, on se voit sous les traits d'un cynique et d'un fourbe, assez desséché pour feindre, assez sot pour se leurrer soi-même à ce jeu. On reste interdit devant le désastre. Toute la vulgarité qu'on a essayé de chasser de soi revient irrésistiblement, et c'est avec une basse joie qu'on l'accueille : *non sum dignus ut intres…* Rien ne résiste à ce doute radical. Rien, songe-t-on alors, sinon la colère qui en a été cause, et qui le nie. L'esprit s'apaise un peu, il semble qu'il puisse recommencer l'inventaire de l'attente.

Sa voix au moins demeurerait, par quoi peut-être on a d'abord été touché. Sa voix dans sa langue, et aussi prononçant le français, avec cet étrange charme de l'accent, quelques mots utilisés d'une façon impropre qui fait sourire, d'autres encore tout à fait à bon escient, et dont pourtant on n'userait pas. Oui, cela, on le garde, croit-on. On ne le croit pas longtemps. La voix « est là », bien sûr, mais, dans le milieu presque vide des images du corps, elle ne peut se soutenir, elle ne cesse de s'évanouir aussitôt qu'évoquée. Il semble bien qu'on se souvienne de sa voix disant un mot, un autre. Mais rien, aucun effort, ne parvient à susciter quelque chose comme l'illusion de sa voix parlant, le charme de sa voix parlant. Ces fragments de voix, on les garde comme les pièces brillantes, intactes, inutiles, d'une machine démontée, dont on aurait perdu le plan. Et, même, on ne peut les écouter, l'un après l'autre : ils « sont » là, pourtant, « dans la tête », dit-on, mais pas à la façon d'une voix : son amuï, voix sans voix, ils ne sont peut-être que la trace laissée par la dispersion scandaleuse des images du corps. On se souvient d'un vers, « l'intonation des voix que l'on n'entendra plus ». Que l'on n'entendra plus ? La douleur, pas vive, mais sourde et forte, on dirait sérieuse, qui va avec ces mots fait comprendre que la ruine des images qui se fait laisse intact quelque soubassement, fondations d'une cité sous la terre.

Bientôt, il ne reste plus que l'espace dévorant d'une émotion presque vide, sans objet. On se dit qu'on atteint là à une forme moins sensible, plus nécessaire, de l'amour. On en doute aussitôt : peut-il vivre dans l'anéantissement de ce qu'il sent ? Alors, de cette très mince et translucide, très fragile membrane de sens, comme celle qui fit de la peau d'une bête le tour d'une ville, on enclôt des lieux du monde : ceux où on l'a connue, cette ville au bord de l'eau, ceux où on imagine que l'on irait en sa compagnie, peut-être des estuaires encore, des routes mouillées, des auberges maritimes, des rideaux de pluie sur des flammes nocturnes : couleurs, lignes troublées, où flottent une voix sans voix, une main qui se pose, un délié dans l'aller, un plissement des yeux, une mèche qui tombe, un sourire... On a refait une sorte de corps étrange, une fragile planète où tremblent les souvenirs comme des arbres lointains. Il n'y a plus rien à perdre. Plus loin, c'est rien. On a encore de la force.

Ces pays durent un peu, le temps que s'y restaure l'espèce de force qui refuse le rien, qu'y erre une silhouette que constitue simplement l'impossibilité de n'avoir pas aimé. Dans ce mouvement, on approche sans cesse de sa fin, le lieu est fermé par une ligne au-delà de laquelle on sait que s'ouvre le vide. Le savoir positif, il serait plus juste de dire le savoir assuré, est celui du vide, non celui du lieu. La dissolution qui a lentement, obstinément, emporté les images de cette femme, maintenant on sent bien, sur les bords menacés de ces pays de songe, qu'on va soi-même y laisser sa peau, peau vide, soi-même, quoi ? Cela finit par arriver, tout est gris. Retour de la vulgarité, non plus cette fois comme un cilice, non : sans presque qu'on s'en aperçoive.

De nouveau la rue, la nuit, les feuilles collées par la pluie, alors que c'était l'été : du temps a passé. On s'amuse à suivre son visage, son corps déformés sur les tôles brillantes, rouge noir vert bleu blanc chromé, concave convexe, est-ce soi, ça, et faut-il imaginer, à l'entour de cette figure, une compagnie ? N'est-ce pas fait, ça, pour l'occasion futile, belle aussi, d'un reflet ? N'est-ce pas ça, soi, reflet se reflétant, et rien d'autre ? On s'y est habitué, à ce jeu fantasque et triste, et qu'est-ce que cette ingénuité de l'avoir cru aboli ? Dans les glaces sombres se reflète, se déforme sous les mille loupes de la pluie le mouvement de jambes blanches allant dans l'ombre, éclairs. On est ainsi, n'est-ce pas ? Compagnon des lueurs, des simulacres, des figures postiches des vitrines. Cela n'est pas sans beauté.

Il semble que le souvenir soit devenu un lieu purifié, comme par de la chaux, de toute image qui ne soit une ligne, une inflexion, l'inventaire se résume à un éloge de l'ombre. L'absence d'image a du mal à lutter contre le foisonnement des images, mais elle tire encore de cette faiblesse une force ultime, paradoxale, une hauteur et comme une abstraction. A ce moment, tout perd de sa substance, le mouvement qui a exténué le souvenir vide aussi d'une grande part de leur réalité les images que livrent les yeux, il se fait une sorte de déclin général, d'équilibre calme et précaire où communiquent faiblement les vases du passé et du présent. Les lettres se froissent, le téléphone, il arrive de plus en plus souvent qu'il ne fasse plus sursauter, on évoque encore des fragments de voix, on lit des dates sur un carnet, on laisse aller ses yeux, ses pas, on est capable de réfléchir, on rêve tranquillement.

Il faudra bien que cela se défasse. On prendra l'avion, peut-être, incertain de ce vers quoi il mène, de la nature de ce qui fait aller, songeant vaguement aux vieux mythes du *nóstos*, du fleuve, du regard jeté en arrière. On était un bloc, un pôle, une attente, on n'est plus que dispersion inquiète. Est-ce la volonté de retrouver cette unité ? Cette force ? Est-il légitime, est-il possible de revenir sur ses pas ? On écrira ces lignes, peut-être, au-dessus de nuages immobiles, au-delà desquels elle est, comme absente.

(*Alea*, 1986)

Baltiques

EASTWARD

Carreaux cassés
Gazomètres rouillés
Charbon
Herbe sale
Parpaings, tôle,
Boue
Coulures, chiures,
Brouillard (à Amsterdam on a franchi la latitude du brouillard et des blondes)
Vareuses militaires sur la piste
Paysage couleur de fiente de poule
Noir kaki beige gris
Sans la gloire de la neige
Warsaw
Immediate take off.
Au-dessus, pourtant
Le grand éclat sur les dômes bleus des nuages
Prostór :
L'immensité égale sous le peigne de l'aile.

TU ES REVENU ICI…

Ty vernoúlsia sioudá, « tu es revenu ici », il y a un poème fameux de Mandelstam qui commence ainsi,

« avale donc d'un trait

L'huile de foie de morue des lanternes de Leningrad sur les quais

Le petit jour de décembre reconnais-le bien vite

Au jaune d'œuf dissous dans le goudron sinistre… »,

Je suis revenu ici, et c'est encore le même étrange cafard,

Dès que l'avion, aérolithe de luxe, tangue au-dessus des avenues de quartz pâle de la capitale du Nord.

Ces feux dans la nuit, rares. Une petite neige tombe.

Places colossales et vides, slogans de néon rouge, encore plus vides de sens, si la chose est possible, qu'auparavant,

Canaux gelés,

Le taxi tout de suite m'entretient de la vie qui est dure,

Paloutchát' plókho, gagner peu, ça, je comprends,

Et aussi que Gorbatchev, c'est bon pour nous, les gens de *Západ*, de l'Occident (combien de fois l'entendrai-je ?),

Que Boris Eltsine, ce bateleur, peut-être…

Dans les interminables couloirs de l'hôtel Moskva bordés de milliers de portes (l'idée qu'on se fait d'Alcatraz), on erre d'une *dejournaïa* à l'autre,

Petite lampe dans l'obscur lointain courbe.

Klioutch, la clef.

Table de formica marron, taché, rideaux de nylon marron, fauteuils de skaï marron, trous de cigarettes, télé noir et blanc, grésillante,

C'est ma chambre.

Vacarme d'ivrognes dans le couloir.

Couleur de thé, odeur de terre, la même eau qu'autrefois coule du robinet dans la baignoire sans bonde (et il faudrait être bien ignorant des usages de ce pays pour aller en demander une),

C'est amèrement drôle de voir comme les choses, les simples et envahissantes choses, n'ont pas changé (j'en parle parce que la Russie, c'est aussi le pays où les choses pèsent, d'un poids terrible, autrement plus grave que celui que j'éprouve là, sur l'âme).

La fenêtre donne sur un grand toit de neige

Plat...

Me sauver par là...

J'ai appelé Ioulia au téléphone.

Maintenant on ose utiliser le téléphone de l'hôtel (et d'ailleurs maintenant tout le monde ose parler, râler, tenir des propos qui autrefois eussent valu la Sibérie, n'importe où, au téléphone, dans la foule du métro).

Elle était vive et gaie, j'entends une voix morne, vais-je la reconnaître ?

Le lendemain je la vois, quelque chose d'épais et de triste semble avoir en elle éteint tout feu,

La Russie a fait son œuvre.

Avoir vingt ans en URSS, c'est être beaucoup plus vieux qu'ailleurs, me dit-elle.

Elle a honte de sa tristesse, ici nous n'avons jamais rien de drôle à raconter, me dit-elle.

Les bonnes nouvelles c'est pour ailleurs.

Ces choses-là non plus n'ont pas l'air de changer.

Dîner. Le restaurant, bien sûr, ressemble à une gare tonitruante.

Bastringue décervelant. Lambada. *Italiano vero.*

Paysans endimanchés, ploucs titubants, grosses en robe lamée,

Serrant des œillets rouges emmaillotés de papier cristal.

Putes, jeunes branchés : « aviateurs » en flight, « nihilistes » à petites lunettes et cheveux tirés.

Veut-elle danser ? Non. J'hésite entre soulagement et accablement.

Tables jonchées de cadavres, de détritus alimentaires. Odeur aigre et âcre, mélange de choux croupissant et de tabac soviétique,
Puant comme du fumier séché.
Pètent les bouchons de *champánskoie* tiédasse,
Du mal de crâne en bouteille.
On marche sur le verre brisé,
Craquant comme la glace des trottoirs.
Sur tout un air de vulgarité corrompue,
De joie faisandée,
Qui m'évoque les tableaux antiploutocratiques de Georges Grosz (et qui est peut-être le grand terrain d'entente de la Russie et de l'Amérique).
Ces réjouissances coûtent cent cinquante roubles pour deux, soit un mois de salaire moyen,
Ou encore une dizaine de dollars,
Je dis cela pour ceux que l'aspect économique des choses intéresse.
A une heure du matin, dans les couloirs du Moskva,
Les ivrognes louvoient,
Cognent aux portes,
Chemises battant les fesses.
Des camarades africains, de l'ANC peut-être, en tout cas ils parlent anglais,
Boivent de la bière,
Vautrés dans le skaï.
On entend des gueulantes, des rires stridents.
Le lendemain, les chariots des femmes d'étage sont pleins de linge sale et de bouteilles vides.
Devant l'île Vassilievski,
Un grand bout de golfe gelé
La neige crisse sous les bottes,
Le vent d'Est serre les tempes, hache la chair du visage.
Des luges d'enfants glissent sur la mer,
Des skis à voile,
Des pêcheurs trouent la glace avec de longs vilebrequins.

Loin, un cargo brille sur l'eau libre.
Une lumière jaune et drue tombe sur les grues du port au-delà desquelles il y a,
A l'angle de Dekabristov et de Prajky reky naberejnaïa,
Dans la chambre sur les docks où est mort Alexandre Blok,
Qui voyait le Christ marcher devant les douze apôtres sanglants de la Révolution,
Son masque de plâtre émacié.
Qu'est-ce qui pousse à aller voir les maisons des écrivains je ne sais.
Pas la vénération, en tout cas, ce sentiment très russe,
Mais sans doute la croyance inexplicable que par les lieux quelque chose vient de l'intelligence étouffée qu'on a d'un texte.
A la « maison de la Fontanka »,
Où Akhmatova écrivit *Requiem*,
On n'accède pas par le canal, mais par des arrière-cours que gratte un chasse-neige.
Page blanche, rayée du noir des arbres, sous les fenêtres,
Où des enfants emmitouflés dessinent les silhouettes de gros oiseaux,
L'ancien jardin du palais Sheremetiev.
Photos d'Anna A.
Gaie pécheresse de Tsarskoïe Sélo
Son nez cassé, ses cheveux à la garçonne
Sa tête de femme de lettres.
Puis la même, vieille dame indomptable.
Zviézdy smiórti stoáili nad námi,
« Les étoiles de la mort planaient sur nous »,
Les étoiles de la mort sont éteintes dans le ciel russe,
Pour combien de temps ?
Dans une chambre, image de l'inexorable, une gravure me frappe :
La rue nocturne, au bout de laquelle on voit la flèche de Pierre-et-Paul,
Se confond avec les plis allongés d'un manteau militaire

Sur lesquels glisse, entre les façades, tenu par une main gantée surgie de rien,
Un énorme fer crachant la vapeur,
Poursuivant un homme affolé.
(Depuis le début de ce voyage, qu'on n'aille pas croire que j'en suis obsédé, je pense à la figure regrettable de Sartre,
Qui se réjouissait de découvrir la démocratie directe lorsqu'un tyran populaire lui offrait un verre de limonade.
Je ne sais rien de plus éloigné de l'universelle jactance du petit père que préoccupait si tranquillement le malheur du monde
Que le courage modeste de celle qui décrit ainsi la naissance de son poème :
Dans la file des femmes atterrées qui attendent
Devant la prison des Croix,
Dans les années terribles de la Iéjovtchina,
Des lèvres bleuies murmurent :
« Et cela, pourriez-vous le décrire ? »
Et elle répond : *mogou*, « je le peux »,
Et une espèce de sourire glisse sur ce qui a été un visage.)

Sur la place de la Paix, ex-place aux Foins, dont le déplorable Raskolnikov finit par baiser la terre,
La tristesse sourd de partout,
De la boue, des passants, de l'immense chantier rouillé qui retourne le sol depuis des années, des grincements des tramways, du restaurant Baltika fermé,
Des vendeurs de petites pommes vertes et piquées,
Du poignard lointain de l'Amirauté dans le gris du ciel.
Il semble que des foules d'adorateurs se soient rassemblées autour de bizarres totems,
Poteaux frémissant de milliers de plumes blanches,
Oies cendrées, bernaches, cygnes,
Grands oiseaux fétiches du Nord.
Feuilles collées, frangées, découpées en lanières pour que chacun puisse prélever l'adresse vingt fois écrite,

Échangerais deux pièces sur Vassilievski ostrov contre deux pièces dans le *raion* de Nekrassov,
Ce sont les annonces immobilières,
Vains espoirs de papier palpitant
Parant le totem des *Biédnye lioudi*
Les Pauvres gens.
Dans le Musée zoologique (je visite les musées zoologiques), sur le quai de l'Université,
On voit des mammouths congelés par le permafrost dans la terre de la région de Magadan
Où doivent reposer aussi, parmi des millions d'anonymes ossements,
Les restes du déporté Mandelstam,
Et le chien *bykodav*, égorgeur de taureaux, de Pierre le Grand,
Haut comme une grande hyène,
Et la réduction d'une baleine goitreuse,
A longs ailerons
(Megaptera Nodosa Bonnaterre)
Dont le nom russe est Gorbatch.
Dehors, sur la berge de la Néva, m'aborde un petit mariole de vingt ans,
Un de ces innombrables démerdards d'une Russie tiers-mondisée, prêts à tout pour une poignée de dollars,
D'un sac en plastique il sort toute une bimbeloterie militaire à vendre,
Calots, ceinturons, montre,
Dans son empressement il fait tomber une poignée d'étoiles rouges sur la neige sale.

CARTOGRAPHIE

J'aime les cartes, j'admire ceux qui les ont levées, je me flatte de savoir les lire, mais les cartes n'aident pas beaucoup à se former une idée des Républiques baltes,

Ou alors c'est une idée compliquée (et peut-être, pour cela, exacte).

Kaléidoscope est-européen,

Palimpsestes de frontières, de noms, de peuples,

La trace des plus récents n'effaçant pas tout à fait celle des plus anciens,

1945 raturant les territoires néolithiques,

Finno-ougriens,

Toponymie surchargée,

La ville de Kant, Koenigsberg, aujourd'hui Kaliningrad, que certains appellent Karaliaucius, serait en RSFR, un petit éclat bizarrement détaché de l'immense République de Russie,

D'autres la voient en Prusse-Orientale, d'autres encore en Lituanie inférieure.

Klaipeda, c'est Memel. Tallinn, Reval. Vilnius, Vilna, Vilnè, Wilno.

Courlande, Livonie, vieux noms,

Aestes, Koures, Lives, Borusses ou Vieux-Prussiens,

Villes hanséatiques,

Les barons baltes étaient allemands,

Servant les tsars comme les généraux dont se moque Tolstoï.

Laisses des marées germanique et russe sur les plages baltiques,

Chevaliers teutoniques et porte-glaives,

Constructeurs de forteresses et de hautes églises de brique,

Exterminateurs,

La charge d'Alexandre Nevski sur les glaces du lac Tchoudsk,

Les Baltes sont entre aigles et aigles, croix et croix,

Osten et *Západ*,

Entre l'enclume et le marteau

(On ne fera pas de facile jeu de mots).

Alors, aujourd'hui que le flot russe se retire ?

Vue de ce côté tragique et disloqué de l'Europe, ouvert à tous vents, l'Allemagne c'est la puissance et l'Histoire.

JOURS D'ÉLECTIONS A VILNIUS

A Vilnius tous les noms ont changé,
L'avenue Lénine s'appelle maintenant Gédiminas
Du nom du roi qui régna, au XIVe siècle, jusqu'à la mer Noire et à la Moscovie, et mourut sur le Niémen tué par les Teutoniques.
Grands-ducs, chevaliers blancs, preux bardé de fer, Mindaugas, Vytautas,
Toute une imagerie historique médiévale a remplacé sans coup férir les héros du prolétariat qui gardent le pont sur le Neris,
Les temps modernes, c'est une terrible histoire finie,
La soif de passé est grande, et sans doute faut-il dire juste. Le passé s'engouffre dans l'avenir vide.
Le cœur de Vilnius, c'est une cathédrale blanche et un donjon de brique
Où flotte le drapeau à trois bandes, vert, jaune, rouge.
Le général soviétique de bronze, moustaches, bottes, cape au vent,
Que viennent fleurir d'œillets rouges, tous les jours, des militaires sortis du Comité central,
N'en a plus pour longtemps à arborer, au-dessus des bancs où le soir s'enlacent des amoureux,
L'air fat de qui vient de disputer un beau match de polo.
Dans la cour de l'Université, entre les gerbes de colonnes, sous le campanile, les frontons enroulés,
On lit *Academia et Universitas Societatis Jesu*,
Les jésuites ont été patients, vieilles taupes.
Agenouillés autour de l'icône de la Vierge qui trône dans une porte de la ville,
Murmurants, jeunes, vieux,
Sous les feux argentés que jettent d'innombrables ex-voto,

Cœurs parsemés de jambes, de bras, d'yeux solitaires,
Dessinant un monstre de Bosch.
Rues tortueuses, pavées,
Porches derrière lesquels s'étendent des vergers,
Halo des lampadaires la nuit,
Odeur des fumées de charbon sur les vieux toits de tuiles,
Odeur de scierie des troncs fraîchement coupés, assemblés en échafaudages dans le chœur des églises baroques qu'on retape à l'or rutilant
(Seule, rue Saviciaus, une très belle, à l'aérien clocher, sert encore d'entrepôt de bouteilles de bière, et quand j'essaie d'entrer on me dit que *nilzià*, on ne peut pas, ce qui fait s'esclaffer Rita, qui y voit le maître mot de la langue soviétique),
Son des cloches,
Vilnius où Napoléon échangea, du palais de l'archevêque aujourd'hui « palais des travailleurs de l'art », les dernières lettres avec Alexandre, puis la guerre commença,
Vilnius par où commence aujourd'hui à se démailler l'Empire russe
Ressemble assez à une tranquille sous-préfecture française.
Tu dois trouver cela bien provincial, me dit Rita,
Tu ne peux comprendre combien chacune de ces pierres m'émeut,
Et en effet c'est ici,
Ce lieu naïf et audacieux,
La province du monde et son centre.

Vytautas Landsberghis, musicologue et futur président du Parlement indépendant de Lituanie, parle.
Il porte un petit bouc et des lunettes sur un visage rose et plein,
Des cheveux plats, châtains, bien peignés, sur lesquels il posera en sortant un béret basque
(le même béret basque que Cornelius le poète, traducteur d'Eliot et de Pound, avec qui j'ai déjeuné tout à l'heure).

Il n'a ni une voix ni une allure de chef,
Pas de « charisme », comme on dit maintenant,
Et c'est plutôt bon signe, il me semble.
Ces révolutions sentimentales
Qui mettent des poètes ou des musiciens à leur tête
Ont pour nous un petit côté mil huit cent quarante-huit, mais a-t-on le droit de les taxer d'irréalisme dans une région où l'irréalisme devient jour après jour la règle du réel ?
Il dit tranquillement que si la Russie leur réclame des indemnités, alors combien seront-ils fondés à réclamer, eux,
Pour leurs deux cent mille déportés ?
Parle ensuite le président de la commission d'enquête sur les crimes communistes,
Déportation des élites,
Tuer une nation…
Comme a tourné la roue…
Cette voix monocorde, ces accusations, ces chiffres peut-être, sans doute exacts, mais sans force de conviction,
Me rappellent d'autres voix, d'autres chiffres, d'autres procureurs d'il y a une vingtaine d'années
(Tiens, j'avais oublié Sartre),
Le Bien et le Mal ont échangé leurs masques
Le Bien, en face de moi, hoche gravement ses quatre têtes de *congressmen* américains en mission.
A l'Union des photographes de Lituanie, on me montre des photos de Sibérie,
En 1988 Gorbatchev a autorisé les Baltes à visiter les lieux de déportation de leurs pères,
A rapatrier leurs cadavres gelés comme ceux des mammouths.
« La fin du communisme », c'est ainsi que Raimondas Urbakavicius, son auteur, a baptisé un cliché.
On y voit l'épave d'une antique locomotive à très haute cheminée,
Noire sur la neige blanche de la taïga,

Des centaines de milliers d'hommes sont morts pour construire ce « *Stalin railway* » qui ne menait nulle part

Qu'à leur mort.

Sur d'autres photos on voit le village où vivaient les déportés « libérés »,

Baraques de bois portant des numéros, fils télégraphiques erratiques, profondes ornières neigeuses,

Puis, à l'intérieur d'une de ces baraques, un vieil homme couché, aux longs cheveux gris, pas rasé,

Est en train de mourir.

La femme aux cheveux noirs a l'air désespéré,

Son visage me fait penser encore aux vers d'Akhmatova,

Elle voulait savoir, me dit-on, si les pommes avaient été bonnes,

L'été dernier en Lituanie.

D'autres photos sont prises dans le delta de la Léna,

Sous un ciel bas, gris, rayonnant, dix caisses, dix cercueils, autour un groupe de parents, hommes et femmes, en anorak,

Et un prêtre en surplis, étole et barrette,

Puis les mêmes, le même ciel de métal prodigieux, derrière un corbillard qui est une sorte de bulldozer, sur la steppe immense,

Puis un enclos de bois, des croix, certaines écroulées, enchevêtrées,

Sur un promontoire herbeux dominant l'eau mate de l'océan Arctique.

Tant que les camps communistes resteront pour la pensée de chez nous un détail, comme dit l'autre immonde, un accident déplorable de l'Histoire, nous ne pourrons pas vraiment comprendre les gens de cette Europe-là.

C'est aujourd'hui qu'on élit le soviet, on dit maintenant Parlement ou Conseil, qui va voter l'indépendance,

Il fait un soleil printanier, la foule flâne sur l'esplanade de la cathédrale, un poney sonnant de grelots tire des enfants dans une carriole,

Qui attendrait une atmosphère enfiévrée serait déçu, tout est provincialement calme, des jeunes gens renvoient leur livret militaire à Moscou,

Une vingtaine d'autres jouent du saxophone dans l'avenue ex-Lénine,

Deux petits malins me harponnent, ils ont vingt-cinq ans, ont fait la guerre en Afghanistan,

Dans le genre trafiquants, ils sont plutôt sympathiques, ils n'insistent pas, ils ont envie de parler, de fumer des cigarettes américaines, de faire un tour de ville avec cette créature luxueuse qu'est un Occidental,

Eux les élections ils s'en foutent, de toute façon, ils n'ont pas d'avenir, me disent-ils,

Ce qui les intéresse c'est de rêver sur le prix des choses, voitures, vêtements, télévisions,

Là-bas à l'Ouest,

Passe une ferraillante Zaporojet, c'est une sorte de voiture, *Soviétskii Porsche*, me disent-ils, ça les fait rire,

Autrefois ils ont travaillé, à l'aéroport, mais à quoi bon se fatiguer pour gagner cent cinquante roubles ?

Maintenant, *oni sdiélaiout bizness*, ils font des affaires, comme ils disent,

Qui consistent à changer des dollars, puis à acheter avec des vêtements importés, dans des magasins à devises, puis à les revendre contre beaucoup de roubles, et à recommencer,

Ainsi va la vie de ces traîne-savates,

On passe dans un quartier désert de maisons en bois, ils pourraient essayer de me faire les poches, ils m'ont dit qu'ils faisaient du taekwondo, je me méfie un peu, pas trop,

Ce sont vraiment des hooligans à la petite semaine, en plus ils sont assez poids plumes,

Au-dessus des toits de bois il y a des murs de brique, des verrières, des miradors sur lesquels fument des soldats,

C'est la prison, *tiourmá*,

Ils rient en me montrant la porte sur laquelle il est écrit en cyrillique VKHOD, entrée, la prison n'a pas adopté le bilinguisme,

Entrer, non, merci, ils n'y tiennent pas,

Peut-être finiront-ils là, peut-être aussi sont-ils l'avenir de ce pays,

Les gens comme eux doivent être plus doués pour le capitalisme que les professeurs de musique.

Je les laisse, j'ai rendez-vous avec Rita sous la statue de Lénine,

Rita c'est tout à fait l'autre côté de l'Est,

Une sorte de moralité allègre, un enthousiasme naïf, une absence de cynisme que nous avons perdue,

Une humanité, dirait-on, plus forte et plus enfantine,

J'ai l'impression que ses yeux bleus transparents disent tout cela (mais peut-être ne sommes-nous jamais las de trouver des bons sauvages) ;

Elle m'emmène à l'anniversaire d'une amie comédienne, en chemin nous passons chercher des fleurs au marché coopératif,

Elle achète deux tulipes, je voudrais des roses, elles coûtent 10 roubles pièce,

Je n'en prends qu'une,

Quinze roses par mois, voilà le salaire de Rita.

TCHAIKA

Le train Minsk-Tallinn s'appelle *Tchâïka*, La Mouette, il quitte Vilnius à neuf heures quatre,

J'avais oublié à quel point les trains russes, même lorsqu'ils portent des noms d'oiseaux de mer, étaient couverts de poussière et de boue,

On n'oublie jamais la terre, *zemliá*,

J'écarquille les yeux pour distinguer, derrière la vitre encroûtée, les paysages plats, sableux, barrés de pins et de bouleaux, de la Courlande,

Qui défilent à cinquante kilomètres/heure.

Dans mon compartiment, il y a deux soldats de la glorieuse Armée rouge, l'un est biélorusse et pilote d'hélicoptère, l'autre ukrainien de la biffe,

Sa mère lui a préparé des provisions pour le voyage,

Rôti de porc, œufs durs, et un bidon de *samogon*, de la vodka *home made*, cinquante-cinq degrés minimum,

Le petit déjeuner des braves,

Naturellement il m'invite à partager, les œufs doivent être garantis radioactifs, mais enfin, à la guerre comme à la guerre,

Bon sang, en Ukraine ils ont l'air de se la couler douce, il y a même de l'ail dans le rôti de porc,

Il me verse un grand verre de tafia, *half a pint* à peu près.

A dix heures du matin, la chose n'est tout de même pas évidente, je commence à boire à petites lampées, mais il se récrie, « tu bois *kak jénchina*, me dit-il, comme une femme »,

C'est bien la première fois qu'on me dit ça.

Et il avale cul sec.

Le pilote biélorusse, son grand-père était cosaque du Kouban, cavalier dans l'armée Wrangel, me dit-il en riant

(Il a deux incisives en or scintillant),

Puis il a été fait prisonnier, a suivi Boudienny jusqu'à Varsovie

Mon grand-père à moi y avait suivi Weygand,

Ils ont peut-être échangé des coups de sabre,

Nous voilà lointainement frères d'armes ennemies.

C'est un passionné de hard rock,

Il a des vignettes dans son petit carnet, qu'il me demande de lui traduire,

Slayers, *Heavy Metal*,

Et des photos d'Arnold Schwarzenegger, son acteur préféré,

La civilisation mondiale est en route.

Les Russes, au moment où on ne peut vraiment plus les voir du tout, où on se dit que jamais la Terre n'a porté un peuple aussi grossier,

Qu'ils sont comme un glacier rabotant un paysage, laissant derrière lui des moraines de petits cailloux,

On tombe sur des saints, des Idiots, des bons Samaritains, des sentimentaux, de modestes illuminés,

Ou simplement des bonnes gueules.

Au moment où dans le fond de mon cœur j'appelle la malédiction sur la terre des Varègues jusqu'à je ne sais quelle génération, ces deux-là surgissent, Nikolaï et Édouard, que je compare mentalement aux hordes de permissionnaires des trains SNCF,

Et je rengaine mon imprécation.

Même avec toute la vodka qu'ils ont dans le buffet, je n'ai jamais vu militaires aussi attentionnés,

Ils m'offrent de leurs infâmes cigarettes « de cinquième classe », une boîte d'immondes gâteaux aigres « Zephir »,

Me font ma couchette lorsque j'éprouve l'envie de dormir,

Parlent tout bas pour ne pas me déranger,

Enfin ils me dorlotent

Et sur le quai de Riga portent mes sacs,

Et l'Ukrainien insiste pour que j'aille habiter chez son beau-frère,

Qui est flic,

Habitant le *raión* Zolitoud,

Nom qu'il me plaît de traduire, fautivement, par « quartier de la Solitude ».

A Vilnius, j'en demande pardon à mes amis lituaniens, j'avais eu un autre furtif, et inattendu, attendrissement philorusse (et non pas russophile),

C'était la nuit, un camion Mercedes jaune de la télévision allemande, impeccable, attirait les regards respectueux d'une petite foule,

Antennes braquées, écrans scintillants, techniciens téléphonant dans les étoiles,

On sentait que tout ça, machines, hommes, était efficace,

Non loin de là était garé un bahut kaki et laid, mal foutu, sale, bardé de roues de secours au cas où, sur lequel il était écrit au pochoir, en lettres cyrilliques, *Avarínnaïa Sloujba*, Service des avaries,

Avaries de quoi, je ne sais pas, tous genres de pannes, de dégâts, et Dieu sait qu'ils sont innombrables,

Et ce gros machin rustique, probablement en panne lui-même, prétendait y remédier :

L'idée était comique, la Russie m'apparut un instant sous les traits touchants du pays de la maladresse,

La terre des balourds cernés par les habiles.

LE DERNIER JOUR DU DRAPEAU ROUGE

Ah, Riga ! Riga me plaît, ses avenues balayées par un vent de tempête,

Qui fait voler les cheveux blonds de grandes filles pâles,

Mais pas un poil de la barbiche dardée de Lénine

(Pourquoi est-ce que la psychanalyse ne s'est pas encore intéressée à ce cinglé à la mâchoire crispée ?)

Ses lourdes façades peintes, crêtées de pignons nordiques,

Ses hauts clochers verts, noirs, bulbes et flèches au-dessus du thé sombre de la Daugava,

Le roulement de fer des trams, les affiches de concerts,

Orgues à l'église du Dom,

A l'Opéra on donne *La Traviata*,

Le pont de chemin de fer sur l'estuaire, qui ressemble au pont Faidherbe à Saint-Louis du Sénégal,

Ou au pont Doumer à Hanoi,

Et, dans des espèces de Kensington Gardens, une sorte de Serpentine coassante de canards,

Et même, bleu, rouge, lorsque la nuit tombe,

Quelques publicités lumineuses sur les toits !

On voit que Riga est un port, qu'elle a connu le monde et les voiliers des hanses,

Et il me revient que c'est dans ses rues que Walter Benjamin erra deux heures solitaire,

A la recherche d'une femme qui ne l'attendait pas.

Il voulait absolument être le premier à l'apercevoir,

« Car si elle avait posé sur moi la mèche de son regard,

Il m'aurait fallu sauter en l'air comme un dépôt de munitions ».

Erika, mariée à un Russe à catogan, partisan de l'indépendance, m'avait mené au journal *Atmoda*,

Qui veut dire « Renaissance »,

On ne sait pas bien que demander aux gens qu'on découvre, comment voyez-vous l'avenir, des bêtises pareilles,

La seule tragédie qui puisse nous arriver, c'est de mourir, avait-elle répondu à ma question banale,

Au dernier étage d'une tour, au-dessus des toits nocturnes de Riga, un sympathique barbu m'avait parlé en anglais, *« We are not yet in Europe and not still in Asia »*, phrase qui m'avait plu, et aussi cette invitation :

« Tomorrow at noon we'll change this stupid flag,

Gorki street, number three. »

A midi en effet, rue Gorki et ailleurs, sur les frontons néoclassiques,

Les flèches gothiques,

Les drapeaux rouges faisaient une dernière fois flamber les gris baltiques,

On amenait un grand et terrible symbole,

Des gens comme Walter Benjamin y avaient cru,

Le vent était si fort qu'on avait du mal à l'étouffer,

Des jeunes filles en costume folklorique qui évoquait assez les prospectus Intourist, jupes plissées, longues nattes, toque et gilet brodés, portaient jusqu'au pied du mât l'ancien et nouvel emblème, deux bandes bordeaux encadrant une blanche,

Une fanfare jouait l'hymne letton,

Les bonnets de fourrure quittaient les têtes lettonnes,

Un rayon de soleil évadé semblait de bon augure,

Feu follet, *ogoniok*,
Puis, sous l'averse de grêle,
La neige revenues,
Chacun partait,
Parapluies retournés,
Têtes dans les épaules,
Poings dans les poches,
Fichus noués,
Pieds dans la boue,
Sûrs d'avoir connu un instant de bonheur,
Au moins.

(*Le Voyage à l'Est*, ouvrage collectif,
Balland/La Maison des écrivains, 1990)

Tallinn, de l'autre côté du miroir

M'y rendre, en passant par Copenhague et Stockholm, ne m'avait guère pris que sept heures. A ce compte-là, autant aller à New York. Mais en définitive, j'étais bien à Tallinn. Je ne pouvais en douter. Par la fenêtre, j'apercevais les toits de tuiles pointus de la vieille ville, les chapeaux coniques des tours, les hauts clochers de cuivre vert-de-grisés, et puis derrière la mer, la Baltique sûrement, mais si bleue ce jour-là, et où allaient et venaient des paquebots si blancs, qu'on eût dit plutôt un coin de Caraïbe. Je n'avais jamais eu si chaud de ma vie, mais c'était normal, ça, puisque je me trouvais dans une cabine de sauna au vingt-sixième étage d'un hôtel de pure facture soviétique, construit pour des Jeux olympiques oubliés. Tallinn, en Estonie, oui. Sûrement.

La première fois que j'avais entendu parler de Tallinn, ça n'était pas sous ce nom-là. Cela me revenait tout en buvant, au restaurant du même hôtel, une bière Saku Luksus : d'ailleurs excellente, et très propre à accompagner l'espèce de porc émincé qu'on m'avait servi, dans le cadre d'un festival de cuisine chinoise. Une chanteuse extrême-orientale poussait la mélopée, j'essayais de résister à la conversation d'un businessman finlandais désabusé. Sur l'étiquette s'étalait, en belles lettres rouges, le nom de « Reval ». Or il se trouve que dans ma jeunesse révolutionnaire, j'avais étudié un fort livre allemand où étaient analysés, notamment, les échecs des insurrections de Shanghai, Hambourg et Reval. Les prolétaires de Reval ou Revel, c'est-à-dire en fait, je suppose, une poignée de conspirateurs kominterniens, s'étant levés de bon matin le premier décembre 1924, avaient tenté de s'emparer des points stratégiques de la ville, mais quelques erreurs de chronométrage avaient fait échouer l'affaire : cinq autos blindées de la bourgeoisie avaient écrasé le soulèvement avant que le jour ne se levât, c'est-à-dire que les Estoniens, qui n'étaient indépendants, pour la première fois dans leur histoire, que depuis 1918, allaient pouvoir le demeurer seize ans encore, jusqu'en 1940. Où se trouvait Reval, je n'en avais pas une idée bien nette à l'époque, mais j'avais tiré de cet épisode, en même temps que de ceux, plus grandioses et mieux connus, de Hambourg et Shanghai, des conclusions définitives sur la supériorité du modèle chinois de lutte armée prolongée. C'est ainsi. Reval était resté dans mon esprit comme le lieu, d'autant plus symbolique qu'il paraissait presque imaginaire, où la technique bolchevique du coup de force avait montré ses limites. Eh bien, j'étais dans ce lieu fulgurant et abstrait, mâchant du porc émincé en compagnie d'un gros Finnois lassé par les *joint-ventures* : car Reval était l'ancien nom, russo-germanique, de Tallinn.

Tallinn-Reval, donc, existait bel et bien, mais au fur et à mesure que je parcourais ses rues une idée, fantaisiste peut-être, mais impérieuse, gouvernant les impressions que je recevais, s'emparait de moi : pour réelle qu'elle fût, cette ville se situait néanmoins dans un espace-temps flottant, désarrimé du cadre général des représentations, une contrée et une histoire de l'autre côté du miroir. Il faut dire aussi que j'y étais arrivé le lendemain de l'historique référendum français [1]. Or, à Tallinn, il ne semblait nullement être question de l'empreinte dont nos 50 % et des poussières allaient marquer la maison commune européenne, mais du fait qu'un certain Arnold Ruutel, soutenu par le parti *Kindel kodu*, « un foyer sûr », serait sans doute battu au second tour de la présidentielle devant le *Riigikogu* nouvellement élu.

1. Sur le traité de Maastricht.

Puisque le monde entier, ou en tout cas l'Europe, avait les yeux fixés sur Paris, et qu'ici ils s'intéressaient à des histoires pareilles, il fallait donc qu'on ne fût pas au monde, à tout le moins pas en Europe.

D'ailleurs, toutes ces étrangetés étaient exprimées dans une langue absolument impénétrable, même pas indo-européenne (ce qui constitue pourtant, on le sait, un minimum), mais finno-ougrienne : originalité que les Estoniens partageaient, paraît-il, avec les Finlandais, les Magyars et les Samoyèdes. C'est dire… Que voulez-vous ? Sans qu'il faille y suspecter, loin de là, la moindre arrière-pensée historique, j'étais tout de même bien content qu'un certain bilinguisme existât toujours, au moins sur les panneaux et plaques de signalisation, et qu'ainsi je pusse déchiffrer, sous un énigmatique *Raamatukogu*, une cyrillique *Bibliotéka*, ou que la gare du chemin de fer baltique, que je cherchais, me fût indiquée par le russo-germanique *Vokzál*, et pas seulement par un abrupt *Jaam*.

Je me rendais à la gare parce que j'aime les gares et aussi parce que j'étais curieux d'apprendre avec quelles villes Tallinn pouvait bien entretenir un commerce ferroviaire. Je n'eusse pas été plus étonné que ça de constater que les voies ferrées s'effaçaient dans les nuages, ou bien plongeaient sous la mer, ou bien d'assister à l'adieu des mouchoirs saluant le lent départ grinçant du Tallinn-Melbourne. Néanmoins, c'était le train de Saint-Pétersbourg qui s'ébranlait, ses bas wagons verdâtres, maculés de poussière, couronnés de molles fumées, son salon-bar de poupe aux rideaux crasseux glissants dans le soir. On pouvait aussi acheter un billet pour Brest (Litovsk, évidemment), Varsovie et Riga.

En fait, le principal lien de Tallinn avec le monde était ce moyen de transport utopique par excellence qu'est le bateau. Quantité de petits paquebots blancs, je l'ai dit, s'affairaient dans la baie. Au port, la malle d'Helsinki débarquait une cargaison de frères finno-ougriens avides de bière bon marché et, cela se prétendait, de filles prêtes à hypothéquer un peu de vertu pour un rêve d'avenir capitaliste. Des quais, on découvrait des îles basses à l'horizon, au-delà desquelles il y avait, paraît-il, la Scandinavie, un paysage de vieux docks et de grues, une sorte de colossale pyramide aztèque qui se fût effondrée comme un soufflé et qui abritait, je l'appris, un complexe de loisirs, et, au-delà des cheminées de brique d'une usine qui semblait abandonnée mais ne l'était pas, dressés vers un ciel crépusculaire à la Friedrichs, argent, safran et mauve, les clochers et beffrois de la vieille ville.

Or, pour belle qu'elle fût, Vanalinn n'ancrait pas vraiment Tallinn dans la réalité. Car l'histoire que racontaient ses façades médiévales, baroques ou classiques, était celle de deux vagues contraires venues d'ailleurs, obstinément, battre et recouvrir ce plat rivage. Tallinn était à l'est de l'ouest, à l'ouest de l'est, voilà ce qu'elles apprenaient. Au long des ruelles pavées, des passages et placettes de la vieille ville, ce qui s'inscrivait dans la pierre, c'était la négation, par deux grandes et vieilles hordes guerrières, religieuses, bâtisseuses, du pays virtuel dont Tallinn était désormais la capitale. Vanalinn témoignait, par sa réalité architecturale, de l'irréalité historique de ce dont elle était l'île de la Cité paradoxale et que symbolisait le beau drapeau bleu-noir-blanc flottant, après tant d'aigles germaniques ou moscovites, sur la tour Pikk Herman. Sous les toits de tuiles pentus, les hauts pignons gothiques, les clochers tulipés de Saint-Nicolas ou Sainte-Marie, la roide et puissante flèche de Saint-Olaf, le beffroi en forme de minaret de l'hôtel de ville, semblaient sonner encore les pas des chevaliers teutoniques et porte-glaives, ou des marchands hanséatiques de la germanique Revel. Les façades peintes de rose léger, de gris perle, de tilleul, les pilastres et chapiteaux blancs des palais, les frontons classiques ou baroques étaient un écho atténué des grâces italo-russes de Pétersbourg, les bulbes de la cathédrale Alexandre-Nevski faisaient planer au-dessus de la Reval russe les croix d'or barrées de la foi orthodoxe. « Burgmeister Peter Heinrich von Witt », « Paul Friedrich von Beckendorff, civil gouverneur von Ehstland »... : les tombeaux muraux, dans les nefs des églises, rappelaient que, jusqu'au début de ce siècle, les « barons baltes », des junkers allemands, possédaient le pays qu'ils administraient pour le tsar. Il me revenait que l'ancien nom de la ville, qui avait d'abord été pour moi celui d'une insurrection modèle réduit, *in vitro* pour ainsi dire, était aussi celui de l'héroïne du *Coup de grâce*, Sophie de Reval : et si l'exaltée jeune comtesse n'eût été tuée par le coup de pistolet du déplaisant Eric von Lhomond, elle fût sans doute morte avec Grigori Loew, le révolutionnaire juif ami des livres, sur la neige sanglante, à l'aube du premier décembre 1924. Tout ça ne clarifiait pas les choses.

Par les larges boulevards qui ceinturent la vieille ville, à la nuit tombée, je rentrais vers mon hôtel, ruminant ces idées incertaines. Où en étais-je d'où était Tallinn ? Zigzaguant au milieu d'un flot de touchantes petites Moskvitch ou Lada boueuses, graisseuses, borgnes, aux pare-brise étoilés, on voyait passer quelques squales impensables, Mercedes king size aux vitres fumées, Cadillac, Chevrolet décapotables blanches conduites par des sales gueules de jeunes yuppies causant dans des téléphones portables. Au bar de l'hôtel, tout était socialiste appellation contrôlée, l'odeur puante du tabac russe, la décoration années cinquante *cheap*, les bouteilles de cognac d'Azerbaïdjan, le gros mafieux en blouson qui essayait de draguer la blonde serveuse, mais si une sorte d'automatisme écolinguistique vous faisait, distraitement, commander une bière en russe, on se faisait vertement répondre en anglais. *Ou vas píva ? Sorry, one bear, please. Estonian, yes. Saku Luksus.* Même les billets qu'on sortait pour payer son verre, absolument neufs, propres et craquants sans exception, contribuaient à cette impression d'irréalité, comme si tous les habitants de Tallinn jusqu'au dernier, moi y compris, venaient de dévaliser une banque. Ou bien, l'image est peut-être plus pertinente, jouaient au Monopoly.

Que les amis estoniens que je n'ai pas, mais que j'aimerais avoir, se rassurent maintenant : en buvant ma bière de Reval, je comprenais quelque chose que d'ailleurs j'avais déjà compris auparavant, à Vilnius ou Riga : si les Baltes nous semblaient parfois habiter des pays de songe, c'était parce qu'il y avait, entre eux et nous, l'écran nébuleux de l'oubli dans lequel nous avions voulu les faire disparaître, aux mauvais jours. Qui, chez nous, se souvenait ou savait, tout simplement, que jusqu'au début des années cinquante, des partisans *metsavennad*, « frères des forêts », avaient continué la lutte contre l'occupation soviétique ? C'était aussi, moins cyniquement, parce que la connaissance et la mémoire historiques circulaient selon des réseaux, thalles ou rhizomes capricieux, propres à chaque culture, qui rapprochaient tels lieux ou époques et en contournaient tels autres : Prague, Varsovie ou Moscou, par exemple, étaient prises dans les mailles de notre géo-histoire collective, la guerre de Trente Ans, les insurrections polonaises ou la retraite de Russie éveillaient en nous des échos multiples, littéraires, picturaux, etc. En revanche, l'espace historique baltique, le triangle germano-russo-scandinave, n'était aucunement connecté à notre réseau de mémoire et d'imaginaire : qui savait ce qu'avaient été les journées de Poltava ou de Tannenberg ? Tallinn existait bien, j'y étais, là-bas, de l'autre côté du miroir où nous ne voyons se refléter que nos propres traits.

(Dossiers du *Nouvel Observateur*, novembre 1992)

Une étoile d'images

On ne prend pas assez garde à ce qu'a de surprenant l'existence du monde, dès lors qu'on essaie d'aller au-delà d'une conviction rationnelle et générale. Le globe existe, oui, bien sûr, presque personne n'en doute, les continents, les océans, les pôles, infiniment de gens qui peuplent ou parcourent cet espace, répartis en nations, en langues, etc. (Encore beaucoup ne comprennent-ils toujours pas pourquoi les habitants des antipodes n'ont pas la tête « en bas », autrement dit une des façons les plus élémentaires qu'a ce monde d'être plausible.) Un réseau de savoirs plus ou moins rigoureux, astronomique, physique, géographique, politique, ethnologique, entraîne des pratiques si assurées qu'elles ont perdu toute fonction de vérification expérimentale. Il ne semble pas que le fait d'atterrir en effet, la plupart du temps, dans une ville que ses habitants appellent Buenos Aires, lorsqu'on a pris l'avion pour cette destination, *prouve* l'existence de l'Amérique du Sud ou de la Pampa, choses qui vont dorénavant de soi. Pour la première fois dans l'histoire, d'ailleurs, nous avons de la figure physique du monde des représentations qui ne postulent pas, comme les cartes, notre confiance dans l'honnêteté et la compétence de leurs auteurs. Les photos « plein disque » des satellites, dont chacun ou presque a eu un exemplaire sous les yeux, ne laissent guère place à l'incrédulité, à moins qu'une méfiance extravagante ne nous incline à suspecter une conspiration internationale attachée à diffuser des images truquées de la planète. Je *vois*, comme je verrais le visage riant d'une amie, un instant fixé d'un été ancien, un globe sombre, enveloppé d'une chevelure de vapeurs, rouler dans une nuit noire la masse rayonnante de l'Afrique semée, entre le golfe de Guinée et le cap d'Ambre, de floches de nuages très blancs, la mer Rouge dont les deux cornes encadrent le Sinaï, le cours du Nil, Aden sous un voile léger. En haut de la photo, Chypre pointe son doigt grêle vers le golfe d'Alexandrette, et, au-dessus encore, la péninsule de Crimée se referme sur la mer d'Azov, les grandes retenues du Don scarifient la croûte terrestre entre Rostov et Stalingrad. Des tourbillons pâles, jaspés, se lovent sur l'Atlantique Nord, lui donnant un peu l'aspect d'une plage à marée basse, maillée de filets d'eau miroitante.

Néanmoins, lorsque je veux aller, par l'imagination, au-delà de cet ensemble de savoirs assurés, me rapprocher d'une représentation fine de la réalité du monde, la vision se brouille, la mise au point se révèle impossible, la certitude le cède à l'incrédulité. C'est comme si ces grands blocs ne reposaient sur rien, dérivaient sur un éther immatériel impuissant à assurer les fondations et la cohésion totale de l'ensemble. Le monde, autrement dit, n'existe qu'à distance.

Dès lors que j'essaie de rapprocher de moi une de ses parties, le tissu d'images, trop lâche, se déchire, se décompose. Or, comme dirait Roquentin, l'existence n'est pas une chose qui se laisse penser de loin. Et je ne parle pas seulement d'images effectivement disponibles, mais bien de la possibilité même qu'il en existe, qui, à l'instant où je l'évoque, me paraît hautement fantaisiste. Ces retenues du Don, par exemple. Je consulte un atlas, et je vois qu'il « existe », sur leur rive orientale, un village qui est censé s'appeler Ciganaki. Il me faut donc imaginer aussi que Ciganaki existe, ce que, en général, tant que cela ne tire pas, si j'ose dire, à conséquence, je suis prêt à admettre. Mais « exister », cela veut dire qu'il y a, en ce moment même, des gens qui mangent du pain noir, *khleb*, à Ciganaki, d'autres qui dorment, qui pissent, écoutent la radio, cousent, qu'il y a un type qui est en train de reboutonner sa veste, un autre qui se gratte la tête, qu'il y a forcément une personne, au moins, qui est malade à Ciganaki, et se retourne sur son lit, un chien qui aboie, un jeune homme, au moins, qui est amoureux d'une blonde *diévouchka*, qu'on ne voit pas comment il n'y aurait pas un ou deux pêcheurs à la ligne, en train, là, à l'instant, de piquer un ver sur un hameçon, éblouis par les éclairs du soleil couchant sur le Don (je consulte la *Time Zone Chart* achetée à l'observatoire royal de Greenwich, et je vois qu'il est en ce moment, « là-bas », huit heures et demie du soir). La seule existence de ce Ciganaki entraîne inévitablement un nombre si incalculable de conséquences extrêmement matérielles, concrètes, contingentes, la supposition d'une infinité si vertigineuse d'objets, de gestes, de paroles, qu'elle sature complètement ma capacité, non seulement de représentation, mais même d'adhésion à cette croyance. Et cela devrait se répéter des millions de fois, il y aurait un type qui serait en train d'essuyer une table dans une gargote de la ville de Diego Suarez sur laquelle tomberait la nuit, non loin du cap d'Ambre, à la pointe nord de Madagascar, un autre qui regarderait, forcément, un nuage, un autre... Non, ce n'est pas concevable. La réalité du monde, que je crois pourtant avérée, s'épuise jusqu'à se nier dès lors que j'essaie de l'envisager, non comme un ensemble, ni comme un grouillement indistinct, mais comme une quantité inouïe d'existences distinctes, sensibles, simultanées. La trame fine du monde paraît improbable, c'est un objet qui existe, si je puis dire, en gros et non pas en détail. Il prend forme d'un coup, comme à partir de rien, ou en tout cas d'une matière extrêmement lacunaire. Le regard de Dieu n'est plus là pour tenir ce prodigieux boisseau d'existences infimes et nettes.

La même incohérence vertigineuse se manifeste lorsque j'envisage le type d'existence que je suis prêt à accorder aux individus. Qu'ils existent en général, voilà qui semble ne pas faire de doute pour moi. Qu'ils existent, même, un par un, avec leur nom, et une certaine individuation encore abstraite, je suis toujours d'accord. C'est dans le détail, l'abîme du détail sans lequel pourtant aucune existence ne peut être validée, que ça ne va pas, que s'ouvre devant moi un vide paradoxal. Cette bizarrerie se manifeste avec d'autant plus de force que l'« individu » considéré est plus connu et donc, d'une certaine façon, indubitable. Par exemple, je ne révoque pas en doute, hélas, l'existence de l'imam Khomeiny[1]. Je connais son visage, son accoutrement habituel, je sais même plus ou moins ce qu'il pense, et en tout cas ce qu'il veut. Si j'évalue son degré d'existence à ses œuvres, je suis bien loin de voir en lui une chimère. En revanche, il m'est très difficile, non seulement d'imaginer, mais même de concevoir qu'en ce moment même il existe, fait quelque chose, se brosse les dents (pourquoi ne se brosserait-il pas les dents, s'il *existe* ?), enlève ses chaussettes (en porte-t-il ? Peut-être pas), s'endort (et comment ? sur le dos ? en chien de fusil ? sur le ventre, serrant son oreiller ? A-t-il d'ailleurs un oreiller, etc. ?). J'éviterai d'entrer dans des interrogations plus vulgaires encore, qui néanmoins ne seraient nullement injustifiées s'agissant d'un être supposé *existant* – et que je crois d'ailleurs, je l'ai dit, exister. En fin de compte, dans ce cas comme dans celui du village des bords du Don, l'existence du monde plane un peu dans les nuages, elle a beaucoup de mal à plonger dans la terre les milliers de racines et radicelles qui l'amarreraient à l'incontestable (ou à l'*absurde*). Quelque chose en elle résiste à l'ordalie de la trivialité.

*

J'ai sous les yeux, pour une raison qu'il serait long d'expliquer, mais qui a un rapport avec ce doute quant à l'existence minutieuse du monde, et en fin de compte la cohérence de sa

1. Entre écriture et épreuves, mots, pratiques qui pourraient prendre ici, si l'on n'était un peu rationaliste, un sens presque magique, un hasard qu'on ne dira pas malencontreux a ôté toute validité aux interrogations sur la réalité *fine* de ce personnage. N'importe quel autre fait l'affaire, en l'occurrence.

construction, un exemplaire du *Canberra Times* en date du 21 mars 1989. La photo de Une montre deux policiers (la légende précise qu'ils s'appellent Shan Rice et Alf Turketo) en train de jouer aux échecs, au Festival Family Day. Ils portent des casquettes blanches ceinturées d'une bande à damiers, et des pèlerines légèrement luisantes. Il doit pleuvoir, car la femme qui passe, en arrière-plan, et jette un coup d'œil, apparemment, sur leur partie, porte un parapluie clair. La mise au point de la photo fait que la silhouette de cette femme est floue, mais ce qu'on en distingue – peut-être, il ne faut pas en écarter la possibilité, en raison même de ce flou – est assez gracieux : une robe claire que la vivacité de la marche fait voler, une veste sombre, des cheveux sombres aussi autour d'un visage ovale. On imagine volontiers – je me plais à imaginer – qu'elle pourrait être métissée de sang malais. Presque rien, assez pourtant pour que je remarque plus ce quasi-fantôme que les deux *constables* dont le couvre-chef répète la figure des soixante-quatre cases. Or, si j'admets spontanément qu'une femme portant un parapluie a rapidement traversé le champ d'un appareil photo, le 20 mars, à Canberra, en Australie, et qu'elle n'a pas cessé d'exister dans la seconde où elle en est sortie, il me paraît tout à fait extravagant d'en inférer ce qui semble cohérent, que je suis en train de parler, à son insu, d'une femme actuellement réelle, qui, a mettons, trente-cinq ans, s'appelle par exemple Jane, ou Karen, est probablement (il est six heures du matin à Canberra) en train de dormir, une mèche de sa sombre chevelure barrant la pâleur du visage, avec un homme, il n'y a pas de raison, tant qu'on y est, de ne pas le supposer, etc. De nouveau, la postulation d'existence déclenche une suite vertigineuse, un bourgeonnement incontrôlable de conséquences en *trop* qui, pour rigoureuses qu'elles soient, ne me convainquent pas de leur validité. Je pourrais, puisque le nom du photographe figure à droite du document, le contacter, et par lui, avec un peu de chance, remonter jusqu'à la femme *réelle* dont la silhouette floue va sous une ombrelle blanche, entre deux policiers mouillés, en Une du journal ? Cette imagination, loin de me paraître rationnelle, me semble faire du monde un théâtre de conte de fées : ce qu'une autre part de moi-même ne refuse pas absolument qu'il soit.

*

Supposons, un instant. Une grande paupière de nuit glisse sur le globe, elle atteint les retenues du Don et, des milliers de kilomètres au sud, le cap d'Ambre, elle fait scintiller sur l'eau les lumières de Ciganaki, et non pas « les lumières » mais chaque lumière, plier leurs cannes aux pêcheurs, l'un après l'autre, s'allumer un quinquet dans un bistrot de Diego Suarez, au moment où elle quitte la ville de Canberra, délivrant des songes une femme aux cheveux sombres qui ne saura jamais qu'aux antipodes un inconnu, dont la silhouette floue figure elle-même, forcément, sur des dizaines de photos-souvenir prises par des touristes australiens à Paris, invitant peut-être, qui sait, l'une d'entre elles, habitant la même ville que la beauté que le jour arrache au sommeil, à rêver à l'existence réelle d'un simulacre, tape à la machine, cependant que ses doigts endormis relèvent doucement la mèche qui couvre ses yeux, des mots qui parlent d'elle et de nulle autre, dans une langue qu'elle ignore sans doute. Les policiers Rice et Turketo ont avalé leur *early morning tea*, ils décrochent de la patère leur casquette à damiers à l'instant où une pensée hardie fait rougir le garçon amoureux des bords du Don, où le malade espère que la nuit lui sera douce, où le bouton du kolkhozien saute, où cela le fait râler, où le chien qui aboyait prend un coup de pied. En chaque point du monde s'engendre continûment un ouragan de formes éphémères, une explosion, une division infinie qui lui font perdre toute forme et toute unité, et acquérir l'instable, éclatante splendeur d'une étoile d'images. Il semble alors que ce pourrait être une folie utopique digne de la littérature de ce temps que de tenter, afin que le monde existe sans se perdre, l'impossible mise au point sur ce débordement excédant toute limite, épuisant tout repos, une façon naïvement honorable de rencontrer sa mort que de se jeter dans ce brasier pour y chercher l'aleph, le lieu d'où voir « cet objet secret et conjectural, dont les hommes usurpent le nom, mais qu'aucun homme n'a regardé : l'inconcevable univers ».

(*Le Temps de la réflexion*, 1989)

Au-dessous du volcan

Jusqu'à Honda, gros bourg sur le *río* Magdalena, la route traverse un paysage qui évoquerait plutôt *Paul et Virginie*, s'il n'y avait pas ces formidables et pestilentiels camions Mack ou Dodge escaladant les pentes de la Cordillère orientale. Cascades, bananiers, bougainvillées, vérandas dans le vert épinard, grappes de fruits éclatants au bord de la route. C'est après Honda, alors qu'on a abandonné la route de Medellín, qu'apparaissent les premières cendres, en fin tapis le long de la chaussée, poudrant légèrement les arbres. Et presque simultanément, un barrage, treillis et M 16, qui vient de s'installer. Personne ne passe, à part les ambulances et les camions-citernes d'eau potable. Les ordres sont formels. Une petite centaine de gens, soudain coincés alors qu'ils s'apprêtaient à regagner Marequita, tournent en rond, hésitants. L'officier à Ray Ban n'a pas l'air commode. Et ça va durer combien de temps ? s'aventure quelqu'un. Cinq mois s'il le faut, rétorque le militaire. Mais la presse étrangère, *señor oficial* ? Il reconnaît l'utilité relative de son travail, mais les ordres… Une grosse pluie se met à tomber sur la cendre. Et puis revirement : les ordres sont de ne laisser passer personne, mais enfin vous, passez.

Jusqu'à Marequita, on roule au milieu d'une espèce de savane verte avec de grands pitons. Les ambulances, les camionnettes de la Croix-Rouge soulèvent des tourbillons de cendre. Les gens portent des masques et des foulards. La radio de la voiture interrompt l'énoncé des listes de blessés dans les hôpitaux, des produits manquants dans les centres de secours, pour annoncer qu'Omayra Sánchez, la petite fille de douze ans dont toute la Colombie et peut-être le monde entier suivait le sauvetage depuis vingt-quatre heures, est morte. Omayra qui avait les jambes coincées, sous l'eau, dans un amas inextricable où, paraît-il, il y avait aussi les débris de ses parents. Omayra qu'on maintenait à la surface de l'eau à l'aide d'une chambre à air passée sous les bras, comme une bouée à la plage et qui avait peur de rater l'école, ne se rendant pas compte que l'école d'Armero n'existait plus, ni la ville elle-même [1].

Peu après Marequita, la route n'est plus carrossable. Sur le côté droit est maintenant apparue une grande vague molle, gris éléphant : la boue. Sur la route elle-même, que vient de dégager un scraper, on peut marcher avec des bottes. A la hauteur du centre expérimental tropical Granja de Armero, cette espèce de gelée grise, extrêmement lisse et fluide, a envahi les deux côtés de la route. En émergent des poteaux électriques abattus, des fils enchevêtrés, des arbres arrachés, quelques animaux morts. Et puis bientôt, un gamin dont on ne sait pas très bien ce qu'il fait là, qui patauge, pieds nus, sur la chaussée, me tire par la manche : « *Mira, aquí hay un ser humano* » (regarde, là il y a un être humain). Et en effet, à une dizaine de mètres, il y a un cadavre, rose et noir, comme brûlé, ventre gonflé, bras étirés, le dos pris dans la gangue. Quelques hélicoptères partent, un avion tourne, plus loin. Une vache de boue, vivante, couchée sur un tas de boue. Un 4 × 4 de secouristes remonte de la direction d'Armero, soulevant des gerbes noires, rabattant les quelques rares passants, si le mot convient bien (parmi eux, un homme avec un perroquet sur l'épaule) vers la vaccination antitétanique.

L'air est lourd et chaud et fait mal à la tête. Après les restes d'un petit pont, où s'est empêtrée l'épave d'une charrette, les

1. L'agonie d'Omayra Sánchez fut un des premiers spectacles de mort en direct proposé au monde par le système, alors balbutiant, de l'obscénité télévisuelle : je l'ignorais au moment où, revenant d'Armero, j'écrivais ce reportage.

cadavres se multiplient. Une femme qui semble crawler sur ces vagues lisses, pétrifiée. Un peu plus loin, un homme en jean, à plat ventre, tête enfouie. La puanteur augmente, bien sûr, mais pas vraiment celle qu'on attend, qu'on redoute, plutôt une vaste odeur sure, un peu du genre de celle que dégageraient des serpillières moisies. Ces étendues grises et macabres, d'où émergent çà et là un tracteur englouti jusqu'à la selle, un camion retourné, ou bien cabré vers le ciel où roulent de grands nuages, sont bornées, assez loin, par des arbres et des herbes épargnés par la coulée, et qui couvrent des escarpements bleutés, de chaque côté. Des hélicoptères en rase-mottes, phares allumés, survolent ce champ de bataille. On imagine que la cuvette de Diên Biên Phû devait ressembler à ça. Moquerie dérisoire, une poupée en celluloïd flotte sur la gadoue à côté des vrais cadavres. On continue à marcher vers Armero, en dépit des injonctions d'un pick-up de la Croix-Rouge qui prétend, mais sans force de conviction excessive, qu'une nouvelle éruption vient d'avoir lieu, qu'il faut évacuer toute la zone. A vingt mètres de la piste, des vaches meuglent dans un enclos, elles mourront de faim, incapables de franchir les douves de boue qui les retiennent prisonnières. Il se fait une plus grande densité dans les épaves, les cadavres, le battement des pales d'hélicoptères devient plus oppressant.

A côté d'une vieille Chevrolet bleue posée bien à plat sur la gelée grise, émerge un corps affreusement laqué, gonflé, rougi, une main posée sur la route. De l'autre côté, une femme aux seins dressés. Puis, sur un amoncellement de ferrailles dans lesquelles on reconnaît quelques vélos, le portrait d'une jeune femme, dans un cadre doré, intact, non maculé, avec seulement la glace brisée : elle a de grosses lèvres boudeuses, des anneaux aux oreilles, une chaîne d'or, une robe verte. Comment a-t-elle échappé à la profanation générale ? Plus loin, un autre corps, le premier à reposer sur la route elle-même, tout noir celui-là, et couvert de sacs de jute sur lesquels on lit Molinos de Armero.

Est-ce que c'est ça, Armero, ce léger hérissement de choses mortes ? On ne voit pas du tout le volcan. Sur le bas-côté, à droite, une borne émerge de la gadoue, portant le chiffre 87, et un bâtiment de silos. Il y a aussi un petit avion envasé, des rails tordus et des quantités de sacs, du genre de ceux qui couvraient le mort noir, mais pleins ceux-là, de l'autre côté d'un petit *río*. La limite des arbres s'est rapprochée. C'est peut-être ça, Armero, tombeau de 20 000 personnes.

Une quinzaine de silhouettes casquées, devant, halent à toute vitesse, avec une corde, un homme qui ricoche sur la boue, exactement comme on pêche un poisson. Au-dessus, à quelques mètres, un hélicoptère en vol stationnaire. Ce sont des pompiers volontaires, et le gros poisson, c'est leur capitaine, *el capitán* Roman, qui vient de sauver un homme. Il n'y a strictement que sa tête, qu'il coiffe aussitôt, en se marrant, d'un béret rouge corail, qui ne soit pas couleur de merde. Il faut rebrousser chemin ; maintenant, la nuit va tomber, et il y a une bonne heure de marche avant de rejoindre la route carrossable. Les pompiers volontaires sont tous extrêmement jeunes et gais. C'est comme ça. Ils viennent de Bogota et Honda. Marta a dix-huit ans, Patricia dix-huit, Edgar vingt, Diego Fernando, Gladys, William, dans ces eaux-là. Oui, c'est bien Armero, me dit Gladys. On l'appelait la Ciudad blanca, la ville blanche, à cause des cultures de coton. Elle connaît, elle a travaillé douze ans à l'hôpital psychiatrique, ce qui fait rigoler les autres. Marta et Patricia ont de mignonnes petites frimousses sous leur grand casque noir. Elles s'étonnent que je ne sois pas moi-même pompier volontaire en France, et que d'une façon générale je ne sache rien des pompiers français, sinon que leurs casques sont brillants, pas noirs. Qu'est-ce que je sais, alors ?

Quand on repasse à côté de l'amas de vélos sur lequel repose le portrait intact d'une jeune femme, Marta m'apprend qu'elle est une cycliste de premier ordre, surtout en montagne, et qu'elle aimerait faire un jour le Tour de France féminin. Est-ce que je sais que les Colombiens sont forts en vélo ? Grâce à Dieu, je me souviens du nom de Herera, le roi des grimpeurs. Sur le bas-côté, un amas de boue vaguement cubique. C'est un téléviseur. Allume-le, qu'on prenne les nouvelles, dit Edgar. Dix mètres plus loin, il y a le cadavre d'un enfant. Un *niño*, dit simplement Patricia, et puis, se souvenant de la blague du téléviseur : il va penser que nous manquons de sérieux. Plus loin on sauve un chien, qui jappe sur un îlot un peu plus ferme, l'un des pompiers s'avance vers lui autant qu'il le peut, le chien se jette dans la mélasse, on croit qu'il va disparaître, il s'épuise, cela dure longtemps, finalement, il est là sur la route, ils décident que ce sera leur mascotte. Et ils se mettent à chanter, tous, une rengaine sentimentale, *Amor, amor eterno, amor deseado, amor desesperado*, marchant dans la nuit tombée, avec le chien qui s'ébroue, au milieu du désastre, sur la route que fait briller au loin le phare blanc d'un scraper.

(*Libération*, novembre 1985)

Modeste mémoire
pour démontrer l'existence d'Athènes

Athènes est un paradoxe, une bizarrerie parmi les villes : le prototype de la cité, le lieu où se créent les concepts qui font qu'existe ensuite une histoire européenne, et l'histoire elle-même comme idée ; et, en même temps, la seule capitale d'Europe où l'histoire, affectée d'une syncope de près de vingt siècles, n'inscrit pas ses tracés et ratures successifs, composant ce palimpseste de pierre qu'est une ville. La plus ancienne et la plus récente capitale du vieux continent : lorsque Chateaubriand la visite en 1806, un bourgade « dont la population n'égalait pas celle d'un faubourg de Paris ». En fin de compte, une des villes les plus célèbres, les plus visitées du monde : mais seulement pour cette colline faîtée d'énormes murs au-dessus desquels se découpent colonnes et frontons. Autour, dans l'immense étendue urbaine qu'on découvre du haut du Lycabète, dévalant, à travers toute l'Attique, du Pentélique à la mer, là où le voyageur de Paris à Jérusalem contemplait bruyères, moissons et oliviers : que connaît-on ? Quels sont les lieux dont on se souvient, où l'on retourne ? Alors, c'est entendu, il y a l'Acropole. Un fait incontournable, comme on dit : qu'il s'agit justement de contourner, de gagner lentement, au terme d'un mouvement en spirale, l'apercevant quelquefois de loin, du bateau qui revient d'Égine, comme posée, anachronique superstructure, sur le pont d'un pétrolier au mouillage, d'autres fois de près, portiques de l'Erechtéion jaillissant des toits de Monastiraki ; tantôt forteresse de blocs aveugles, table rase, lourd sceau du passé sur la ville sans passé, et tantôt, la nuit surtout, délicat dais de marbre tendu, tels ces emblèmes de la cité céleste dont l'art gothique couronnera chaires et niches, sur l'ici-bas : Athènes, enfin.

Au risque d'irriter d'emblée ceux qui n'entendent rien au grec, ne déchiffrent même pas son alphabet, je dirais volontiers que le premier charme d'Athènes, c'est la langue. On peut d'ailleurs, à la rigueur, en être séduit sans y comprendre goutte : musique des accents, roulements des *r*, bouquets de *i* glissés partout dans les phrases, murmures, souffles légers, frémissements de feuilles, il suffit d'entendre prononcer les noms d'Athènes ou du Pirée en grec pour saisir quelque chose du côté spirituellement bucolique de la langue, à quoi ne peut guère se comparer que la grâce de l'italien. Débarquer à Athènes, c'est d'abord se trouver heureusement immergé dans le bruissement du grec, dans le foisonnement de l'élégante écriture (d'ailleurs attaquée de toutes parts par l'alphabet latin) qui fait ressembler un panneau de signalisation routière à une page de la collection Guillaume Budé. Plaisir plus vif encore, bien sûr, si l'on peut déchiffrer, comprendre, parler si peu que ce soit cette langue luxueuse : inutile, et essentielle. Au-delà des sons, la rafraîchissante et légèrement ironique réminiscence des valeurs prosaïques de nos mots savants. *Éxodos mónon* peint sur la carrosserie des autobus, désignant la porte réservée à la sortie. *Metáphorai* sur les camions : transports. Ce retour aux sources, ce *nóstos* commençant dès l'aéroport, *aérolimín anatolikó*, aéroport de l'est, du soleil levant : de l'anatolie. Et aussi l'assez jubilatoire jeu entre les différentes versions d'un même mot dans une langue vénérable et juvénilement hésitante : à commencer par le nom même d'Athènes, qui se dit indifféremment au singulier, *Athína*, ou au pluriel, *Athínai*. D'emblée, par les seuls charmes sensible, intellectuel, de la langue, une invitation au vagabondage, à une fantaisie instruite à travers les fabriques d'un présent antérieur.

Thálassa : ce mot-là n'a pas changé depuis que, comme chacun ou presque s'en souvient, les Dix Mille le crièrent, la mer, la mer. C'est aussi cela, Athènes : un port, une ville qui ignore la poésie des gares, mais où les bateaux accostent aux trottoirs. *O Pireéfs* (ou *Piraías*...), le seul port à ma connaissance où les amateurs des trafics de l'eau ne sont pas enquiquinés dans leur contemplative marotte par toutes sortes de barrières, d'interdictions, de cerbères. Lorsqu'on débarque de l'*iléktrikos*, l'espèce de métro, à la station-terminus du Pirée, on tombe d'abord sur les guichets d'une agence qui annonce audacieusement, en grec et en anglais, des billets *di ólon ton kósmon, for all the world*... Il doit être divertissant d'essayer d'acheter, en drachmes, un billet pour Shanghai ou Valparaiso. La poupe béante des bateaux des îles s'ouvre en face du porche de la station, il suffit de traverser la rue pour s'embarquer pour Rhodes ou la Crète. C'est tôt le matin ou en fin d'après-midi, lorsque la plupart des ferries partent ou reviennent, qu'il faut voir Le Pirée : grouillement et cavalcades sur les quais, noires paysannes chargées de ballots mal ficelés côtoyant les touristes, traîne-savates frais arrivés de l'Europe du Nord, jambes roses bouillies et sacs à dos. Cacophonie de klaxons, graves sirènes égrenant les appareillages, cris des vendeurs de glaces, de café frappé, de billets. Un sympathique désordre, la poétique litanie des destinations affichées à chaque coin de rue, de quai : Paros, Naxos, avec Venise et Lattaquié, Chios et Mytilène avec Haifa, Alexandrie et Limassol, Mykonos et Thyra avec Istanbul et Marseille, Barcelone et Izmir, une symphonie méditerranéenne. Et, partout, un homérique catalogue des vaisseaux : *Ikáros, Críti, Ariádni, Réthymnon, Agios Giórgios, Panágia Tinou*... On est tenté d'acheter un billet au hasard, comme à la loterie. Martingale-Mésogée... Le clapot fait des flamboiements de lumière sur les hautes coques blanches, l'eau des bassins se retourne en vagues de lait sous les hélices des mastocs qui manœuvrent, avant, arrière, comme des voitures faisant un créneau.

Train de grande banlieue, le bateau d'Égine, le soir. Derrière le bastingage blanc verni monte et descend Athènes : smog mauve, hérissements blancs, mer vineuse. Familles, moustachus en maillots de corps, enfants piaillards, transistors diffusant *rebétika* et matches de foot, sacs pleins de poissons frais, de fleurs coupées. Vendeurs de *souvlákia*, de café *pagoméno*, glacé. Au bout du sillage, dans une brume bleuâtre, le soleil descend vers Épidaure. Et une armada au mouillage, vraquiers, porte-containers, tankers, murailles de fer masquant et révélant la ville, noire flotte de Thémistocle posée sur le mercure, devant le goulet de Salamine, attendant éternellement « l'impétueux monarque de l'Asie populeuse » : bulbes des bateaux lèges pointant comme des éperons de trières, châteaux dressés à l'arrière des longues coques comme des aplustres. Et d'autres, et plus encore, amarrés par bottes de cinq ou six sur l'eau mazouteuse des passes entre l'île et le faubourg de Perama, là même où eut lieu la bataille, là où Eschyle nous donne à voir l'armée perse, « corps sans vie roulés par le flot dans leurs larges saies errantes » : Perama voué à une multiple mastication de la tôle, cargos traînés au rivage, contre les maisons ouvrières, promptement transformés en fer à béton ou boîtes de conserve, d'autres retapés en un tournemain, bons pour le service de flambant neuve épave chypriote, panaméenne ou libérienne. Tout un micmac géant, carcasses démembrées, bateaux disséqués autour de la quille comme on lève, en partant de l'arête, les filets d'un poisson. Le bateau d'Égine rentre au port à l'heure où les néons blafards commencent à palpiter sur les coursives, dans les cabines des ferries en partance, les tôles gaufrées des coques capturent des ressauts de lumière finissante, l'eau des bassins est rose et dorée comme le ciel au ras des maisons, des grues, des quais déjà noirs, piqués de lampes oranges : feux liquides, bronze et cuivre, couleurs sombrement, lugubrement brillantes évoquant assez une « vue de port » du Lorrain.

Sur Akti Miaouli, dans le jardin public entre l'église d'Agia Trias et celle d'Agios Spiridon flâne toute une internationale des sans patrie ni frontière en attente d'un hypothétique embarquement : sud-américains, maltais, nègres amaigris et phtisiques.

Dans les rues limitrophes, Notara, Philonos, entre les magasins où l'on vend des vareuses, des casquettes (et, dit-on, des diplômes de capitaine au long cours) s'allument les bars maritimes, aux noms évocateurs de toute une culture portuaire, Sirocco, Bambola, Scandinavia, Seamen's Club Tokyo, Bar Hamburg, les pauvres bars où l'on croit toujours entendre une pute asiatique chanter « Je vous connais Milord ». *Where are you from ? Hey, my friend, mon ami. Just a drink. Want to meet a girl ?* Des gerbes de petits cierges couleur de miel, fins comme des ficelles, brillent dans la pénombre de l'église d'Agios Spiridon au tympan de laquelle il est opportunément rappelé que *limín tis psihís ésti i Ekklisía*, L'Église est le port de l'âme. A Perama, adossé à un canot de sauvetage échoué sur le bitume, un homme vend du poisson à la sortie des *General Ships Repairs*, en face du bar Brazilia d'où s'échappent des mélopées approximativement arabo-hellènes. Rue Bouboulinas, au-dessus du snack-bar Bambola (dont on peut toujours imaginer qu'il a été ainsi nommé en souvenir de la Bambola-Bragamance du *Voyage au bout de la nuit*) les fenêtres ouvertes du Youth Hostel n° 1 laissent voir, dans des chambrées misérables, des bat-flanc superposés et, au mur, un poster du Brooklyn Bridge. A l'étage supérieur, le néon filtrant à travers des vitrages dépolis découpe les ombres de toute une collection de pantalons, caleçons et chaussettes : composition vériste, aux couleurs de cliché-radio, en l'honneur des marins rejetés par la mer. De l'autre côté de la colline de Phalère la rue Bouboulinas, reliant la mer prolétaire à la mer bourgeoise, plonge sur l'anse de Passalimani : courbe parfaite, yachts blancs sur l'eau noire, lumières et murmures des terrasses – Athènes est une ville dont jardins et places ont une furieuse tendance à se couvrir de tables de bistrots – où l'on boit de l'ouzo avec les *mezédes*, tranches d'œuf dur, saucisson, olives, piment doux, concombre. Saint-Tropez à la place d'Asnières. Une femme marche le long du quai, faisant ondoyer une très belle chevelure où glissent des éclairs, qui fait se ressouvenir d'une rengaine de

Melina : « Si tu aimes les orages, les nuages, les voyages... Je t'invite, je suis grrrecque. »

Quelque chose de portuaire transparaît encore dans l'amoncellement comique de gadgets, généralement extrême-orientaux, que propose, le dimanche matin, le marché de Monastiraki. On ne saurait dire de Monastiraki, cette petite place mal foutue, hirsute, avec son église cernée par la circulation, le voisinage un peu lassant des échoppes où l'on vend tout 1e fourbi folklorique que peut et doit désirer le touriste moyen, que c'est la plus belle place du monde. Loin s'en faut. Mais l'agitation du dimanche matin, qui se propage le long de la rue Ermou, a quelque chose de salubre et de réjouissant. La presse du monde entier ou presque, pendue à des pinces à linge, fait de chaque étal de journaux une mini-bibliothèque de Babel, un Aleph d'où un lecteur tant soit peu polyglotte peut prendre connaissance, sans bouger, du spectacle panoptique de la planète. D'autres kiosques, yeux à facettes d'insectes géants, scintillent de lumière noire, réfléchie, brisée par les miroitants milliers de lunettes solaires qui y sont exposés. Dans de petites charrettes à trois roues, des assortiments de noisettes, raisins secs, amandes et autres amuse-gueules font rêver un mélancolique ours brun qu'un paysan macédonien exhorte à se dandiner en cadence. Ventilateurs de poche, micro-mixeurs fabriqués à Hong Kong, marteaux télescopiques à écraser les mouches, tire-bouchons pneumatiques, porte-clefs-ciseaux, canifs avec scie, tenailles et petite cuiller made in Korea, minuscules lampes à kérosène en provenance de Shanghai, marionnettes chinoises, les étalages ont de quoi faire rêver ceux qui ne résistent jamais à l'achat d'un objet astucieusement inutile. Monastiraki a le don de replonger en enfance. *Óla ekatón*, tout à cent drachmes ! Au-dessus de la foule frémissent, comme des bannières japonaises, les longues perches empennées de papier claquant des vendeurs de billets de loterie.

Quelques vieux cafés font encore le charme d'Athènes. Plus exactement, la rencontre de ces vieux cafés et des vieux Athéniens, de la manière élégamment surannée qu'ils ont de porter leur âge. Nulle part ailleurs qu'à Athènes on ne rencontre de ces vieillards hâlés, à gueules de pirates à la retraite, nulle part ailleurs on ne sait comme ici tailler les rides à coups de serpe, cultiver le poivre et sel dru des cheveux et de la moustache, laisser quelques poils de barbe blancs piquer le col d'une chemise élimée. Les retraités palabreurs des bistrots d'Athènes feraient volontiers croire que la vieillesse est le plus bel âge de la vie. Où voit-on un art aussi consommé de porter chapeau et canne, d'arborer des vestes noblement défoncées ? Des cafés, le plus ancien est, paraît-il, Apotsos, dans une galerie donnant sur Panepistimiou, le plus chic probablement Orphanidis, juste en face : bois sombre, murs couverts de bouteilles jusqu'au plafond, quelques miroirs, chaises cannées, vitrines de verre biseauté, cloisonné de baguettes, le tout légèrement déjeté : ce qu'il faut pour réussir l'harmonie – délicate ! – d'un lieu où boire et parler. Mais le plus attachant, le plus noble, est le café sobrement appelé *Néon*[1], Nouveau, sur Omonia : un véritable temple, une salle immense, aux murs des peintures si noircies qu'on n'y distingue plus rien, des miroirs encadrés de sphinges jaunies, les croix noires de vieux ventilateurs tombant du plafond au bout de longues tiges. Des garçons en veste blanche débraillée balayent la sciure entre les tables où l'on joue aux cartes, aux échecs, où l'on discute furieusement, dans de grands envols de mains, ou bien où l'on égrène pensivement le *kombolói*, le chapelet à gros grains qui fait le temps plus léger, en sirotant à lampées de chat un ouzo ou un café coupé de grande gorgées d'eau fraîche.

Peut-être a-t-on assez longtemps tourné autour du pot, maintenant, assez traîné dans la ville basse pour prendre enfin son courage à deux mains et gravir les escaliers qui mènent

1. Était, plutôt : car j'apprends que, sans doute pour ne pas faire mentir son nom, le Neon a été refait (devrait-on dire *relooké* ?) de telle sorte que ne subsiste plus qu'un souvenir de ses grâces, qui ont rejoint désormais la statue chryséléphantine de Phidias au catalogue des beautés passées d'Athènes (1996).

à… Non, il faut encore s'émouvoir au passage des petites églises cernées par le béton, Kapnikarea plantée comme une île, briques sombres, cyprès et orangers, au milieu des flots automobiles de la rue Ermou, une autre rue Athinas, une autre encore à l'angle de Ktena et d'Evanggelistrias, et la plus étonnante, Agia Dynamis carrément enfouie, minuscule, sous le portique de béton de la rue Mitropoleos : lieux comme clandestins, lieux sombres et frais où les flammes des petits cierges font doucement fourmiller les ors et les argents de l'iconostase, comme des grottes à sortilèges taillées dans le vacarme et la lumière d'Athènes. Et puis, dernière étape de ce parcours d'évitement et d'approche, où l'on retrouvera, comme dans la langue, les jeux spéculaires du passé et du présent, on s'amusera de l'ironie qui fait aussi d'Athènes l'illusion et la moquerie d'elle-même, de la ville moderne une sorte de décor de théâtre où serait figurée, assez naïvement, la cité antique : car Athènes est aussi la capitale du néo-athénien, de l'Athènes kitsch, bref de l'Athènes en toc, qu'on imagine volontiers peuplée de figurants bardés de ces cuirasses d'hoplite en parfait état de marche vendues dans les petites rues au-dessus de l'agora romaine. Hauts lieux de cette ville-péplum, l'Université, avec la Bibliothèque et l'Académie, et l'immense édifice du Zappion, dans le jardin national : la nuit, les arbres font une grande couronne d'ombre, d'où émergent des bustes en sucre filé blanc, tout autour de l'esplanade en douce pente que bordent la parfaite pâtisserie de ses portiques, et des rangs d'orangers et de cyprès géométriques. Les lampadaires diffusent une faible lumière cendrée, quelques couples glissent, comme des pièces d'échecs, sur cette surface abstraite, les pâles colonnes de l'Olympeion jaillissent comme des champignons des bosquets noirs, autour d'une statue un groupe, isolé par le halo d'une lampe environnée de feuillages, discute âprement, de politique sans doute, mais ce pourrait être de philosophie, on ne distingue bien, au-dessus des plis ombreux des vêtements, que les crânes chauves qui luisent, les mains vertes qui s'agitent : colloque aux limbes. Une chouette passe, battements d'ailes mous. On se dit, tout en buvant un ou deux Metaxas, au goût mêlé de cognac et de sirop pour la gorge, légèrement mentholé, dans un des cafés qui jouxtent ce lieu utopique, que Chirico devait le fréquenter.

Et puis, enfin, on montera à l'Acropole. En ayant soin, pour peu qu'on soit, si l'on ose dire, agoraphobe, d'aborder les Propylées, comme Chateaubriand, à l'heure où « le soleil se lève entre les deux cimes du mont Hymette », glaçant de rose les ailes des corneilles et jetant sur le marbre « la couleur de la fleur du pêcher ».

(*Autrement*, 1986)

Supplément aux *Instructions nautiques* sur l'archipel des Açores

Arquipélago dos Açores (2 300 km²), situé à environ 700 milles à l'ouest des côtes du Portugal, s'étend entre les parallèles 37° et 40° Nord, et entre les méridiens 25° et 31° Ouest. Sa position presque au milieu de l'Atlantique Nord, sur les routes océaniques Europe-Amérique du Nord et Amérique centrale, fait son importance. Le climat est tempéré et humide. (Instructions nautiques, *vol. C 4 « Afrique, côte Ouest – au Nord de Cape Palmas », § 0.4.1.0.)*

Dans l'aérogare de Ponta Delgada, capitale de l'île de São Miguel, deux pendules affichent l'une, l'heure locale, et c'est à huit heures du soir qu'atterrit l'avion de Lisbonne, l'autre, l'heure de New York : quatre heures de l'après-midi. Des affiches d'Azores Express et Atlântida Express annoncent les vols directs pour Boston, Ottawa, Toronto, d'autres affiches mettent en garde contre le scarabée japonais, *« o escaravelho japonês (Popillia japonica Newman) é uma praga, evite a sua propagação »*, en conséquence de quoi est interdite l'importation des végétaux en provenance des États-Unis, étant entendu que les végétaux comprennent aussi les fruits secs et les semences, d'autres affiches encore annoncent l'arrivée du groupe musical Light Stream de California. Le long des parapets de basalte du port déambule la jeunesse de l'île, mâchant du pop-corn, l'air immobile, humide, est doux comme du sirop d'érable, la lune à travers les nuages verse une lumière bleutée sur les façades blanches soutachées de noir, les clochers demi-deuil de l'église *matriz*, des barques aux longs avirons de bois noueux se balancent sur l'eau, sous un vieux fort qui sent la morue, des chalutiers passent la jetée, hérissés de fagots de cannes en bambou : papotement des diesels, et sur les quais les vagues éclairs, le bruit mat des cascades de poissons versés à pleins fûts dans les bennes. Deux hommes de la douane montent à bord de la *Pauline-Marie*, ex-*Ipanema Progress* de Rotterdam, petit cargo de soixante-quinze mètres à tout casser dévolu à l'exportation vers le Massachusetts des articles propres à étancher la *saudade* alimentaire des immigrants, *qeijo de São Jorge, Joãozinho, verdelho do Pico*, ce vin que les tsars, paraît-il, envoyaient chercher dans les lointaines Açores pour égayer de ses feux ambrés leur table pétersbourgeoise. Sur ce que transporte la *Pauline-Marie* au retour, différentes histoires circulent que je n'ai pu vérifier. Sandra, serveuse du restaurant « le Quai de la sardine », a un charmant visage, je ne signale ce fait que parce qu'il est avéré et digne, à mon avis, d'être rapporté, et c'est un plaisir de la faire rire en commandant avec un mauvais accent une *abrotea*, un poisson qui s'est assuré, on s'en apercevra vite, un quasi-monopole des menus açoréens. Devant la façade du magasin Pacheco de Medeiros Lda, Ferragens e Ferramentas, un prédicateur en complet veston de l'Église du Nazaréen basée à Kansas City, Missouri, harangue la foule avec un accent américain à couper au couteau. Son homélie est illustrée par la projection d'images et de slogans sur les murs de Pacheco de Medeiros Lda, *« Fé em Jesus remove os grandes montes, Fé acalma o bravo mar »*, traversés par des ombres de mouches géantes.

Les routes de pavés noirs grimpent au flanc des vieux volcans, se perdent par instants dans la gaze grise, surplombent des cratères noyés d'eaux turquoise ou d'émeraude parfaite, dévalent vers des pans d'océan où glisse l'ombre laiteuse des nuages. *L'océan Atlantique est franchement bleu dans la région de Arquipélago da Madeira et à l'ouest des îles du Cap-Vert. Sa couleur est bleu mêlé de vert aux environs de Arquipélago dos Açores et des Islas Canarias. Le long du rivage, il existe souvent une bande d'eau gris-vert qu'on appelle, au Sénégal, les eaux noires, et dont la limite avec les eaux bleu-vert du large est très nette.* (Instructions nautiques, *§ 0.3.8.2.)* Baudelaire : « Ton œil mystérieux (est-il, bleu, gris ou vert ?)/ Alternativement tendre, rêveur, cruel/ Réfléchit l'indolence et la pâleur du ciel. ») Sur les reliefs tranchés d'un couteau naïf se mêlent, comme les boucles liquides de la dérive nord-atlantique roulées autour des îles, la végétation des tropiques et celle des zones tempérées, feu des hibiscus trouant l'indigo des hortensias et des agapanthes, roses trémières agrippées aux crosses des fougères arborescentes, grandes feuilles de tabac couleur de pâte d'amandes semées de capucines et de liserons outremer, forêts de cryptomerias du Japon hachant d'ombre mauve les lumières d'eau, enfin les mots ne vont pas aux choses, il y faudrait un lexique-forêt vierge. Un arbre, ici, on dirait qu'il pousse en quelques jours, comme sur l'aérolithe de *L'Étoile mystérieuse.*

Dans la salle à manger aux beaux parquets de l'hôtel Terra Nostra de Furnas officie Brasil, trente ans de maison, tête à la Curd Jurgens, veste boutonnée jusqu'au cou, parlant un français de table empesé, Monsieur désire ?, oui, Monsieur, merci Monsieur. Dehors, sous les branches de toutes les espèces d'araucarias existant aux Açores, c'est-à-dire au monde, de joyeux damnés barbotent dans les eaux sulfureuses devant le manoir de Yankee Hall construit par l'Américain Thomas Hickling au XVIIIe siècle, racheté par le visconde da Praia e do Monforte, restauré enfin par le financier juif Vasco Bensaude au XXe siècle (ces détails historiques n'étant donnés qu'à l'intention de ceux qui penseraient encore que les Açores sont un trou perdu à la surface de l'océan). Un cérémonieux original rencontré dans le parc porte en français sur mon carnet ces mots anachroniques : « L'obélisque qu'on voit ici est bien dû. C'est la mémoire du vicomte et de la vicomtesse da Praia. Ils ont fait de leur mieux pour aider les humbles, surtout les étudiants : au lycée, au séminaire, à l'université. Ils avaient grand soin de leurs employés. Ils étaient accueillants envers tout le monde. » Je m'en voudrais d'ôter un mot à ce Tombeau. Cependant, partout alentour, du sein du vert andin, troué de clochers baroques, où s'effilochent les nuages, s'épanchent les vapeurs à l'odeur d'œuf dur de cent chaudières d'eau bouillonnante, solfatares et fumerolles, soupes minérales clapotantes, borborygmes magmatiques, fontaines jaillissant sur le soufre et la rouille. *Dans les régions de l'Atlantique proches de la dorsale médio-océanique, et dans les îles situées sur cette dorsale, les secousses séismiques sont nombreuses. Les tremblements de terre, les éruptions volcaniques, les variations brutales du relief au fond de l'océan induisent une onde longue, de faible amplitude, qui se propage dans toutes les directions à une vitesse de l'ordre de 800 km/h (...). Lorsqu'il s'agit de tremblements de terre sous-marins, les navires proches de l'épicentre ressentent des secousses ou des vibrations. On a enregistré de fréquents tremblements de terre sous-marins au voisinage de Arquipélago dos Açores. On a vu surgir, à différentes reprises, des cônes temporaires de scories.* (Instructions nautiques *§ 0.3.0. 8.1)* De petits bâtiments sous les palmes, rue de la Mère-de-Dieu, abritent l'université la plus occidentale d'Europe. Des élèves du professeur Victor Hugo Forjaz m'y narrent avec infiniment de patience les particularités géophysiques de l'archipel. Sur une carte tectonique, une sorte d'aile nervurée, dont l'attache serait à l'est, tient les îles, ce sont les lignes des « failles transformantes » (concept que je n'ai pas parfaitement assimilé, je dois le reconnaître, même et surtout après lecture du livre d'Alexandre Hallam, *Une révolution dans les sciences de la Terre*), coupées à l'ouest par la zébrure du rift médio-océanique. Là, de cette vallée entre les crêtes sous-marines de la dorsale, surgissent sans cesse les courants du manteau terrestre qui entraînent la plaque européenne vers l'est, la plaque américaine vers l'ouest. Ainsi les îles des groupes central et oriental, appartenant à la plaque européenne, s'éloignent des îles de l'Ouest, Flores et Corvo, appartenant à la plaque américaine : voilà qui est tout de même raide. Mais ce n'est pas tout, on est ici à un « point triple », et là, juste au-dessous de Santa Maria, l'île la plus au sud, cette ligne, c'est la limite de la plaque africaine. Enfin, je crois comprendre qu'on est ici sur l'un de ces moyeux solennels où se déploie dans les abysses, à la vitesse de quelques centimètres par an, le grand éventail chaotique de la Pangée, le continent primitif. Tout cela, pour un esprit littéraire, n'est pas sans évoquer la fiction de la *Jangada de pedra,* « le radeau de pierre », un roman de José Saramago qui imagine que la péninsule Ibérique, désarrimée de l'Europe, dérive dans l'Atlantique, à mi-chemin de l'Amérique du Sud et de l'Afrique, ses lieux d'ancrage naturels. Et ces îles écartelées entre trois continents, qui réunissent sur les flancs de leurs volcans, à la manière des parcs paysagers d'autrefois, les simulacres végétaux de toutes les parties du monde, pourraient être une métaphore du Portugal d'*aguém e além mar*, d'en deçà et au-delà des mers, qu'une autre dérive des continents a fait disparaître. Bref.

Le soleil se couche, glissant des leviers de lumière sous les nuages, exaspérant les couleurs de la végétation, détachant follement, feuille à feuille, les reliefs baroques des arbres, géants bouquets de persil pommelé, la moindre rainure d'herbe brille entre les pavés noirs, les routes sont mal rasées. « *Verdes lutuosamente verdes.../ Verde furía de verde acorrentada/ Ócio verde, verde espanto de verde :/ Escuro, aguado, claro, duro verde.* » Les Açores sont apparemment une des régions du monde où l'on écrit le plus de poésie, les (maigres) librairies sont pleines de petites plaquettes de vers, et l'anthologie dont j'extrais cette strophe ne compte pas moins de quatre-vingt-quatre auteurs, inégaux il est vrai. « Verts, funèbrement verts... Verte furie de vert enchaînée, calme vert, vert effroi de vert : obscur, liquide, clair, dur vert », c'est ainsi que je traduis, mal, sûrement, ces vers de Pedro da Silveira. Le soleil se couche sur les funèbres verts, sur les plages d'anthracite battues de grosses houles, les plages de poivre noir que piquent de couleurs acides les maillots des Lolita de São Miguel, des *raparigas* dont la joliesse menue mérite d'être signalée une fois pour toutes : insolite éclosion de grâce insulaire, issue de quel *hot spot* des profondeurs, d'autant plus surprenante que le miracle ne se reproduit ni au Portugal continental ni même ailleurs dans l'archipel. On l'attribue généralement au brassage ethnique, je verse cette modeste contribution à l'argumentaire antiraciste. Le soleil se couche, une brusque pluie lumineuse passe, un cargo de la Transinsular appareille sous un arc-en-ciel, et puis tout s'éteint, se serre pour la nuit dans le filet de chaux et de lave.

« *Movimento marítimo :* Açor *: em Ponta Delgada.* Antero de Quental *: em Lisboa.* Téofilo Braga *: em Ponta Delgada, largando hoje para Angra do Heroísmo.* Ilha do Porto Santo *: navega do Funchal para Leixões…* » La rubrique des mouvements des navires est sans doute ce qu'il y a de plus divertissant à lire dans les quotidiens de l'archipel, de toutes petites feuilles tirant entre 1 000 et 5 000 exemplaires, qui arborent toujours en sous-titre, néanmoins, la mention d'une excellence ou d'une vénérabilité quelconques, *Díario dos Açores, « o quotidiano mais antigo do arquipélago »*, *O Telégrafo, « o díario mais antigo e de maior expansão no Faial »*, *Açoriano oriental, « o mais antigo jornal português »*, ce dernier, toutes proportions gardées, affichant un style nettement plus rue des Italiens, avec même quelques nouvelles internationales. Vu d'ici, le monde adopte de toute façon une configuration assez différente de celle à laquelle on est habitué, et plus conforme aux leçons de la tectonique des plaques qu'à celles de la géopolitique. « L'Atlantique est aujourd'hui l'épine dorsale du monde occidental », déclare par exemple, à l'occasion des jeux Atlantiques réunissant Madère, Canaries et Açores (mais malheureusement pas les îles du Cap-Vert), le président du gouvernement régional de Madère, « il n'y aurait donc ni Amérique, ni Europe sans ces îles ». Ainsi, il y a le rift où tout s'origine, et puis à l'est le Portugal, et à l'ouest une frange d'Amérique, quelques villes canadiennes et les côtes du Massachusetts, Fall River, New Bedford où, selon Melville, « les pères donnaient une baleine en dot à leurs filles », et où Ishmaël rencontre Queequeg. *Banco Comercial dos Açores, em todas as Ilhas, Lisboa e Fall River. Cosmos Import-Export, importador exclusivo de azeite Tiago, favas (enlatadas), as preferidas do paladar da* *nossa gente*... importateur exclusif de l'huile « Jacques », des fèves en boîte les plus douces au palais des nôtres... *91 Wordell Street, Fall River. Fran e Manuel Branco, Excursões, Hoteis, Rent a car... 41, Rockdale avenue, New Bedford.* Les routes des *imigrantes* açoréens ont exactement suivi les sillages des baleiniers du Massachusetts qui venaient chercher dans les îles, au XIXe siècle, rameurs et harponneurs.

Au restaurant Coliseo, je rencontre Chabah, bahaï iranien exilé à São Miguel pour fuir les persécutions des mollahs. Il a l'air de trouver étrange que je trouve étrange de tomber sur un bahaï aux Açores : il y en a bien en France, aux États-Unis, pourquoi pas ici ? En effet, c'est seulement que je n'ai pas encore bien assimilé le fait que les Açores sont, plus rigoureusement que la gare de Perpignan, le centre clandestin du monde. Ils sont sur l'île une dizaine, me dit-il, à partager sa foi, un autre Persan, deux Canadiens, un Angolais, un Açoréen de souche. Il m'explique qu'à chaque étape de la civilisation correspond une religion dominante, et aujourd'hui l'heure des bahaïs a sonné. « Enfin, s'excuse-t-il, modeste, je ne suis pas philosophe, je m'occupe de cochons. » Il est en effet vétérinaire, ou quelque chose comme ça (« accoucheur », me dit-il) dans un élevage de porcs à Lagoa, activité que, de toute évidence, il n'aurait pu pratiquer à Qom sans s'exposer à de sérieux ennuis. Plus tard, aux Remédios da Alma, les Remèdes de l'âme, c'est un petit mariole açoréen expatrié au Québec qui me tient compagnie, il m'assure que je suis invité permanent à la brasserie qu'il possède à Saint-Jean-sur-le-Richelieu. Les Açores le dégoûtent parce qu'il n'y a pas de vie nocturne, il compte reprendre l'Atlântida Express dès le lendemain, ses deux cousins, dont l'un est footballeur au club de Santa Clara, boivent ses paroles avec l'admiration de Blaise Cendrars enfant écoutant un de ses sept oncles fabuleux.

Le senhor Capeto, lui, tient commerce d'horlogerie et d'orfèvrerie à l'enseigne Martins do valle, rua Machado dos Santos, et il n'exclut pas du tout de descendre de Hugues Capet, bien qu'il ne l'assure pas formellement non plus, et qu'il ait de toute façon renoncé à ressusciter la querelle dynastique en France. On m'avait affirmé qu'il ressemblait à Louis XIV, en fait il a une tête de poisson de roche, ou de tortue de bande dessinée, une large face mate un peu tavelée, une grosse lippe, avec tout de même un petit nez busqué qui fait assez Bourbon. Son père, m'assure-t-il (il s'exprime avec une certaine majesté), était beaucoup plus ressemblant. Sa famille est originaire du village de Bretanha, sur la côte nord, dont le peuplement anciennement français, et plus spécialement breton, semble attesté. Cependant, de là à admettre que Louis XVII, échappé du Temple, a échoué secrètement aux Açores… Le senhor Capeto a conscience que la chose n'est pas prouvée. Il produit pourtant bien volontiers un thaler de saint Georges en or, gravé à Kremnitz en 1726 par Hermann Roth von Rothenfels, transmis de père en fils chez les Capeto de Bretanha, et dont la force démonstrative lui paraît assez grande. Puis, l'audience étant levée, le dernier capétien en ligne directe quoique putative retourne vendre des gourmettes aux immigrants en vacances. Et l'anticyclone des Açores, dans tout ça ? Eh bien, il est là, partout, dans les tours scintillantes des nuages, dans l'air tiède, mais tout le monde semble se soucier comme d'une guigne de cette impalpable entité qui fait pourtant beaucoup pour la notoriété des îles. Pas même le plus petit bulletin météorologique dans les journaux. Ah si, deux lignes dans le *Díario* : *« Céu geralmente muito nublado. Vento geralmente fraco. »* « Ciel généralement très couvert. Vent généralement faible. » C'est tout.

Ilha do Pico, qui est la plus élevée de Arquipélago dos Açores, tient son nom de la montagne volcanique située dans sa partie ouest. Le volcan Pico, qui culmine à 2 352 m, est encore en activité, il se termine en cône aigu remarquable, visible à 75 milles par temps clair ; il est fréquemment masqué par des nuages, ce qui d'après les habitants serait signe de pluie, tandis que s'il est dégagé mais de teinte sombre il faut craindre une tempête de sud. (Instructions nautiques, *§ 1.5.0.0.)* La route qui va de Madalena à

Lajes do Pico traverse des étendues de lave que les habitants, terrifiés par ce qui leur semblait un châtiment du ciel, ont appelées du beau nom de *misterios* : *misterios de São João*, *misterio da Silveira*. Lajes, c'est Moby Dick au-dessous du volcan. C'était, il y a encore quelques années, un petit port où l'on pratiquait la chasse au cachalot à bord de fines *canoas* de dix mètres de long munies d'une voile sur un mât abattable et de trois paires de rames. Cinq harpons, lancés à la main, bien sûr, mille mètres de ligne de sisal, une hachette pour la couper si les choses tournaient mal, deux longues lances, à fer en feuille de laurier, pour achever le cachalot d'un coup dans les poumons. « Gil de Brum Avila, me dit-on, vous le trouverez sous le calvaire. » Et en effet il est là, parmi quelques anciens aux yeux bleus, comme lui, et à la peau couleur de tabac. « La baleine, c'est fini pour moi, maintenant, je vis seul avec ma femme, j'ai assez d'argent pour vivre sans ça, et puis, j'ai failli mourir d'un coup de queue de cachalot, on a dû faire quatorze points, quatorze points pour me recoudre la tête… Et une autre fois, après que j'ai harponné une baleine, elle a retourné la *canoa*, tout le monde s'est retrouvé à l'eau, et moi j'étais coincé sous la voile, les autres croyaient que j'étais mort, et en plongeant pour me dégager j'ai avalé de l'eau de mer pleine du sang et de la saleté de baleine, j'ai senti le goût… C'était une vie malheureuse, *desgraciada*, ah oui… Des hommes, oh, il en mourait, à Calheta, à São Mateus, à Faial… A Lajes, je ne me souviens que d'un seul, de mon temps, qui a été attrapé par la ligne pendant que le cachalot plongeait. Un jour, j'avais tué une baleine, une grande, et le lendemain matin nous sommes allés à l'usine de São Roque pour la dépecer et faire bouillir la graisse. La chaudière a explosé, et il y avait mon fils unique, à côté, il avait vingt ans, et il est mort. Et le premier jour que je suis sorti, après, c'était une grande baleine, solitaire, et pendant tout le temps que nous allions vers elle je pleurais, et quand je l'ai harponnée je pleurais, en pensant que c'était la baleine qui avait tué mon fils… Et quand ils ont vu ça les autres canots qui s'étaient approchés pour nous prêter main-forte se sont retirés. » Gil de Brum Avila pleure encore en racontant cette scène. « Combien j'en ai harponné ? Jésus… Je ne peux pas le dire… J'ai commencé à quatorze ans, comme *marinhero*, puis j'ai été *trancador*, harponneur, pendant vingt-deux ans, rendez-vous compte… Et ensuite, j'ai été *mestre*, celui qui barre et commande, et surveille le dévidement de la ligne. Jusqu'à six bailles de deux cents brasses, quelquefois… Ma *canoa* s'appelait *Diana*. Oui, une vie dure, mais la peur, par Dieu, non, je n'ai jamais senti la peur. Seulement la volonté d'arriver à la harponner. Ici, il n'y avait rien d'autre à faire, pas d'argent, non, pas d'argent. Mon père était allé à la baleine, et mon grand-père… Et c'est une chose que j'avais au cœur, c'était ma vie. Tenez, la semaine dernière, j'ai vu passer trois cachalots, là, devant… J'étais sur mon balcon, j'ai des binoculaires américaines, je regarde la mer toute la journée… Ma femme avait préparé le déjeuner, mais je n'y ai pas touché, non, je suis resté là à les regarder, tout le temps, et quand ils ont disparu j'ai eu des larmes dans les yeux… Personne pour y aller… » Melville : « Je connais un homme qui, au cours de sa vie, a pris trois cent cinquante baleines. Je considère cet homme comme plus honorable que ce grand capitaine de l'Antiquité qui se vantait d'avoir pris autant de places fortes. »

Au crépuscule, buvant un verre au café Açor, cependant que des bouillons de lumière mauve, des tumultes de nuages s'éteignent sur la silhouette noire de Faial allongée de l'autre côté du détroit, je me remémore une conversation passablement embrouillée tenue, deux semaines auparavant, avec un contre-ténor. C'est à Lisbonne, sur les hauteurs d'Alfama, et comme toujours les cargos au mouillage sur le Tage, dans le soir gris, semblent flotter entre les toits. Il me dit qu'il peut aussi chanter comme baryton, que qui possède la voix de haute-contre possède aussi celle de baryton, et inversement ; que la voix de haute-contre est celle de la naissance, de l'immédiateté du corps, et que si très peu de chanteurs la pratiquent, c'est souvent pour des raisons absurdes d'image dans la société, à cause du caractère supposé « féminin » de cette catégorie vocale, de la confusion avec la voix d'alto des castrats. Je ne sais pourquoi me vient l'idée saugrenue de lui demander si les baleines, qui émettent des petits sons de tête aigus, peuvent aussi occuper des emplois de baryton. Assurément, me répond-il, d'autant que qu'est-ce qu'une baleine, sinon un vaste corps innocent, la majesté naturelle du corps libre et total, le gigantesque androgyne entre deux eaux ? Cette perspective, peut-être fantaisiste, éclaire singulièrement la passion meurtrière des baleiniers. Placardées au mur du café Açor, il y a des nouvelles de l'anticyclone : *« Céu geralmente muito nublado. Vento noroeste bonançoso a moderado rondando para norte. »*

Ilha de São Jorge est située à l'ouest de Ilha Terceira dont elle est séparée par un bras de mer sain, large de 20 milles environ. L'île, longue de 30 milles et large de 3,5 au maximum, porte en sa partie centrale une chaîne de montagnes volcaniques dont le point culminant, Pico da Esperança, atteint une altitude de 1 054 m (...). La côte N-E de ilha de São Jorge est à peu près inaccessible (Instructions nautiques, *§ 1.4.0.)* Le voyageur qui débarque à Velas, la capitale de l'île, est accueilli par la statue, en pied et en chapeau, de João Inacio de Sousa, bienfaiteur de la Santa Casa da Misericordia et de l'asile de mendicité, né à Santo Amaro, mort à Bakersfield (Californie). *Le mouillage habituel est par 24 m d'eau, fond de sable, sur l'alignement lumineux (300°) de Ermida da Nossa Senhora do Livramento par un mât sur la centrale électrique, et en relevant le pylône lumineux à 348° et à 0,3 milles. (§ 1.4.3.1.)* Sitôt mouillé sur fond de sable, le voyageur va manger une *abrotea* au restaurant Velense, sur la montée du port, le seul des Açores où l'on soit servi en moins d'une heure. Six tables sous un néon unique et tremblotant, un tas de caisses en carton, un lavabo, du lino à carreaux au sol, un canari en cage. Un Angolais en chemise jaune et un type qui tire avec ses deux mains vingt centimètres de pain élastique coincé dans ses fortes mâchoires en pinces de homard seront ses commensaux. L'air est moite, les mouches tellement emmerdantes qu'elles se baladent sans aucune retenue jusque sous les cheveux. Le voyageur, qui a un peu le vague à l'âme, descend une bouteille de *vinho do vale do Dão*, qui lui rappelle le vieux temps où il chevauchait avec Pougatchev, et l'adresse du distributeur, aussi, sur l'étiquette, l'incline à des rêveries épiques : *praceta dos Descobrimentos 3, Angra do Heroísmo* : 3, placette des Découvertes, Anse de l'Héroïsme. Dans le port, sous les murs de basalte, la falaise hérissée d'arbres préhistoriques, un caboteur charge des vaches dans de grandes cages sur lesquelles il est marqué « *Animals alive* », et la nuit est peuplée des vociférations lamentables, entre le nouveau-né et la chatte en rut, d'oiseaux au vol mou qu'on lui dit s'appeler *cagarros*, mais il pense qu'il s'agit plutôt d'âmes errantes.

Urzelina est un petit village de la côte sud, face au cône parfait du volcan de Pico. Un clocher sans église sort de terre, l'église est en dessous, ensevelie par un « mystère » en 1808. Comme dans tous les villages des Açores, il y a une société philharmonique, mais ce qui est moins banal c'est qu'on jouait ici, dans les premières années du siècle, des œuvres de Fauré, Chausson, Debussy ou César Franck. Ce qui valut à Urzelina d'être ainsi à l'avant-garde de la musique moderne, c'est d'être la résidence d'un chef d'orchestre, poète et compositeur à ses heures, élève et ami de Vincent d'Indy. Dans un bulletin paroissial plein de photographies de curés orphéonistes, barrette en tête, on trouve quelques portées d'un *Children's corner* de Francisco de Lacerda, *Trente-Six Histoires pour amuser les enfants d'un artiste* (« le coq et son ombre – assez vif, coqueleux et courroucé. L'Oie blanche-grasse-sentimentale-très massenètique et valselenteux, etc. »), mais il paraît qu'il écrivit aussi des messes. D'Urzelina, une piste de terre carmin taille en plein nuage vers Norte Grande, le grand nord. De loin en loin tintinnabule un cavalier en perles d'eau sur un cheval fantôme harnaché de bidons de lait, il faut zigzaguer pour éviter les lapins qui jaillissent du chapeau gris de la brume et s'y engloutissent aussitôt. Puis tout se déchire, le temps de cligner les yeux, noir, vert et bleu ont creusé une profondeur rayonnante au fond de laquelle des nuages de marbre couronnent une île, de grands rinceaux pâles, sur une mer qu'on croit voir convexe, dessinent l'enroulement de l'océan sur lui-même. *Après le franchissement du sommet de la dorsale médio-atlantique, le Gulf Stream se ramifie en de nombreuses branches séparées par des contre-courants et des mouvements tourbillonnaires. Sous l'influence des vents de secteur ouest à S-W, le mouvement général des eaux se fait vers l'est, mais il s'infléchit vers le S-E puis vers le sud, sous forme de branches multiples qui finissent par rejoindre le courant nord-équatorial, bouclant ainsi la circulation anticyclonique de l'Atlantique Nord* (Instructions nautiques, *§ 3.4.0.)*

Autour de la baie de Porto Pim, dans l'île de Faial, de petites usines à cachalot désaffectées, avec chaudières, moulins et tamis propres à embouteiller et ensacher les mastodontes, des plates-formes grossièrement taillées dans le tuf, au ras de l'eau, portant encore quelques crocs et anneaux rouillés, témoignent des gigantesques équarrissages de « baleine in-folio » auxquels on s'est livré ici pendant un siècle. Porto Pim, récemment célébré par Antonio Tabucchi, c'était le port d'escale des bateaux américains de Nantucket et de New Bedford. Pour la chasse au Léviathan, « l'Américain natif, selon Melville, fournit libéralement les cerveaux ; le reste de l'univers fournissant non moins libéralement les muscles. Un assez grand nombre de ces baleiniers viennent des Açores où les bateaux de Nantucket, en route, touchent fréquemment pour compléter leur équipage avec les solides paysans de ces côtes rocheuses. » Sur une butte de lave au-dessus de Porto Pim, à mille lieues pourtant de ces débauches barbares, le senhor Renato Lemos veille, dans les salles fraîches de l'Observatoire météorologique Prince-Albert-de-Monaco, sur une quantité de délicats instruments de cuivre et de verre. Peut-être pourra-t-il me renseigner sur le fameux anticyclone ? Lorsque je pousse la porte de son domaine, il a une oreille collée au téléphone et de l'autre, comme dirait Alphonse Allais, il hurle des séries de chiffres, *quaranta e sete*, *quarante e oito*, *quaranta e nove, cinquanta*, et ainsi de suite, à une assistante qui les répète dans une pièce voisine. Cependant, il me fait signe de m'asseoir. Lorsque cette opération mystérieuse, probablement destinée à caler quelque horloge, est terminée, il s'enquiert de l'objet de ma visite. C'est pour l'anticyclone, lui dis-je. Malheureusement, l'anticyclone, ici, on n'en a que faire. Il s'agit d'un observatoire climatologique et sismique. *Damned !* Néanmoins, l'observateur géophysique principal me fait très aimablement visiter son petit monde cliquetant et quiet de stylets enregistreurs, de tambours millimétrés, de serpentins et de coupelles tournantes. Dans la cave, il y a deux grands sismographes qui ressemblent à des catapultes et inscrivent les frémissements de la Terre sur des rouleaux passés au noir de pétrole, au sommet de la tour la boule de cristal d'un héliographe grave en traits de feu sur un carton les mouvements du Soleil, ainsi rien de ce qui bouge dans les mondes ouraniens ou infernaux n'est étranger à cette sympathique maison. L'anticyclone, on en retrouve pourtant la trace sur une feuille affichée à la capitainerie : « *anticyclone 1024 35N 30W quase estacionário ; sem variação* ». Au-dessous du *boletim meteorológico*, cet avis prouve qu'un bateau de deux cents mètres peut disparaître en plein été, sous nos latitudes, sans laisser de trace : « *Navarea two : Bulk carrier Frotasirius DPGJ length 202 m black hull red deck, 36 persons in board, unreported since 26 june, from Bilbao to Galveston, Last PSN 44.02N 09.53W.* »

On en étonnerait probablement plus d'un en affirmant comme ça, tout à trac, que la ville de Horta, capitale de Faial, a été il n'y a pas si longtemps un des grands centres mondiaux des télécommunications, et pourtant c'est vrai, bien sûr. C'était ici le nœud des câbles télégraphiques sous-marins reliant l'Europe à l'Amérique. Dans les années trente, quinze câbles reliaient l'Angleterre, l'Allemagne, et accessoirement la France (qui se contentait en fait, lorsqu'un traité de Versailles quelconque lui en donnait le loisir, de faire main basse sur des câbles allemands), à la Nouvelle-Écosse, Terre-Neuve et Manhattan

Beach. Les anciens bâtiments de la Western Union, de la Deutsche Atlantische Telegrafengesellschaft et de Cables & Wireless sont toujours là, étagés face au paysage admirable du « canal », ombragés d'araucarias, transformés en hôtel, en assemblée régionale ou en collège. Quant à ce que tout lecteur de Saint-John Perse rêve de voir, « la culée d'atterrissage des maîtres câbles sous-marins », autrement dit l'endroit où ces choses-là, après avoir été témoins des abjectes copulations des calmars géants, émergeaient des grands fonds, pleins de mots d'amour et de dépêches boursières, une enquête minutieuse conduit à trois petites bicoques murées, sur le rivage de Porto Pim, assez décevantes. Les trafics internationaux ont aujourd'hui revêtu le visage, plus futile et finalement moins poétique, bien qu'assez persien aussi, si l'on veut, des traversées de l'Atlantique en voilier : c'est ici le *nec plus ultra*, le Finistère absolu, et tout ce qui va et vient à la voile entre Europe et Amérique est passé ou passera par Horta. La légère irritation que provoquent, on ne sait pas bien pourquoi, tous ces bronzés en jeans déambulant entre la marina, le Clube Naval et le bar Peter, ne doit pas empêcher de reconnaître que les innombrables signatures de peinture laissées par les équipages sur les jetées sont souvent très belles, et composent une sorte d'immense prose du Transatlantique à la manière cendrarsienne, sommes-nous bien loin de Montmartre, oui nous le sommes, nous le sommes, entends les sonnailles de ce troupeau galeux, *Wind Song Horn Piper Kate Kelly Obsession Amalandro King's Legend*, Falmouth Seattle Melbourne Miami Buenos Aires Oslo, *Ace of Hearts Belle Étoile Ravenscraig African Queen Rose de Lima Outward Bound Cisne Branco Oiseau de Feu Perseverance of Medina*, California-New Zealand-Patagonia-Magellan, Marseille-Panama-Galapagos, Bremen-Island-Kap Horn, Szczecin-Azory-Bermudy-Nowy York et *Marques*, 1983, encadré de noir par une pieuse main qui a aussi écrit *lost at sea, 4 june 1984, may she and the 19 who went with her rest in peace*, la mort est notre débarcadère est notre dernier repaire.

Poursuivant mes vaines investigations sur l'anticyclone, je me rendis encore plus à l'ouest, sur l'île de Flores, dernier balcon en mer, à plus de 31° du méridien de Greenwich. Le chauffeur Rui América me conduisit en un lieu où je pensais trouver une station météo française, mais le très sympathique lieutenant-colonel qui m'accueillit me mit au fait : on se mêlait, ici, de suivre des missiles, nullement des nuages, à propos desquels on se contentait des informations venues de Mimizan, dans les Landes. Au demeurant, des nuages, il y en avait une infinité, dans tous leurs états, laissant choir périodiquement de grosses gouttes tièdes, soyeuses, sur l'île ensoleillée qui m'apparut ainsi comme une fabrique d'arcs-en-ciel. Je passai peu de temps dans l'île des fleurs, le rivage entre le mess et l'ancienne usine à baleines était semé de détritus et de petites vaches blanc et noir, un homme en short rouge traînait un mouton récalcitrant, *« não quer morrer »*, me dit-il en riant, « il ne veut pas mourir », des femmes en chapeau de paille pêchaient à la ligne ainsi qu'un enfant français dont je surpris cette phrase digne d'être rapportée « c'que c'est con, un poisson ». Dans le petit avion qui me ramenait vers São Miguel, il y avait une jeune immigrante qui ressemblait à Lio, une Lio luso-américaine et non pas luso-belge, avec de forts sourcils et une bouche éclatante, sous les ailes passaient les pics étincelants des cumulus, des îles toutes voiles dehors, un volcan pris dans les mailles bleues des hortensias, *« os castelos do horizonte »* chers au poète Antero de Quental, qui se suicida aux Açores. Sur le billet de la SATA, j'étais intrigué par le fait que la mention *« a linha aerea dos Açores »*, la ligne aérienne des Açores, fût portée sur un petit autocollant, je le soulevai, on avait d'abord imprimé, en belles lettres rouges, *« a ilha aerea »*, l'île aérienne des Açores.

(*Le Journal littéraire*, septembre 1987)

Lisbon revisited

Quelquefois, il y a de la brume. Cela vaut alors la peine de grimper jusqu'au château São Jorge. D'ordinaire, je préfère regarder ses murailles d'en bas, du fond du dédale d'Alfama, bric-à-brac de cages à oiseaux, linge en drapeau, tresses d'oignons, chats de gouttière, pans de Tage, de ciel et de pierre entremêlés. La légère irritation (un peu snob, je le reconnais) qu'on éprouve à contempler des « panoramas ». Non, pas de panorama. Laisser les choses venir à leur gré, au hasard, découvrir tranquillement, pas à pas, à hauteur d'homme – on n'est pas des mouettes, ni des anges – leur intelligent chaos. Surtout à Lisbonne, ville pliée, repliée, entassée, froissée. Mais quand il y a de la brume, c'est différent. Derrière les créneaux, autour de quelques vieux canons, il y a des touristes, c'est certain. Déçus. *Oh, that's a pity*, disent-ils. Ils arrivent bien encore à distinguer l'ascenseur de Santa Justa, « construit par Eiffel » (mais non, justement !), mais enfin il leur manque une moitié du panorama. Et c'est là que c'est beau. Sur tout l'estuaire roulent d'éclatants nuages d'où émergent seuls les deux pylônes du pont suspendu et le Christ-roi géant qui ouvre les bras sur les passes. On entend aller et venir des sirènes, là-dessous. Inquiètes, précautionneuses. Ce plasma lumineux s'arrête au ras de la ville, aux escaliers de la place du Commerce, à l'avenue de l'Infant Dom Henrique, à la Ribeira das Naus, la Rive des Vaisseaux. Le cheval de bronze du roi Dom José renâcle devant l'Inconnu, les naseaux humant les premières vapeurs. Derrière lui, il y a Lisbonne, ses collines, ses toits de tuiles, ses façades doucement polychromes, et toutes les lanternes, urnes, flammes, aiguilles de pierre qu'elle lève vers le ciel, et les rinceaux sombres des palmes. Devant, rien. Le néant blanc, peut-être *« o mar novo e as mortas eras »,* « la mer nouvelle et les ères mortes ».

Ah, il fallait bien qu'on en vienne là. Pessoa. Grand lieu commun à éviter, maintenant. Avec, premièrement le fado, deuxièmement les sardines et la morue, troisièmement le tremblement de terre de 1755, quatrièmement les azulejos, cinquièmement la *saudade.* Les tramways, encore, les *eléctricos,* peut-être. C'est certain, oui. Mais, tout de même, amorçons une défense du *lieu commun.* Par exemple : ce n'est pas pour rien. Il n'y a pas de fumée sans feu. Ou encore : une ville sans *lieu commun* serait une ville éparpillée, soumise absolument au divers, réduite en poudre, une ville invisible. Allons plus loin : il y a, dans le lieu commun, quelque chose qui participe du principe, de l'ordre, de l'esprit, et pour tout dire de l'âme. Prenons les sardines : je ne vais pas signaler, après d'autres voyageurs, au nombre desquels je me range d'ailleurs, qu'à Lisbonne on en mange, que leur plaisante odeur emplit parfois les rues, à la belle saison. Mais je tiens, moi, qu'à certains égards, et notamment si on a bu de l'absinthe, à l'Aguarela, sous les tours de la cathédrale, ou ailleurs, Lisbonne est une gigantesque sardine, la seule ville au monde, à ma connaissance, à être entièrement recouverte de millions d'écailles brillantes, ces fameux petits pavés blanc et noir, ces *empedrados* de calcaire et de basalte qui rendent si furieusement glissantes les rues pentues, et Dieu sait s'il y en a. Cette espèce de mosaïque bicolore qui couvre Lisbonne, filetée de rails de trams, a encore un autre effet, lumineux celui-là (je l'ai déjà écrit, ailleurs, mais pas comme ça. Et puis, on n'y peut rien, revenir dans une ville, c'est aussi revenir vers ses propres lieux communs) : la nuit, la lumière blanche, assez rare, des lampadaires, est capturée, divisée, propagée, répercutée par ce filet subtil de petits ressauts de pierre et de sinueuses lignes de métal (que redouble au ciel le réseau doucement luisant des caténaires), et ainsi une seule ampoule soulève-t-elle des vaguelettes et des traits de faibles éclats maillés loin dans l'obscurité de la rue (de la même façon, l'éclairage assez chiche des petites tavernes, souvent situées en contrebas du trottoir, rebondit, moutonne, frise sur le dos de verre des bouteilles qui tapissent les murs). Je ne connais pas d'autre ville qui sache, de si peu de lumière, faire jaillir autant d'étincelles. Il me semble que c'est ici le lieu de rapporter un détail qui manifeste, autrement, ce génie modeste – ou bien oserai-je dire pessoen ? – de fabriquer de l'infini avec du fini : Lisbonne est sûrement la seule ville au monde où existe un Beco do Imaginário, un cul-de-sac de l'Imaginaire (il prend dans calçada de Sant André, non loin du château São Jorge).

A six heures du soir, une brume rose voile de l'autre côté de l'eau les grues des chantiers navals et les réservoirs de pétrole qui prennent une légèreté de nuage, et les festons du pont, et l'eau elle-même est rose (quand je dis rose... ce serait plutôt toutes les couleurs, de l'étain pâle au lilas, de la peau d'une daurade, cette fois), et les feux vont s'allumer sur les *cacilheiros*, les bateaux qui traversent le Tage, que remonte, au ras des embouteillages, un porte-containers japonais venu du bout du monde assouvir, sans doute, nos moindres désirs, et enfin la ville entière s'endort dans une chaude lumière. Les vergues d'un trois-mâts font des échelles au-dessus de la gare fluviale, calçada da Gloria un funiculaire bouton d'or dévale du ciel, un aveugle gratte un violon au bord des rails, une fumée piquante s'élève au-dessus des charrettes des marchands de marrons, c'est l'heure où tous les pastels des façades entassées, les ocres, les tilleuls, les bleus célestes, composent avec les murailles crénelées de São Jorge, couronnées de sombres pins, et un dôme blanc vers Santa Clara, une manière de paysage romain à la Corot. De petits Pessoas, gabardine et chapeau au pochoir, marchent sur les murs d'un pas pressé, s'éparpillent dans toutes les directions, noire volée de vifs poètes, l'un d'eux doit se rendre, sûrement, au British Bar, où l'on peut boire même un porto sans être ridicule, au milieu des portraits de clippers d'autrefois, cependant que Duque de Terceira, devant l'autre gare fluviale de Cais do Sodré, gronde et tremble de tous ses tramways sous les enseignes des compagnies de navigation. Et il serait assez logique que ce buveur « pris en flagrant délitre » fût Ricardo Reis, de retour du Brésil, que l'écrivain José Saramago fait demeurer à l'hôtel Bragança, cinquante mètres plus haut à peine, à l'angle de la rua do Alecrim, la rue du Romarin, et de la rua Nova de Carvalho. Bien déglingué et lépreux aujourd'hui, le Bragança, avec à ses pieds tous les bars maritimes, dont les néons commencent à clignoter, le Hamburg, le Liverpool, le New York et l'Oslo, le Tokyo et le Copenhagen, le Shangri-La et le Jamaïca, l'Akropolis où l'on casse des assiettes par centaines pour faire mine d'être heureux, le boyau souterrain du Texas ouvrant sous le pont de fer de la rue du Romarin, et la Rosinha de São Paulo, la petite rose de São Paulo, dont le nom est le plus doux. Et, pendant ce temps, une autre ombre chinoise en gabardine et chapeau (le nœud pap, noir sur noir, on ne le voit pas), glisse sur les murs de la rua das Flores, remonte la rue des Fleurs vers la statue du borgne Camõens, à la suite d'un jeune unijambiste qui boquillonne à toute vitesse sur les petits pavés étoilés, sous les feuillages que lancent des jardins cachés (c'est fou le nombre de mutilés qu'on voit à Lisbonne, s'il faut fournir une preuve écrite de ce que j'avance je citerai la description, au chapitre 3 de la *Ballade de la plage aux chiens* de José Cardoso Pires, de la rua da Madalena courant entre deux haies de resplendissants fauteuils roulants, de membres articulés, de « corsets dramatiques »).

Sur le Chiado, un Pessoa de bronze est assis, parmi les autres consommateurs crépusculaires, à la terrasse da Brasileira. Jambes nonchalamment croisées, lèvre supérieure un peu gonflée, petite moustache à la Clark Gable, il arbore un air curieusement avantageux qui ne sied guère à celui qui écrivait que *« ser descontente é ser homem »*, « être insatisfait c'est être homme ». Il accueille le visiteur à l'entrée du quartier incendié l'été dernier. Une galerie surélevée et couverte, qui suit le tracé de l'ancienne rua do Carmo, permet de se balader très commodément au milieu des ruines, d'assister, comme au théâtre, aux travaux de déblaiement et de consolidation des façades sur lesquelles les flammes ont dessiné des vagues noires. On va d'une scène à l'autre, ici une pelleteuse fouille la terre calcinée, exhumant parfois, parmi d'autres épaves plus ou moins poétiques, un journal curieusement intact, échappé à la fournaise, en date du 24 août 1988, là des Angolais planent au-dessus des voiles de briques, atterrissent sur un toit, commencent à balancer des gravats dans le vide, et on suit et commente les trajectoires et les fracas et les nuages des impacts. Ce qui est vraiment très beau, c'est le spectacle nocturne du Grandella, le grand magasin où le feu a pris, pour des raisons qui demeurent, comme on dit, mal élucidées. Les hautes façades, construites au début du siècle par les architectes français Georges de May et Paul Collon, sont toujours debout, leurs immenses baies vides découpent de réguliers cadres de pierre soulignés par le strict et léger quadrillage des échafaudages. Ce bâti orthogonal enserre et met en relief un espace de formes possédées par la danse : toute l'armature du magasin a fondu, les poutres de fer pleuvent en gracieuses courbes modern style, s'alanguissent, se ploient, se mêlent et se démêlent, et cette sylve sinueuse, cette ophélienne chevelure (dont une avalanche de spaghettis mal cuits donnerait une idée prosaïque mais assez exacte), baignée de lumière orange par des projecteurs au sodium, illustre, à quelques pas du fameux beffroi de métal néo-gothique de Santa Justa, une autre utilisation possible, intéressante et inattendue, du fer.

Il y a quinze jours se tenait, à l'initiative de l'Association des architectes, le premier débat public depuis l'incendie sur l'avenir du quartier. Le maire, M. Abecassis, un petit homme dont la courtoisie semble être à la hauteur de la réputation, c'est-à-dire médiocre, expose d'assez mauvaise grâce que, lui, il gouverne cependant que les autres pérorent, Mario Soares, au premier rang du public, ne dit mot, l'architecte désigné, Siza Vieira, se caresse pensivement la barbe, on imagine qu'il préférerait être ailleurs, éviter cet encombrant patronage. De ses propos, dits d'une voix douce, un peu lasse, il ressort que son projet sera publié en mai, et soumis alors à la discussion ; que toutes les façades qui peuvent être conservées le seront ; que les grands magasins du Chiado, jouxtant Grandella, seront probablement transformés en hôtel, et une station de métro percée ; que la reconstruction, enfin, pourrait débuter au cours de l'été. Peut-on se permettre de verser au débat à venir une contribution qu'il sera difficile de disqualifier comme fantaisiste ? L'ascenseur de Santa Justa (dû, une fois pour toutes, à l'ingénieur français Mesnier du Ponsard), est flanqué d'un côté par les ruines de l'église des Carmes, de l'autre par les ruines de Grandella. Voilà une conjonction intéressante. L'église des Carmes, jamais rebâtie depuis 1755, témoigne du fameux tremblement de terre. Ses ogives découpent un puzzle de ciel bleu, jettent des ombres irrégulières sur les gisants, les pierres tombales, colonnes, cippes et chemins de croix d'azulejos. Dans le transept, un saint Jean Népomucène au drapé très baroque porte un crucifix comme un violon, amoureusement calé contre sa joue. La nef en plein vent est peuplée de chats en stabulation libre. C'est un des lieux agréablement philosophiques de cette ville qui en compte tant. De part et d'autre du pivot de fer de Santa Justa, qui formerait dans ce triptyque l'index des vanités, ou encore le repère prométhéen, deux *memento mori* : l'église, donc, et le grand magasin Grandella, le temple et les marchands également ruinés. La grande cage de pierre serait conservée telle quelle (ce qui n'est pas en contradiction avec le programme de Siza Vieira), avec seulement des vitrages pour fermer les baies, et un toit, de verre aussi. Au milieu s'épanouirait ce taillis de luxuriantes lianes, ou algues, de fer, au sein desquelles on ferait pousser (le toit transparent faisant serre) d'autres lianes, naïvement végétales celles-là, des palmes, et toutes plantes dont la courbe, la fantaisie ou la grâce seraient la loi. Des perroquets éclatants y voleraient. Cette ruine grandiose rappellerait ainsi, discrètement, l'ancienne vocation ultramarine du Portugal. On viendrait du monde entier la contempler, s'imprégner de sa leçon doucement ironique et stoïcienne. La nuit, la lune qui passerait (comme je l'ai vue faire) derrière ces entrelacs rétablirait, au fond du décor, les droits ultimes de la rigueur géométrique. Le douanier Rousseau eût aimé y venir peindre.

(*Le Monde*, février 1989)

Sur la route de Memphis

Sur la route de Memphis, on s'arrêtera, pour se mettre en train, au village pharaonique du Dr Ragab. Le Dr Ragab, un homme débordant d'initiatives, qui a été ingénieur, général, ambassadeur en Chine populaire, secrétaire d'État, qui parle six langues (dont l'égyptien hiéroglyphique), a inventé le *Ragab sun compass* et le *cryptograph Ragab*, écrit des ouvrages sur des sujets aussi divers que les moteurs Diesel à grande vitesse ou l'électrification de la ligne d'Helouan, a eu la bonne idée de reconstituer un petit bout d'Égypte ancienne sur l'île Jacob, en face de Gizeh, à cent coudées des prodigieux embouteillages et des innombrables chairs roses, branlées à dos de dromadaire, gazouillantes, suantes, photographiantes, de l'Occident en marche vers Khéops, Khéphren et Mykérinos. Des figurants en costume d'époque se livrent là, au milieu du Nil, à toutes sortes d'activités incontestablement pharaonesques, telles que cultiver le papyrus, que le Dr Ragab a réintroduit en Égypte, et qui sera ensuite traité au Ragab Papyrus Institute, ou adorer des dieux à tête d'animaux. On les visite en bateau. Les plus grands de ce monde, comme Henry Kissinger, ont été enchantés du spectacle. *« Rosalynn and I enjoyed our visit with you »*, a écrit Jimmy Carter, dont la photo, ainsi que celle de Mao Tsé-toung et Chou En-lai, est exposée à l'entrée.

A Memphis même, c'est une tout autre affaire. Fini le péplum. De ce qui fut la capitale de l'Ancien Empire, et dont les fouilles récentes de Saqqarah, sa nécropole, laissent penser qu'elle conserva, même après l'ascension de Thèbes, un rôle important et peut-être central dans l'Égypte du Nouvel Empire, il ne demeure pratiquement rien, quelques décombres dans le village de Mît-Rahineh. Grappes éclatantes, jaune et rouge, des dattes descendant des souples troncs gris dans des paniers de raphia, canal encombré de jacinthes d'eau, au milieu duquel un bus s'est perdu, ânes tintinnabulants tirant des charrettes, femmes en noir portant des bassines sur la tête, chiens pelés et d'autres crevés, ballonnés, au bord de la route, enfants zigzaguant au milieu des détritus, cahutes de brique crue, flics moustachus en vareuse blanche, mouches. Paysage nilotique. Dans une mare d'eau croupie, blocs amoncelés de granit rose et de basalte à l'ombre desquels se pressent des chèvres, les ruines du temple de Ptah. Cet abandon, ces discrets éboulements sous les palmes qui patientent dans l'azur, donnent l'illusion plaisante d'être, un moment, un voyageur du siècle passé, un Chateaubriand philosophant sur les ruines de Carthage. Plus loin, les grandes dalles d'albâtre évidées, creusées d'un canal d'écoulement, sur lesquelles on embaumait les taureaux Apis avant de les ensevelir, à Saqqarah, dans les colossaux sarcophages souterrains du Serapeum. La route grimpe la dune, la pyramide à degrés du roi Djoser, première construction en pierres de l'histoire du monde, semble être couverte de neige, tant scintille le sable qui recouvre ses plans doucement inclinés, celle, ruinée, d'Ouserkaf, avec son chapeau de blocs hirsutes, évoque une sorte de monstrueux tatou géologique, une montagne des abysses ou bien d'une planète lointaine. Les moutonnements du désert de Libye filent vers l'ouest, se fondent aux tremblements du ciel, tout se brouille et se perd dans une rayonnante, brumeuse lumière. Au sommet d'une petite falaise de calcaire jaune, la maison de Jean-Philippe Lauer, l'homme qui a consacré sa vie à Saqqarah, domine la vallée du Nil. Portes et volets turquoise, fraîche véranda sous les fleurs d'un bougainvillée, d'où l'on voit, loin, de l'autre côté du fleuve, les fumées des aciéries d'Hélouan monter dans l'air brûlant. Avant la construction du haut-barrage d'Assouan, raconte Lauer dans le livre d'entretiens paru aux éditions Rivages, le Nil débordant chaque automne venait baigner le pied de la dune, les pyramides se reflétaient dans le miroir de l'eau calme. C'est à cent mètres à peine de cette maison que s'ouvrent, au pied de la falaise dite du Bubasteion, parce que s'y élevait autrefois un temple de la déesse égyptienne Bastet, que les Grecs appelèrent Bubastis, les tombes rupestres que fouille la mission française dirigée par Alain Zivie. Passée la porte de fer qui chaque après-midi, à la fermeture des travaux, est méticuleusement plombée, on pénètre dans deux vestibules en baïonnette. Le plafond est cintré, souligné par une corniche le long de laquelle court une inscription difficilement lisible, mais sur laquelle il est fait mention de « l'Aton vivant », le dieu solaire unique dont Aménophis IV-Akhénaton tenta d'imposer le culte. Sur le mur de droite, des panneaux gravés, séparés par des sortes de pilastres, représentent le haut personnage qui fut enseveli dans cette tombe, sous la XVIIIe dynastie, c'est-à-dire quatorze siècles avant notre ère, probablement par son fils Houy, « général des chars », ou « directeur des chevaux », et donnent son nom et la liste de ses titres : Aper-El, enfant du palais, chef de la ville, vizir, les yeux et les oreilles du roi, père divin… Or, commente Alain Zivie, tandis que ses doigts suivent les colonnes de hiéroglyphes sur le mur, non seulement on n'avait jamais entendu parler de ce personnage qui était pourtant le plus proche du roi, à cheval sans doute entre le règne d'Aménophis III et celui d'Akhénaton, mais son nom est passablement intriguant : le nom de « El » est celui d'un grand dieu ouest-sémitique, le pluriel « Elohim » deviendra un des noms du Dieu de la Bible. Si l'on ajoute à cela qu'il n'est pas fait mention de ses parents, mais qu'il est dit qu'il était « enfant du palais », que plusieurs tombes voisines appartiennent à des personnages dont l'origine « allogène » semble probable, que certains ont rapproché l'autre graphie de son nom Aperia, du mot *Apirou* par lequel les Égyptiens désignaient des populations semi-nomades, instables, dont faisaient partie les Hébreux… A ce point, on entre dans le domaine mouvant, dangereux, des spéculations que le savant se refuse quant à lui à cautionner. On peut évoquer l'histoire de Joseph, le fils de Jacob et de Rachel, à qui Pharaon dit « sans toi nul ne lèvera la main ou le pied dans tout le pays d'Égypte » (*Genèse*, 41,44) ; plus hasardeux encore, on peut être tenté de mettre l'énigme du vizir oublié, « étranger », en rapport avec la tentative de « monothéisme » (le mot est un peu abusif, selon Alain Zivie) d'Akhénaton... L'égyptologue rejette ces séduisantes imaginations, préférant s'en tenir aux strictes, austères leçons que livre la pierre.

Des piles de petits cageots de palmier tressé, les mêmes qu'on voit dans la vallée emplis de légumes terreux, sur les plateaux des charrettes à ânes, encombrent la crypte, et sur leurs étiquettes se laisse lire l'inventaire d'un bric-à-brac funéraire : « ossements, fémurs, etc. » ; « bois, fragments informes, sans trace de décor ou de couleur (cercueils, etc.) » ; « ossements + tissu de momies » ; « ossements (crânes, mâchoires) ». Des ouvriers égyptiens, sous la houlette d'un *raïs* à grandes moustaches effilées poivre et sel, en galabieh brune et turban blanc, s'enfoncent dans les profondeurs, porteurs de sceaux de ciments ou de blocs de calcaire grossièrement taillés. L'air est poisseux, légèrement fétide, chargé de particules de bois brûlé, de poudre d'os. Et puis il y a l'odeur un peu sure des momies de chats. La falaise est pleine de ces squatters, inhumés dans les tombes du Nouvel Empire, à l'époque alexandrine, par les prêtres de Bastet, la déesse à tête de lionne ou de chatte. On descend dans la catacombe des chats par un puits d'environ trois mètres de haut, accroché à une minuscule échelle de câble. C'est dans ce puits que fut découverte une très belle cuillère à fard en ivoire teinté, représentant un tilapia, un poisson du Nil. Parvenu en bas, « respirant la cendre et la poussière », on se traîne, comme Nerval au cours de sa visite à Saqqarah, en 1843, « dans des conduits où l'on ne peut passer qu'à genoux », et soudain, dans la lumière de la baladeuse, dévalant une pente de blocs descellés, une avalanche de guenilles ocre, discrètement pestilentielles, donc : ce sont les momies, des centaines de momies, entourée chacune d'une quinzaine de mètres de fines bandelettes de lin. Certains de ces antiques greffiers à poil roux, momifiés « en pied », ont l'air d'avoir fait dégustateur chez Fido il n'y a pas si longtemps, d'autres, au contraire, pattes repliées, ressemblent aussi bien à des rosbifs bardés. Il arrivait aux prêtres de Bastet de rouler les pieux clients venus acheter, assez cher sans doute, un animal intercesseur pour l'offrir à la déesse, et de remplir ces polochons de n'importe quoi, ce qui leur tombait sous la main, un demi-chat, une grenouille, et même, dans un cas extravagant, digne des sorcières de Macbeth : une tête, un avant-crâne et une patte de chat, un avant-crâne et une mandibule de chacal, des restes d'oiseaux et de petits reptiles...

Sept marches inégales donnent accès à un second niveau, plus profond, une galerie coudée dans laquelle s'entassent des jarres exhumées des décombres. La fumée des incendies, allumés probablement par les pilleurs, noircit le plafond. Au bout, par des échelles appliquées contre les parois d'un puits de sept mètres, on descend au troisième niveau, une assez vaste salle sur laquelle s'ouvrent sept chambres plus petites. On est en train, truelle à la main, masque sur la bouche, d'achever de fouiller la dernière d'entre elles ; fragments de peau humaine dure, translucide, cireuse, morceaux d'os, la récolte de la matinée est maigre. Dans des casiers de palmier, des tibias, trois crânes, et le squelette, auquel adhère encore le cuir, d'un chacal que la mort – un éboulement, peut-être – a figé dans une position étrange, les pattes de devant tendues, celles de derrière pliées et rejetée, sur le côté, la tête à demi retournée, les crocs serrés. Mais les découvertes faites dans cette grande salle ne sont pas toujours aussi macabres puisque c'est là qu'a été exhumée une splendide tête de femme en bois stuqué, à l'expression sérieuse et pure, étonnée peut-être, aux lèvres charnues d'un rouge léger, aux obliques yeux bridés sertissant des pupilles d'un noir profond que répètent les larges pendentifs circulaires ornant les oreilles. Un ouvrier trempé de sueur monte un mur de soutènement, des bannes de caoutchouc, emplies de débris, s'envolent vers la lumière au bout d'un croc, des madriers descendent par le même chemin, les accents gutturaux de l'arabe résonnent dans les souterrains. L'éboulement, dans ce calcaire marneux fissuré, haché, raviné de ruissellement, est la grande obsession de l'égyptologue qui doit se transformer, pour la circonstance, en maçon, en charpentier, en conducteur de travaux. Au fond d'un dernier puits de huit mètres, qu'on descend par une couinante et légèrement vertigineuse échelle de corde, on arrive enfin, une vingtaine de mètres au-dessous du niveau de l'entrée, au caveau où ont été retrouvés les squelettes du vizir, de sa femme et de son fils, leurs masques et les vases d'albâtre contenant leurs viscères, parmi tout un beau matériel funéraire. Des touffes de longs cristaux chevelus hérissent la roche sombre, humide, striée de blancs éclairs de gypse. Sur le sol noir, les restes d'un sarcophage de bois noir.

Une visite dans les tombes voisines, non encore fouillées, donne une idée du travail, de la patience inouïs qu'exige le déblaiement archéologique. On descelle quelques parpaings du mur qui ferme, à une dizaine de mètres de la porte d'Aper-El, la chapelle funéraire de Mery-Sekhmet, chef du double grenier, scribe royal. Le sable éolien, semé de débris divers (Alain Zivie me raconte qu'il a trouvé, chez le vizir, des lettres adressées en 1930 à Jean-Philippe Lauer, que le vent avait portées là, avant que la tombe ne fût close), l'emplit jusqu'à un mètre du plafond. A droite, la paroi est sculptée et gravée, le faisceau poudreux de la torche fait jaillir d'un fond noir des dizaines de figures rouge sombre, moissonnant, menant des bœufs, construisant des bateaux. On rampe, on glisse, on avance à quatre pattes, attaqué par les puces (les tombes sont pleines de puces, sont-ce des puces de momie ?), le dos racle le plafond, et peut-être y a-t-il en dessous, comme à la porte d'à côté, des catacombes ensevelies sur vingt mètres de profondeur, qu'il faudra vider pour ainsi dire à la petite cuillère, tamis après tamis, panier après panier. Par des passages à demi obstrués, et qui ont sans doute été creusés par les voleurs de sépultures, il y a un ou trente siècles, on circule d'une tombe à l'autre : chez Nehesy, « le Nubien », chef du trésor de la reine Hatchepsout, « à qui on annonce les productions du double pays », et qui conduisit peut-être, au XVe siècle avant notre ère, la fameuse expédition au pays de Pount, la corne de l'Afrique riche en encens, la voûte, où courent des zigzags d'une peinture turquoise étonnamment fraîche, s'est effondrée sur une grande surface, et des infiltrations salées rongent les reliefs gravés. On discerne tout de même, bleu pâle, brun et ocre léger, un profil d'Osiris émergeant du sable. On accède chez Mery-Râ, ministre des finances d'Aménophis III, « chef de la maison du roi quand Sa Majesté était encore un enfant », en traversant une tombe anonyme et celle d'un marin, Resh, officier du navire *Étoile de Memphis*, puis commandant de l'*Aimé d'Amon*. C'est pour le profane une surprise, bizarrement agréable, d'apprendre que les Égyptiens baptisaient leurs bateaux : a-t-on jamais entendu dire que l'industrieux Ulysse, si fort pourtant en paroles ailées, donnait un nom à son « noir croiseur » ? Un coup de lampe rasant fait surgir de l'ombre un profil d'Isis, des pieds rouge sombre, posés bien à plat l'un devant l'autre (et il y en a une paire d'une pointure nettement hors du commun, qui doivent appartenir à Osiris) font la file indienne sur une paroi, il doit bien y avoir des corps au-dessus, mais, couché comme on est sur les débris, le nez dans la poussière, on ne les voit guère.

Dehors, baignée d'éclatante lumière, la pyramide de Djoser passe sa tête de pierre au-dessus d'une dune, sur laquelle se profilent parfois un vélo poussé par une silhouette en galabieh, un tanguant dromadaire. Abrité du feu du ciel sous un auvent de planches, assis en tailleur, le rabouteur de poteries réfléchit. Devant lui, posés sur le sable, une centaine de tessons. Abeid Mahmud Hamed, tout au long de la journée, tel le Bartlebooth de *La Vie mode d'emploi*, reconstitue des puzzles, refait des jarres à partir de fragments épars. Le problème se complique du fait qu'il a devant lui *plusieurs* puzzles mélangés, et qu'en outre *aucun* n'est, évidemment, complet. Abeid Mahmud Hamed réfléchit longtemps, puis il se lève, lentement, choisit un tesson, un autre : ils se joignent parfaitement, il les brosse, doucement, méticuleusement, avec une vieille brosse à ongles, dans une bassine, les met à sécher, tout à l'heure il les encollera. Il met à part d'autres tessons, qu'il sélectionne d'après leur forme, leur couleur, l'épaisseur de la terre, l'apparence de la cassure. Il les marque d'un infime coup de crayon, retourne s'asseoir, réfléchir. Il fait tout posément, et presque à coup sûr : sa lenteur est foudroyante. Il semble avoir une sorte d'ordinateur dans la tête, spécialement programmé pour reconstituer des poteries. Lorsque, à deux heures, le travail cesse dans la tombe, que le *raïs* a rassemblé ses hommes, que l'égyptologue et l'inspecteur du site, l'obligeant Ahmed Mohammed Abd el-Al, pince à plomber en main, ont posé les scellés sur la porte refermée, je raccompagne Abeid, en voiture, jusqu'au village de Saqqarah, au pied de la pyramide de Teti, et il m'invite à prendre le thé chez lui. Un petit ventilateur vrombit. Les mouches sont insistantes. Au mur des photos de la famille, mariages, service militaire, matches de football. Abeid a vingt-sept ans, il travaille depuis l'âge de onze ans sur la nécropole de Saqqarah, où son père était *raïs*. Il me montre des certificats que lui ont établis des archéologues. « *He is outstandingly intelligent* », a écrit Harry Smith, de University College, London. Et le Dr Eugen Strouhal, un anthropologue tchèque, assure qu'il est capable de reconstituer un squelette à partir de poudre d'os, ou presque. Abeid est, modestement, fier de ces témoignages. Il est heureux de faire ce boulot. Après que nous avons bu le thé brûlant, il m'entraîne dehors, sur l'épaulement de sable qui domine le site de Memphis. A droite, à gauche, comme des voiles grises dans la brume de chaleur, les pyramides de Dahchour, d'Abu Sir, de Gizeh, remontent la vallée du Nil dont le vert poussiéreux est surplombé, au loin, par le *skyline* estompé du Caire. D'un grand geste lent, Abeid embrasse le paysage, puis il touche ses yeux, il me fait comprendre que c'est beau, simplement.

(*Le Monde*, octobre 1989)

Le Caire dans les roues de Nessim

Vue de l'avant, surgissant, silencieuse, enfin, presque, du fond d'une rue sombre de Boulaq, avec ses trois gros phares blancs, deux sur les ailes, un au milieu de la calandre, on dirait une locomotive. Plutôt yacht par l'arrière, en revanche, interminablement effilé comme la voûte des voiliers de plaisance d'autrefois. Le problème, avec cette traîne, ce sont les trous dans la chaussée, et Dieu sait s'il y en a, qu'il faut prendre en douceur, sur la pointe des pieds, si on ne veut pas racler les pots d'échappement. Lui, mettons qu'il s'appelle Nessim. Comme le mari de Justine, en tout cas, il possède une Bentley. Un coupé de 1952, carrossé, me dit-il, par Park Ward. *The best of all*, d'après lui. On dîne au dernier étage du Carlton, uniques objets de la prévenance d'un maître d'hôtel mélancolique, dans un restaurant qui a dû être élégant du temps où la voiture sortait des mains de Mr Ward, et qu'une certaine beauté désuète pare toujours. Entre autres affaires poético-lucratives, Nessim se propose de rouvrir l'exploitation du porphyre de la mer Rouge, abandonnée depuis les Romains (ce qui le préoccupe un peu, c'est la difficulté de faire réaliser une étude de marché pour un produit disparu depuis si longtemps). Le lendemain, il compte se rendre à Ain el-Sira, un quartier plutôt mal carrossé, près de l'aqueduc de Saladin, chez un mécano dont un de ses informateurs l'a assuré qu'il posséderait, neuve, je ne sais quelle pièce de carburateur susceptible de rendre au moteur l'exquise discrétion qui permettait à Cattaui Pacha, son premier propriétaire, de prêter l'oreille aux battements de son cœur. Toutes sortes de petits fureteurs accourent chez Nessim pour lui proposer des vieux livres, des disques pressés pour l'armée américaine pendant la guerre, des bibelots Art nouveau, des filtres à air d'Hispano (il en a eu une, mais il l'a vendue, « un jour où il était déprimé »).

Le lendemain, les taxis qui me houspillent tandis que j'attends devant l'hôtel, croyant avoir repéré en moi le type du touriste indécis ou avaricieux, hésitant sur sa destination ou sur la quantité, modeste mais arbitraire, de livres égyptiennes qu'il va devoir lâcher, font une drôle de tête en voyant soudain glisser le silencieux – enfin, presque – engin noir. Assis dans le cuir capiteux, bras sur le lisse et blond noyer, je hasarde que la voiture ne semble faire aucun bruit ; ce « semble » est déjà une insulte, un blasphème, me rétorque Nessim : elle ne doit pas « sembler », elle ne doit réellement faire aucun bruit. « On doit avoir l'impression qu'il n'y a pas de moteur, qu'on est remorqué », m'explique-t-il, cependant que nous dérivons dans le flot de la prodigieuse circulation du Caire, les oreilles fatiguées d'un vain caquet de klaxons. Voitures à différents stades de décomposition, autobus donnant de la bande, charrettes d'ordures des chiffonniers du Moqqatam tirées par des squelettes d'ânes étincelants de mouches, charrettes de fellahs trimballant des meules de verdures hirsutes, hommes devant, femmes à l'arrière, enfants dans le filet tendu sous le plateau, entre les roues, avec encore quelques bottes de carottes. Le long capot est parcouru de très légers frémissements, frissons de noir lustré qui lui donnent une sorte de nervosité équine plutôt séduisante à mon avis, mais que Nessim observe d'un œil sombre. « On doit croire que le moteur est coupé, et comprendre son erreur seulement en tournant la clef de contact », m'explique-t-il encore, multipliant les images pour tenter de faire comprendre au béotien la douceur, la *smoothness* de la vie en Bentley.

Près d'Ezbekkieh, nous avons rendez-vous avec l'informateur, qui va nous précéder dans sa modeste Fiat. « Ce type, m'explique Nessim, est le disciple d'un vieux maquereau que j'ai connu quand j'avais la Rolls-Royce de la reine-mère Nali, la mère de Farouk. Une des trois au monde dont le tableau de bord et les boutons portaient des inscriptions en arabe. Bon, le démarreur ne marchait pas. J'en ai cherché partout, j'ai écrit jusqu'en Inde pour en trouver un. Impossible. J'étais désespéré. Et puis un jour, ce type arrive chez moi, portant le démarreur, bien enveloppé dans son papier huilé d'origine. Au moment du grand incendie du Caire, lors des émeutes de janvier 1952, il avait tranquillement récupéré tout un stock de pièces chez le concessionnaire. » Nous descendons la corniche à la vitesse d'un homme au pas. Derrière quelques carrés de salades, devant les tours des grands hôtels de Gezira, les voiles des felouques croisent sur les eaux rouges du Nil, silencieusement. Nous côtoyons longtemps un triporteur tchèque CZ dont une des culasses claque terriblement des dents, vomissant des flots de fumée bleue. Lorsque par hasard l'engin avance, la fumée peignée par le vent de la course évoque un peu une forteresse volante allumée par la Flak, d'autant plus que le pilote porte un serre-tête et des lunettes d'aviateur ; à l'arrêt, elle monte en tourbillonnants nuages autour de lui, l'obligeant à descendre prendre l'air sur la chaussée, à quelques pas de sa machine.

Dans la rue qui, sous les ogives de l'aqueduc, mène vers la Cité des morts, notre guide oblique soudain sur la gauche, vers une ruelle de sable et d'ordures tassées qui longe un toboggan. « Où il va, ce con ? », marmonne Nessim qui n'a, au demeurant, nullement l'air gêné. La Bentley tangue sur les détritus, dérangeant le casse-croûte de quelques rats, puis s'arrête entre les maisons de tôle. On y est. Survient un gros type en polo plein de cambouis, qui s'installe au volant et la fait précautionneusement entrer en marche arrière dans une ruelle plus étroite, ombragée par des nattes tendues entre les façades. Dans son échoppe, une affiche Mercedes voisine avec un poster de la Ka'aba. Des mélopées s'échappent des transistors. On soulève les deux panneaux du capot, apparaît l'engin, estampillé « Bentley Motors, 16 Conduit Street, London ». Silence contemplatif.

Le canneur de chaises qui officie devant l'échoppe d'à côté, un vieux au poil blanc tout ras, aux mains furtives, aux lèvres hérissées de clous, n'a même pas levé la tête. Des chaises, on nous en tire deux sur le sable, justement, couvertes d'une espèce de peau de mouton synthétique bien graisseuse, on nous amène du thé, et on s'installe. On discute. On doit négocier. En tout cas, Nessim est rassuré, le gros s'est fait reconnaître, il travaillait il y a vingt-cinq ans chez un garagiste arménien qui était le Paganini de la Bentley, ou de la Rolls : exactement la même voiture, m'informe Nessim, qui voit bien que j'ai des lacunes, « sauf qu'il est admis qu'on peut conduire soi-même sa Bentley, tandis que pour la Rolls il faut un chauffeur ». Autour de nous, de chaque côté de la baleine échouée, passe un va-et-vient d'enfants vêtus de haillons noirs, pieds nus, portant des deux mains, sur leur crâne ras, des pièces de fonte d'un atelier à un autre. Eux non plus, qui ont tout l'air d'esclaves modernes, ne semblent pas étonnés par l'insolite de la scène. Le gros au polo pousse la porte d'une baraque en tôle rouillée, il en revient avec un bouchon de radiateur flambant neuf, surmonté du « B » fameux, et essaie de convaincre Nessim que le sien, de bouchon, une copie, est mal dimensionné : il frotterait légèrement contre les ailes du capot lorsqu'on le relève. Le coup, tenté à tout hasard, ne marche pas. L'élève de l'Arménien, que son gros ventre et sa courte taille autorisent à peine à poser le menton sur la monumentale aile noire, n'insiste pas, il se juche sur un tabouret et, entouré de deux aides – son disciple favori, qui ressemble un peu à Mastroianni, lui passe les outils et lui prête la main, et un gamin qui s'occupe de besognes plus subalternes encore et récolte quelques symboliques horions qui feront peut-être de lui, dans vingt ans, le disciple du disciple du disciple de l'Arménien –, il passe aux choses sérieuses. De temps en temps, il descend de son piédestal, s'assied sur une chaise, s'éponge le front, s'allume une Cleopatra et laisse Mastroianni poursuivre le boulot. « Un peu de cinéma, commente Nessim, pour corser la facture. » Au bout d'une heure, l'équipe a extrait quantité de menues pièces, fourchettes, aiguilles, ressorts et clapets dorés, dont on nous invite à constater l'usure. Nessim est embarrassé, il faut qu'il ait l'air de s'y connaître, il s'en tire en général en contestant, mais pas absolument, le verdict du gros : usé, peut-être, sans doute, oui, cela peut se soutenir, en effet, mais à ce point, vraiment ? Enfin, qu'il fasse comme il veut. Au bout d'un temps en général assez long, des pièces neuves apparaissent dans la paume de Mastroianni, issues des profondeurs du bidonville qui semble receler, réduites en particules élémentaires, une quantité insoupçonnée de Bentley modèle 1952. Aux environs de midi, le travail cesse, il faut aller à la prière, on est vendredi. J'en profite pour pousser une reconnaissance dans le quartier. L'idée qu'on peut tranquillement y pénétrer en Bentley m'ôte, je dois l'avouer, les quelques scrupules ou réticences que j'avais à m'y balader muni de signes de richesse occidentale aussi incontestables que deux stylos feutre, des chaussures de marche anglaises, un paquet de Camel filtre et un briquet à gaz fluorescent. Du haut de la passerelle qui enjambe une voie ferrée, au bout de la ruelle, on aperçoit, au-delà d'un fouillis de toits où mâchouillent des animaux, au milieu des lessives, des tas de briques et de tout un indéfinissable fourbi rouillé, les coupoles terreuses de la Cité des morts dominées par les minarets-stylets de Mohammed Ali. Plus près, derrière un garage d'autocars, un taillis de croix flambe dans la poussière lumineuse, correspondant vaguement à l'indication d'une carte (comme si Le Caire était cartographiable...) qui mentionne, à côté de Slaughter House, l'Abattoir, Christian Cemeteries. Or, ce n'est pas seulement une sorte d'atavisme qui me pousse vers les tombes délabrées des *Roumis*, mais le fait que je suis, en général, un amateur de cimetières en ruine, cette expressive redondance. D'autre part, il est statistiquement prouvé que la plus forte densité de propriétaires de Bentley se rencontrait parmi les occupants des tombes abandonnées d'Égypte, chrétiennes ou juives, et ainsi je vois dans ma démarche une certaine cohérence historique. Cénotaphes survolés par d'innombrables anges fracassés, petites ailes de plâtre gris festonnant le ciel au faîte des frontons à la grecque comme les ailes d'argent des Rolls d'antan au sommet des calandres néo-classiques, le cimetière catholique, à côté de l'Arménien où doit reposer le maître du petit gros, a l'air d'être en pleins travaux, de démolition ou de ravalement, la chose n'est pas claire, avant le Jugement dernier : échelles par-ci, par-là, tas de ciment, de parpaings, murs démolis, caveaux ouverts. Sous l'ombre légère des arbustes, l'envol strié des huppes, le sommeil de gros chats. Un lieu assez plaisant au total, que l'abandon a transfiguré, où les morts ne sont guère dérangés, cela est certain, un champ de ruines paisibles, entouré, dominé par les murailles de briques crues de la ville, hérissées de fagots de poutres, claquantes de linge vif, résonnantes des prêches stéréophoniques des imams.

Vers dix-sept heures, le disciple de l'Arménien, couché sur l'aile, une durite vissée à l'oreille comme un stéthoscope, écoutait ronfler les carburateurs. Mastroianni s'octroyait une Cleopatra king size, le disciple du disciple du disciple passait le nième plateau de thé. Le canneur terminait une chaise, crachait ses clous, fixait le sable à ses pieds. L'accordeur de klaxon, dans l'intervalle des auscultations, faisait vibrer la basse profonde de la trompe. Des minarets alentour descendaient, lancinants, de nouveaux appels à la prière. Nessim, dans l'ombre qui tombait, prêtait une oreille attentive à tous ces bruits, soucieux parce que l'heure tournait, ne lui laissant plus le temps de passer chez l'artisan qui devait adapter des plafonniers en cristal d'Isotta-Fraschini, « taillés par Gallé », ni chez l'ébéniste du Khan el-Khalili qui devait fileter de palissandre le noyer de la portière gauche. Plus tard encore, nous roulions sur le pont d'el-Gamaa, entre les flamboyants néons verts de la mosquée de Salah el-Din et les pointillés lumineux des casinos sur la rive de Doqqi. Vers l'aval les tours des grands hôtels, de la télévision, l'espèce de minaret en bas résille de Cairo Tower, montaient, éclaboussés de projecteurs orange, dans le crépuscule bleu. Lampes à acétylène et braseros s'allumaient sur les barques giflées par les vaguelettes du Nil, clartés mouvantes profilant les silhouettes des familles de pêcheurs qui y vivent, hommes, femmes et enfants, dormant le jour à l'abri du tablier des ponts, jetant la nuit le filet au milieu de la ville énorme. Je pensais à une phrase du *Quatuor d'Alexandrie*, « les rues prenaient lentement le teint bleu métallique du papier-carbone, (...) les grandes limousines prenaient leur essor dans le quartier de la Bourse ». Courbé sur le volant, l'oreille aux aguets, ne daignant rien voir, Nessim n'avait pas l'air content. « Il faudra que j'y retourne vendredi prochain, me dit-il : elle fait encore un petit bruit ». Il me semblait bien, aussi.

(*Le Monde*, février 1990)

Rue Catinat et cætera…

Thành Phô Hô Chi Minh, Hô Chi Minh-Ville, c'est ainsi qu'elle est désormais portée sur les cartes, mais autant le dire tout de suite, c'est par son vieux nom que je continuerai d'appeler cette ville qu'une soirée vous fait aimer à jamais. Voici. Le soleil baisse à l'horizon à Saigon… Devant les toits pagodés de l'ancienne gare des Messageries maritimes, là même, oui, là même où l'amante quitte l'Amant, jetant, de la coursive du paquebot, un dernier regard à « sa grande automobile longue et noire avec, à l'avant, le chauffeur en blanc », un petit cargo qui a l'air d'avoir été oublié trop longtemps au grille-pain tourne sur son ancre, drapeau écarlate en tête de mât, sur les gerbes mordorées des palmes, le bleu de la rivière. Les feux s'allument sur les bateaux russes, aux petites terrasses crasseuses, ombreuses, sympathiques, qui bordent l'eau, les lumignons à pétrole s'allument sur le toit des bateaux de pêche, informes barcasses grises à la proue ocellée qu'on ne peut plus voir autrement que comme des cercueils flottants sur la mer de Chine, les petites flammes forment comme un paquet de cierges sur la rivière, dérivant avec les jacinthes d'eau. Voici. La nuit est venue, nuit de Chine, nuit câline : on est vaguement honteux de fredonner ça.

Vous remontez Nguyên Huê, l'ancien boulevard Charner, vers l'hôtel de ville (disons-le encore : il m'arrivera de donner aux rues leurs noms d'autrefois. Ce sont eux qui peuplent notre imaginaire, et puis c'est un des charmes des villes que l'Histoire a effacées et réécrites que de laisser lire, sous le nouveau texte, les vieilles lettres pâlies). Un carrousel de vélos et de mobylettes, une nuée cycliste monte et descend les allées, au milieu des explosions de pétards, des grappes de ballons fluorescents accrochés par des hampes à d'autres vélos dont on se demande bien comment ils ne s'envolent pas, de bulles de savon qui naviguent en scintillants essaims autour de la statue de l'oncle Hô cajolant d'assez saddamienne façon un enfant. Toute la jeunesse de la ville est là, endimanchée. Seigneur ! Dix mille, cent mille jeunes filles à vélo, un délire proustien. En jupe plissée, en robe lamée, en pantalons et talons hauts, en *ao dai*, la tunique vietnamienne, un pan négligemment tenu de la main au guidon. Ah ! Soyeuses chevaucheuses de l'acier… sur le passant mallarméen de Saigon, l'éblouissement fond, qui le renverse et le darde… Dos droits, sveltes tailles, cous de jeune bambou, noires chevelures au vent, yeux impavides, sourires comme des nuées de flèches. Ah ! Vous êtes criblé, sonné, et maintenant il vous faut traverser le carrefour. Vous engager au milieu de ces infinis pelotons d'adolescents et de nymphettes qui se croisent, se doublent, s'évitent, glissent, filent sans s'arrêter avec l'aisance miraculeuse, la grâce aléatoire d'un vol de martinets. Comment faire ? Allons, vous vous lancez au milieu de ce flot de frêles corps qui se plie et se referme autour de vous, vous côtoyez un instant un cyclo-pousse portant dans sa nacelle, comme présentées dans une corbeille, deux aguicheuses Lolitas, vous êtes arrivés, où, sur l'autre bord, l'autre rive, un trottoir d'Extrême-Orient, le grand pressoir de l'amour, l'ancien dock des fantasmes ? Un papillon vole, il fait très chaud.

Tous les soirs, de six heures à minuit, mais avec un éclat particulier les samedis et dimanches, cette parade juvénile fait le tour du centre de Saigon, descendant l'ex-rue Catinat, aujourd'hui Dong Khôi, tournant sous le Majestic le long de la rivière, remontant vers l'hôtel de ville dont la silhouette clochetonnée, enguirlandée d'ampoules, fait un écho lointain à celui de Paris, filant vers les tours de brique de la cathédrale, l'ex-palais présidentiel, plongeant de nouveau vers le port. Cela roule, cela défile entre les flammes des lampes à pétrole, tremblantes balises signalant au bord du trottoir les innombrables activités qui s'y mènent, dans une odeur trafiquée et profonde d'échappements, d'encens, de coriandre, de porc grillé, de pourriture aigre : vendeurs de bouteilles d'essence, de bière 333, réparateurs-regonfleurs de pneus, joueurs de cartes ou de mah-jong, colloques de cyclo-pousses, rudimentaires restaurants où la soupe bouillonne sur un brasero, au ras du bitume, entre des tables et des chaises de poupées, dormeurs étendus sur des nattes, jeux d'enfants jacasseurs.

La vendeuse de cigarettes de contrebande appelle « snack-bar » son bistro portatif, six chaises en toile, trois tables pliantes sur le trottoir, au bas de Nguyên Hue, elle a un usage optimiste du lexique. Elle sert des bières rafraîchies de glace légèrement fétide. Le matin, elle lave le linge chez des nomenklaturistes tonkinois, à une heure de l'après-midi elle déploie son bar de poche. A minuit, elle rentre chez elle à pied, à Tan Binh. Elle est tout de blanc vêtue, impeccable, tee-shirt et pantalons et souliers vernis noirs, mignonne, rieuse, minuscule, à l'échelle de son établissement. Vingt ans, l'air d'en avoir quinze, ayant vécu cinq fois son âge. En 1985, me dit-elle, je n'avais qu'une caisse à cigarettes, je couchais sur le trottoir. *My life was very hard.* Maintenant, j'ai une maison, dans un an j'espère m'installer à côté, en dur. La belle vie, en somme. Sa copine Nhu trouve que j'ai un nez magnifique, un nez qui en vaut la peine, elle le pince, elle n'en croit pas ses yeux, je me demande si cette flatterie est vraiment honnête. Le lendemain, lorsque je reviendrai, il n'y aura plus sur le trottoir nocturne que des dormeurs au milieu des détritus, le snack-bar se sera envolé, vers où ?

Pas si bête, vous êtes prévenu contre les trop faciles oppositions entre Sud et Nord, « jeunes pousses de bambou » et « liserons d'eau », comme s'appellent mutuellement les habitants des deux pôles du pays. Mais enfin… c'est bien un peu vrai. Si le premier contact avec Saigon se laisse volontiers décrire avec des accents à la Pierre Loti qu'on me pardonnera peut-être, le voyageur qui va de l'aéroport à la capitale tonkinoise découvre, morose, un paysage à la Zola. Plafond gris et bas, chez ces gens-là, il tombe une bruine froide, et la route défoncée, sur laquelle tanguent des camions plus soviétiques que nature, est aussi encombrée de vélos que là-bas, mais les cyclistes portent parka et casque militaire kaki, ce sont des hommes, ou bien doudoune et chapeau conique, voilà les femmes. Il ne manque que la Kalach sur l'épaule pour se retrouver dans un film de Joris Ivens. Des cheminées d'usine se laissent deviner dans la brume, des bicoques de brique, une loco à vapeur siffle au milieu des gadoues. Le squelette de fer du pont ex-Paul Doumer, à demi-détruit par les bombes américaines, enjambe le fleuve Rouge, flaques grises entre les bancs de sable. Derrière la digue, des toits de tuiles, Hanoi. Ah, d'accord. A Saigon, on se demandait bien comment ce pays pouvait être communiste, où étaient passées les héroïques et austères hordes VC. Ici, on a compris, on est arrivé au pays des Côngs. Ici Victor Charlie, cinq sur cinq.

Et puis, ce n'est pas complètement vrai. Bien sûr. Ne serait-ce que parce que la pièce contemporaine se joue dans les vieux décors du théâtre colonial, trompe-l'œil bourgeois et républicains qu'estompent la brume et la ruine. Paradoxalement, il semble que l'époque américaine ait plus détruit Saigon, disloquée par des constructions modernes à la va-vite, que Hanoi bombardée, mais apparemment peu défigurée, par les B-52. A Saigon, le pèlerin que les choses révolues détournent des révolutionnaires, l'odeur des fleurs de frangipanier le guidera jusqu'aux jardins de l'ancien palais du gouverneur de Cochinchine, au-dessus de la rue d'Espagne : souvenirs d'une époque où ce pays fut le centre noir du monde, les épaves de quelques machines volantes américaines justement nommées Fantômes s'y décomposent dans la verdure éclatante. Dans la banlieue de Saigon, vers Tan Binh, au bout de rues où des princesses d'ivoire, « belles à renverser citadelles et cités », comme on dit dans le *Kiêu*, pédalent entre les étals de chiens rôtis, le toit des tribunes de l'hippodrome, autour duquel se déroulèrent de furieuses batailles lors de l'offensive du Têt, semble attendre la première occasion pour s'effondrer sur la foule volubile des parieurs. Le PMU, voilà un héritage français toujours bien vivant. On éprouve, à voir des chevaux étiques galoper autour du champ d'herbes hautes et sèches, sous ces ruines populeuses, la bizarre sensation d'être dans une cité antique dont la forme morte serait soudain réoccupée, une sorte de Byzance ou de Carthage repeuplée par l'appel de la trompette du Jugement. Mais là où éclate encore le génie de la République, qui ne fut ni marchand, ni industriel, ni maritime, ni militaire, mais profondément un génie *postal*, c'est bien évidemment dans cette cathédrale laïque qu'est, face à la cléricale, sur l'ancienne place Pignaud-de-Béhaine, monumentale et aérienne sous ses nefs portées par de fins piliers de fonte, fraîche sous le vol des ventilateurs, la Poste.

Tout cela n'est rien, pourtant, à côté des grâces décaties de Hanoi : Grand Théâtre tarabiscoté comme il sied, palais couleur de mangue, d'amande, de fraise, fontaines à tritons, frontons, colonnades et pilastres, acanthes et volutes, marquises en ailes de papillon, avenues et places trop vastes, faites pour les limousines, abandonnées au travail infime et méditatif des vélos : les vieux quartiers de la ville coloniale ont le charme bourgeois et suranné d'une sorte de Neuilly extrême-oriental et déchu, d'une Alexandrie d'un autre delta. Hasard des destinées, certaines villas, sièges d'administrations ou d'ambassades, portent encore beau, tandis que leurs voisines surpeuplées, dégradées, retournent lentement au limon.

De la présence française, si les pierres sont restées, la langue a disparu. Une trentaine d'années auront achevé ce Diên Biên Phû linguistique. Je ne doute pas de m'attirer un démenti automatique des bureaucrates de la francophonie, ils sont faits pour cela, mais enfin c'est incontestable (et, tant qu'à provoquer les démentis, je ne vais pas me gêner pour dire que, là comme à peu près partout ailleurs dans le monde, il faut être un équilibriste des ondes courtes pour réussir à capter RFI ; aurait-on d'ailleurs cette chance qu'on n'en aurait aucune d'entendre un bulletin d'information digne de ce nom. Pour ça, voir BBC World Service). Le français s'est tari sur les lèvres, il a à peu près complètement déserté les librairies, remplacé par l'anglais, ses inscriptions sur les murs des villes ont été martelées. De temps en temps, aussi anachronique et insolite que les quelques Dauphines rutilantes qui font le taxi à Saigon, un nom, un mot gravé dans la pierre a été oublié, clandestin que personne ne remarque ni ne comprend plus, « Villa Les Roses », « Banque Commerciale Française », un « Renseignements » en fer forgé à un guichet de la rue Catinat, un « Salon de beauté » peint sur une vitrine. Ce sont les épaves d'un naufrage linguistique.

Il y a tout de même un endroit à Saigon où l'on parle un français parfait (et, merveille, l'anglais avec un *terrific* accent français), c'est, près de la cathédrale, le restaurant de Mme Daï. Mme Daï est une ancienne avocate, on dîne dans son cabinet entouré de manuels de jurisprudence, de Dalloz, de collections de *La Gazette du Palais*. Il faudrait vraiment avoir une sale gueule pour que Mme Daï ne vous offre pas le pastis, qu'on pourra boire en feuilletant *L'Indochine, hebdomadaire illustré* : mariages de planteurs, bénédiction des autos-ambulances offertes par la Société des courses de Saigon, l'amiral Decoux, gouverneur général, embarque sur un trimoteur à Tan Son Nhut, rend visite à S. M. Bao Daï, remet au général Nishihara (bottes de cheval et petites lunettes rondes, comme il sied à un général jap) les insignes de Grand Officier du Dragon d'Annam. Promulgue le statut des Juifs en Indochine. Canaille, avec sa gueule de bougnat avaricieux sous sa casquette chamarrée. Après tout, si le français a disparu de là-bas, il ne méritait peut-être pas d'y survivre.

Loin de moi l'intention de vanter le libéralisme du régime vietnamien, mais enfin le fait est qu'il a laissé subsister (sans doute n'a-t-il pas pu faire autrement) des phénomènes négatifs aussi avérés que la drague, la prostitution, la religion, le petit commerce. Dans les travées du Cho Binh Tây, le marché du quartier chinois de Cholôn, à Saigon, s'entasse une multitude de produits qu'un Soviétique ne pourrait imaginer même dans ses rêves les plus éthyliques. Clous, miroirs, calmars séchés, poissons-chats vivants, bassines, lampes à huile et cafetières faites dans des boîtes de Coke, paniers, coupons de tissu, tranchoirs, paquets de nouilles, sandales, moulins à café, pneus de vélo, pétards, savons, cassettes, bocaux de café, sacs en plastique, brosses à dents, vaporisateurs de Fly Tox, peignes, bâtonnets d'encens, quelques milliers d'autres que j'oublie heureusement, caravansérail d'objets dont aucun ne semble à première vue indispensable mais dont l'ensemble doit bien constituer quelque chose comme une économie. Tout ça attaché par gerbes, grappes, épis, amoncellements inconcevables à travers lesquels on circule comme un spéléologue, dos voûté, coudes au corps, dans d'étroites galeries par où trouvent encore le moyen de se faufiler des diables, des bicyclettes bâtées, des porteuses de palanches trimballant sur leurs deux plateaux un restaurant portatif, gamelles, baguettes, huile bouillonnant dans un chaudron sur le brasero, tout ça ludionnant dangereusement au ras des pieds. C'est la même profusion répétitive (il y a dans le commerce occidental un principe comme conceptuel qui veut qu'un objet exposé signifie tous les autres, cachés, alors qu'ici c'est le divers sensible qui s'affiche directement, sans représentation, sans abstraction) qui fait des rues commerçantes de Hanoi, rue de la soie, du coton, du papier, des balances, de l'argent, du sucre… un labyrinthe de choses peut-être plus étourdissant encore que les marchés de Saigon, parce qu'ici on vit au milieu des marchandises escaladant les façades des petites maisons françaises (niçoises, mettons). La nuit enveloppe les rues du quartier Hoan Kiêm d'une pénombre rutilante, une obscurité semée de myriades d'ampoules baladeuses, de braseros, de phares de mobylettes. Multitude immobile, les choses, sur lesquelles ricoche, comme sur les écailles d'un dragon, la lumière pauvre et innombrable (dans les villes modernes la lumière, trop forte, trop étale, ne sait plus peindre ainsi la nuit, la cribler comme de pleines poignées de pièces d'or). Grouillement mouvant, les gens, marchant, pédalant, battant la semelle sur le palonnier de vieilles machines à coudre, démontant et remontant des triporteurs, pelant des cannes à sucre, rafistolant des paniers, mangeant au sein de la cohue, jouant du *dan bau*, du monocorde, autour d'un mort, balayant des ordures. Bourdonnement des pas, des voix, des cycles, cacophonie sans répit des klaxons aigrelets, des radios.

Un autre jour, vous laisserez les banlieues de Hanoi se noyer dans le miroir brumeux des rizières où se répète le gris du ciel. Des buffles tireront la charrue de bois. En s'éloignant de la ville, les vélos se couvriront de charges de plus en plus improbables. Deux cent trente-sept marches vous mèneront à Tay Phuong, la très ancienne pagode de l'Occident. Trois nefs basses de brique rose, avec entre elles les nuages. Un flamboyant bestiaire de bois vermoulu escalade les toits de tuiles effilés, recourbés comme des proues de drakkars. A l'intérieur, entre les colonnes de bois-de-fer, luit doucement toute une assemblée de statues. Faces grotesques, grimaçantes, impassibles, ascétiques, masques éburnéens, écarlates, linges baroques de bois tourbillonnant comme des vagues d'Hokusai. Allégories inconnues. A quoi servent les voyages, demande-t-on ? A apprendre qu'on est très ignorant. Des enfants rieurs, petits frères de ces enfants dont les photos, nus sur les routes en flammes, il y a vingt ans, ont ému le monde, piquent des bâtonnets d'encens devant les statues assises sur leur fleur de lotus. *Hello, Mister. OK, Hello*… Dehors, au-delà des feuilles immobiles, on voit la plaine mouillée sous les nuages, les canaux, les digues, les bouquets de bambou striant la brume bleue.

(Dossiers du *Nouvel Observateur*, mai 1991)

Un parapet de noms

Tout le monde descend à South Ferry, terminus de l'IRT Subway. Autrefois, du temps de *Manhattan Transfer*, la ligne était aérienne, remontait de West Broadway en tonnerre sur un pont de fer. Pour des millions d'Italiens, de Grecs, d'Arméniens, d'Irlandais, de Suédois, de Juifs de Russie, de Pologne, de Lituanie, d'Allemagne, d'Autriche, débarqués avec leurs balluchons et leurs malles d'osier sur l'appontement de Battery Park, silhouettes à la Charlot en casquette, en chapeau melon, en ample jupe paysanne et fichu, noires sur la mer scintillante où glissaient les transatlantiques, serrant la marmaille, comptant et recomptant la monnaie fabuleuse qu'ils venaient d'échanger contre les billets froissés, noués dans un mouchoir, à l'effigie des rois du vieux monde, l'Amérique commençait là, à South Ferry, sur ce trait de rails au milieu des gratte-ciel de brique. Avant, Ellis Island, comme l'a écrit Georges Perec, « ce n'est pas encore l'Amérique, seulement un prolongement du bateau, des débris de la vieille Europe, où rien encore n'était acquis, où ceux qui étaient partis n'étaient pas encore arrivés, où ceux qui avaient tout quitté n'avaient encore rien obtenu ». South Ferry, tout le monde descend, sous les longs muscles de verre lisse, les tours perdues dans les nuages où rôdent des hélicos. Le bateau de la Circle Line fait une première escale à la statue de la Liberté, next stop Ellis Island : au ras de l'eau, à une encablure des grandes orgues de Manhattan, des rangs de bâtiments dans les arbres, de style hospitalier, un énorme édifice encadré de clochetons, percé de larges baies, qui fait penser à une gare et à une prison, et en effet c'était tout à la fois un hôpital, une prison et une gare, Ellis Island, par laquelle, de 1892 à 1924, passèrent plus de douze millions d'immigrants, dont descendent aujourd'hui cent millions d'Américains.

D'un côté, donc, l'Europe. L'Europe tragique des persécutions, des épidémies, des pogroms, de la faim, des campagnes dévastées du comté de Cork ou des Pouilles, des taudis ouvriers de Berlin ou de Manchester, des fosses communes de Kichinev ou de Bialystok. A-t-on oublié, en cette bourgeoise fin de siècle occidentale, dans quel ventre de boue et de sang se fit la gestation de notre temps ? Paysans déracinés, enfants prolétaires, corps entassés dans des charrettes. Ces visages hâves, ces yeux que creusent la privation et la peur, qu'enflamme l'espoir insensé des pauvres, ces traits que le monde nous renvoie aujourd'hui, ce sont ceux de notre continent il y a un siècle. De l'autre côté de l'océan, et alors que la révolution russe n'a pas encore mis à la portée de tous l'opium du peuple communiste, il y a le Canaan d'un moderne Exode, la Golden Land où chacun a sa chance, d'où personne n'est exclu, dont la libre immensité attend d'être fécondée par le travail des damnés de la terre. Il est curieux de voir (c'est une des choses que suggère une visite à Ellis Island) comment le rêve américain a tenu, pour les masses déshéritées d'Europe, la place que remplirait ensuite, de façon combien plus trompeuse, le messianisme soviétique. Le hasard des dates même est troublant : c'est après la Première Guerre mondiale, alors que l'étoile rouge fait naître une fausse aurore à l'Est, que des législations restrictives tarissent le flot de l'émigration vers l'Ouest.

Des quatre coins de l'Europe de la misère et de la peur, les candidats à une vie nouvelle affluent vers les ports, s'entassent dans les entrepôts des vapeurs de la Cunard, de la Hamburg-Amerika, de la White Star, du Lloyd Triestino. Tous les jours cette onde, née sur les marches de la Russie et des Balkans, balaie l'Europe, atteint Odessa, Gênes, Marseille, Londres,

Brême, Stettin, jette des milliers de destins sur l'Atlantique et converge vers New York. Et tous les jours, de l'autre côté de la nouvelle Babel, le même mouvement se poursuit en se rouvrant et disperse, comme on sème des graines, des milliers de nouveau-nés au Nouveau Monde sur les routes des États-Unis, des forêts du Wisconsin aux usines du Michigan, aux mines de Pennsylvanie ou aux filatures du Massachusetts. Vingt-six millions d'immigrants de 1880 à 1920 : ainsi naît une nouvelle fois la plus grande nation multi-ethnique de l'Histoire, sortie des cales de tous les *Mayflower* de la gueuserie. Et Ellis Island, ce carré de terre remblayée au large de Battery, avec sa gare-cathédrale-prison-hôpital, est comme le fermoir de ces gigantesques éventails humains, le point où l'un se replie et d'où l'autre se déploie : « Une usine à fabriquer des Américains, dit encore Perec, (...) aussi rapide et efficace qu'une charcuterie à Chicago : à un bout de la chaîne, on met un Irlandais, un Juif d'Ukraine ou un Italien des Pouilles, à l'autre bout – après inspection des yeux, inspection des poches, vaccination, désinfection – il en sort un Américain. »

Il y a deux bévues étonnantes dans les premières pages de *L'Amérique* de Kafka. D'abord, la Liberté a curieusement troqué son flambeau pour un ustensile plus martial : « On eût dit que le bras qui brandissait l'épée s'était levé à l'instant même, et l'air libre soufflait autour de ce grand corps. » Ensuite, pas un regard n'est accordé à Ellis Island. Il est vrai que Karl Rossmann, le K du roman, est un jeune bourgeois, et que les voyageurs de première et seconde classe passaient les formalités d'immigration sur le bateau même. Seule la plèbe, les individus de l'étoffe des Delamarche et des Robinson, des Thérèse Berchtold et des Grete Mifselbach, les héros trimardeurs et prolétaires de *L'Amérique*, passaient par « l'île des larmes ». N'empêche, quelle occasion manquée ! Car on ne saurait concevoir lieu plus propre à héberger un roman de Kafka que ces halles retentissantes autrefois des voix et des pas de milliers d'hommes et de femmes portant au cou leur numéro, ces salles hygiéniquement couvertes de céramique, cette forteresse insulaire de l'enquête, hôpital, tribunal et colonie pénitentiaire, régentée par des messieurs en uniforme, et entièrement dévolue à l'interrogatoire, à l'inspection, à l'auscultation, à l'établissement mystérieux de listes et de formulaires, au prononcé de décisions dont toute la vie allait dépendre. L'Immigration Station d'Ellis Island ouvrit ses portes le 1er janvier 1892. La chronique rapporte que la première personne à se présenter aux contrôles fut Annie Moore, une jeune Irlandaise de quinze ans à qui on offrit une pièce de dix dollars en or. Après un incendie en 1897, les bâtiments furent reconstruits dans le style qu'on leur voit aujourd'hui, et qu'on nous dit « French Renaissance » (si la gare d'Orsay est due à Pierre Lescot, alors, d'accord). A partir de 1924, la peur du communisme, la montée de la xénophobie entraînèrent l'instauration d'une politique de quotas, et Ellis Island ne fonctionna plus que comme centre de détention pour immigrés refoulés. Les installations fermèrent définitivement le 12 novembre 1954 : elle n'abritaient plus alors qu'un marin norvégien, Arne Peterssen, qui, ayant sans doute trop arrosé son escale à New York, avait laissé son bateau repartir sans lui.

Les immigrants retrouvaient d'abord leurs bagages, entassés au rez-de-chaussée. L'actuel – et très émouvant – musée qui occupe le grand bâtiment en a conservé quelques dizaines, ballots de toile, coffres de bois estampillés Antwerpen ou Bremen. Qu'est-ce que ça peut être, de faire ses bagages pour toute une vie ? Qu'est-ce qu'on emporte lorsqu'on quitte à jamais la Moldavie, la Bosnie ou la Calabre ? Des vitrines présentent quelques-uns des humbles trésors qui demeureraient le vestige de la vie d'autrefois, boîte de chocolat offerte par la mère en Pologne, jeu de cartes autrichien, un accordéon tchèque, une Bible arménienne, des rosaires, des phylactères, des cartes postales du pays, un chandelier italien, une mandoline, la robe brodée de perles qu'Elizabeth Kramer Szabo amenait avec elle, en 1920, en prévision de son mariage, et le trousseau dont Marija la Croate ne voulut pas se séparer pendant les deux jours qu'elle passa à Ellis

Island, et qu'elle avait préparé pour ses futurs enfants qui allaient mourir en bas âge dans le Missouri.

Les nouveaux arrivants gravissaient ensuite un escalier pour accéder à la grande salle de contrôle, une immense nef voûtée, revêtue de tuiles blanches, cloisonnée par des barrières. En haut des marches, des médecins en uniforme repéraient ceux qui avaient du mal à monter, qui présentaient des signes évidents de maladie, et traçaient sur leurs habits une lettre à la craie : C, tuberculose, H, cœur, TC, trachome, X, débilité mentale… Que ressentait celui qui se voyait ainsi marqué, séparé des autres par une lettre incompréhensible ? D'autres fonctionnaires s'emparaient de leur corps, leur ouvraient la bouche, leur soulevaient les paupières, les palpaient, quelques secondes, quelques minutes au plus, les faisaient passer ou non vers le contrôle administratif : des messieurs en casquette derrière de hauts pupitres, au bout de la salle, qui leur posaient vingt-neuf questions à toute vitesse, dans le bruit immense, la cacophonie de toutes les langues de l'espoir et de l'angoisse. C'est là que bien souvent on changeait de nom, dans le brouhaha et la panique. Proverbiale est devenue l'histoire, peut-être inventée, de ce vieux juif à qui on conseille, sur le bateau, de troquer son nom imprononçable pour celui de Rockefeller, tellement plus américain. Mais devant l'officier d'état civil qui lui demande son identité, il perd ses esprits et ne sait que bredouiller en yiddish *schon vergessen, schon vergessen*, « j'ai déjà oublié » : il s'appellera John Fergusson. Le parcours se terminait de l'autre côté de *Registry Room*, sur *Separation Stairs*, les escaliers de la séparation : ceux qui étaient admis empruntaient la travée de gauche, menant aux gares de New Jersey, ou celle de droite, vers le ferry pour Battery et New York. Par la travée centrale descendaient vers les dortoirs et les hôpitaux les *detainees*, ceux qu'on gardaient pour examen plus approfondi, préludant parfois au refoulement. Sur ces marches, des familles se sont à tout jamais séparées.

Tout le long du parapet qui regarde vers Manhattan et Brooklyn, on a posé des plaques de cuivre, quatre cent soixante-cinq en tout, gravées aux noms de ceux qui passèrent par ici : c'est le *wall of honour*, le mur d'honneur. Les familles viennent y chercher et y photographier le nom de leurs ancêtres descendus du bateau. Le premier, par ordre alphabétique, est celui d'Agnes Aabrahamson, le dernier celui d'Harry Zuckman. Il y a quatre Kafka, mais aucun Franz, quatorze Marx dont un Charles et un Karl. Au-delà, il y a la baie de New York, le va-et-vient des cargos, des remorqueurs, des ferries orange de Staten Island, la côte basse de Brooklyn et la haute futaie de Manhattan, les lumineux nuages qui glissent vers le pont de Verrazzano et l'océan. Il est beau de songer, en suivant cet immense et discret monument, que L'Europe a prêté à l'Amérique, pour la faire sortir de la mer, les anciens parapets de ses noms.

(Dossiers du *Nouvel Observateur*, novembre 1991)

Goa, navigations vers la poussière

Dans son vaisseau de verre tout en haut d'un mausolée de marbre blanc, de jaspe rouge et gris, de bronze et d'argent, Francisco Iassu de Azpilcueta y Xavier, évangélisateur de l'Inde, de Ceylan, de Malacca et du Japon, mort sur le rivage de Canton le 3 décembre 1552 à l'aube, en la seule compagnie d'un guide chinois, accueille enfin en lui le travail de la décomposition. Une foule de fidèles, parmi laquelle éclatent les couleurs fluorescentes des robes et des saris, rose bonbon, mauve bougainvillée, bleu morpho, vert angélique, murmure des prières autour du tombeau. Dans la nef du Bom Jesus volent des chérubins grassouillets aux yeux hindous écarquillés sur le brasillement d'or des retables baroques. D'en bas, on ne voit qu'un bout de crâne parcheminé, sous une petite lampe. Pendant quatre siècles, l'histoire ou la légende rapporte que le corps miraculeux est demeuré intact, à l'exception de quelques orteils prélevés comme reliques (l'un, assure-t-on, sectionné par les dévotes dents d'une Dona Isabel, et tenu caché ensuite dans sa bouche), d'un morceau de bras parti pour l'église mère du Gesù à Rome, de quelques détails d'une main abandonnés au Japon. C'est à ce mort sans corruption que vice-rois ou gouverneurs remettaient le bâton de commandement lorsque les armes ennemies pénétraient jusqu'au cœur des Velhas Conquistas et qu'il semblait que rien ne pût désormais sauver la Rome de l'Orient : ainsi en usa, en 1683, Francisco de Tàvora, comte d'Alvor, après que les troupes du prince mahratte Sambaji eurent pris le fort de Santo

Estevão et assiégé Rachol, Tivim, Margão et Chapora. Alors parurent vers le nord les éléphants de guerre d'Akbar, fils du Moghol Aurangzeb, et les Mahrattes pris à revers durent lever le siège. Le saint ne fut pas semblablement secourable, en 1961, à Manoel Antonio Vassalo e Silva, le dernier gouverneur général, qui lui avait aussi remis, à la toute dernière extrémité, les insignes du commandement : mais, alors, son corps avait enfin commencé à tomber en ruine, à prendre cette apparence vermiculée de très vieux bois qu'on lui voit aujourd'hui, marquant par là que le temps de l'Inde portugaise avait passé.

Lentes navigations vers la poussière, sous les ors et les palmes. Comme la dépouille de l'évangélisateur, comme la langue dans laquelle Camões exalta la fondation d'un empire, attaquée de toute part désormais par l'anglais, la *quinta* Menezes Bragança, à Chandor, battue par le temps et les pluies de mousson, retourne doucement au néant qui a effacé aussi presque toute trace urbaine de la vieille Goa. Au rez-de-chaussée de la demeure fonctionne ce qui semble être une petite usine d'embouteillage de sodas. Le grand salon dallé de marbre blanc porte encore beau, les miroirs encadrés d'argent terni accueillent les reflets adamantins d'une foule de lustres et d'appliques, pendeloques et manchons scintillants flottant comme des nuages sous un ciel bleu et or un peu mangé aux mites. La galerie-véranda dont les fenêtres surplombent un jardin tropical est encombrée de tout un formidable bric-à-brac dont les strates donnent à lire le déclin des fortunes et des goûts : porte-clefs et cendriers-réclames, bouteilles échantillons, carapaces de tortues et crocodiles empaillés, des palanquins du XVIIIe siècle, un enjoliveur de Volkswagen à côté de pièces de vaisselle de Chine… Le toit de la salle de bal, emporté par un cyclone, a été remplacé par des plaques de tôle. Des panneaux d'écailles nacrées laissent filtrer une lumière ambiguë dans le cabinet de travail où se décomposent des milliers de vieux volumes (ces fenêtres atténuant et troublant l'éclat du jour, le recomposant, l'élaborant doucement, comme une perle, à travers la pellicule translucide, inégale, irisée, détachée de l'intérieur de coquilles d'huîtres plates, et dans lesquelles on est tenté de deviner une influence des *shôji* du Japon, sont une des choses les plus raffinées qu'on puisse voir, et il faut toute la mauvaise foi de Richard Burton dans *Goa and the Blue Mountains* pour y voir une marque superfétatoire de l'arriération de la civilisation indo-portugaise).

Le dernier des Bragança, Dom Alvaro, fouille très aimablement dans des tas de papiers jaunis au fond d'un secrétaire pour m'y dénicher une notice sur son bisaïeul parue dans la livraison de décembre 1910 des *Annales biographiques (Revue analytique et critique des hommes et des œuvres)* : Bragança e Pereira (Antonio-Elzeario). « Il est vice-consul d'Espagne dans les Indes portugaises depuis 1886, y apprend-on notamment. Il est Commandeur de l'Ordre du Christ, Gentilhomme Cavalier de la Maison Royale, membre de la Société de Géographie de Lisbonne. Amant dévoué du progrès de son pays en général, et en particulier de celui de son village, il fit les plus grands efforts pour obtenir à Chandor (son village natal) une gare du chemin de fer ainsi qu'une route municipale reliant sa paroisse à la route royale de Margão à Quepém. Dans son château de Chandor, lit-on encore, il maintient toujours les nobles traditions de sa famille, très remarquable et par sa piété et par sa généreuse et accueillante hospitalité. Elle jouit parmi ses compatriotes de toutes les sympathies. » Temps lointains, temps fabuleux et émouvants où la charge de vice-consul, éventuellement honoraire, et la participation à des sociétés de géographie et d'agriculture, étaient des éléments presque indispensables au rang social, tout comme la croyance au Christ et au chemin de fer (l'un tempéré par l'autre) l'étaient au standing moral : ainsi recueillait-on ce miel disparu depuis, « l'estime générale » (la sympathie) de ses concitoyens (compatriotes). Il est à remarquer encore que, sur cette page des *Annales*..., la notice consacrée à Antonio-Elzeario Bragança e Pereira est beaucoup plus importante que celle dont doit se contenter Annunzio (Gabriele D'), « poète, romancier et dramaturge italien ». Entre autres illustrations, la famille Bragança e Pereira possédait, et possède toujours, un ongle de François-Xavier : autrefois il était conservé dans la chapelle ouvrant en haut de la première volée de marches du grand escalier, « maintenant, me dit Dom Alvaro, il est à la banque ». C'est plus sûr, en effet, mais cela fait profane.

Le fort de Chapora (Shapur), que sauva l'intercession du saint pérégrin, couronne une hauteur de latérite au-dessus de la plage de Vagator. Construit lui-même, ainsi d'ailleurs que la plupart des édifices portugais de Goa, en latérite dont le rouge sombre, comme carbonisé par les feux du soleil, vire au noir, on dirait un krak des Chevaliers en sang caillé. Lorsqu'on parvient, épuisé par l'ascension de la pente brûlante, à franchir la poterne, on découvre à l'intérieur un petit morceau de Lune parfaitement reconstitué. Une butte nue, sans un brin d'herbe sèche, semée de blocs calcinés, et dont la rotondité empêche d'abord d'apercevoir l'autre côté de l'enceinte. Pas un bâtiment, fût-il en ruine, rien qu'un petit socle, au centre, qui a peut-être porté un calvaire ? un pilori, aussi bien ? Une forteresse foudroyée, faite seulement pour le ciel et le vent, qu'on verrait bien en arrière-plan du Golgotha dans une crucifixion médiévale. La *città roggia* de Dité, « dont les murailles paraissent de fer ». Des échauguettes, le regard plonge sur l'estuaire et le golfe creux d'un fleuve où mouille, à l'abri de la barre, une flottille de pêche, puis une flèche de sable entre le bleu vaporeux de la mer d'Oman et le vert mordoré des palmes, jusqu'à l'horizon. On est à la frontière nord des Vieilles Conquêtes et tout cela (on ne peut, ici, résister plus qu'il ne serait raisonnable à l'attraction du stéréotype) est furieusement gracquien. On imagine la poignée de petits hommes portant barbes et moustaches, dans leurs armures ébouillantées, sous les croix latines d'étoffe froissée, contemplant du haut de leurs bastions les armées rutilantes, retentissantes, plus nombreuses que les étoiles du ciel, de l'Inde immense refermée autour d'eux.

Les Portugais ont la passion des forts. Sur les côtes d'Afrique, en Orient, cette inclination peut sans doute s'expliquer par des raisons historico-démographiques : petit peuple aventureux mais clairsemé, jeté par son génie inquiet si loin de chez lui, dans des immensités hostiles où il n'établissait que de fragiles têtes de pont, il était naturel qu'il songeât à s'enfermer pour se prémunir du nombre. Mais au Portugal même ? Sur les bords du Tage, les rivages de Porto, à Setúbal, Sesimbra, Peniche, pourquoi toutes ces *fortalezas*, partout où la terre rencontre l'eau ? Il faut imaginer d'autres raisons, moins pragmatiques, plus sentimentales. N'y a-t-il pas que les forts, leurs microcosmes bien clos de passerelles et de vigies, de rondes et de quarts, sont à la terre ce que les navires sont à la mer ? Avec ses murailles inclinées, ses poivrières en encorbellement qui évoquent les lanternes de poupe, la frise des merlons et des créneaux comme celle des sabords, quoi de plus semblable à un vaisseau qu'une forteresse ? L'imagination maritime des descendants de Camões et Vasco de Gama devait s'y trouver à l'aise.

On peut, allant plus loin, voir dans cette manie de marquer par une broderie d'architecture militaire le feston de la terre une illustration du sens lusitanien du détail et de l'ornementation, quelque chose d'analogue en somme, bien que d'un ordre de grandeur différent, au souci qu'expriment à leur façon les trottoirs historiés de Lisbonne ou les encadrements peints, les tympans néo-gothiques ou rococo des fenêtres, dont le goût a suivi les Portugais jusque dans l'Inde : on s'en convaincra en déambulant à la brune dans le vieux quartier de Fontainhas, à Panjim, à l'heure où la chaleur retombe un peu, où les corneilles et les motocyclettes japonaises deviennent folles, où les fleurs mauves ou safranées des bougainvillées éclatent dans la pénombre, sous les balustres résillées, où dans la chapelle de São Sebastião les cierges piquent de courtes flammes, que font trembler les ventilateurs, les cages de verre enfermant des saints souriant sur fond de ciel étoilé (celui qui ne sourit pas, c'est le crucifié à la tête droite et aux yeux grands ouverts, vigilant supplicié pourvoyeur de supplices, qui vient du tribunal de l'Inquisition de Velha Goa). Tympans où se recroisent des ogives, tympans nervurés comme des éventails ou des ailes de papillon, rayonnants comme des soleils levants, trilobés comme des trèfles, chambranles et gâbles peints, les fenêtres sont comme autant de cadres où se dessine, avec le passage du jour, un souvenir fragile et lumineux du Portugal.

François Xavier mourut, donc, le 2 décembre 1552, sur la côte de Chine. « L'infatigable missionnaire », rapporte la chronique du père Gabriel de Saldanha, avait parcouru, au cours de sa vie errante, « de Paris où il débuta sa carrière, jusqu'à San Chan où il ferma les yeux, trente-trois mille lieues, parvenant à convertir, d'un bout à l'autre, un million deux cent mille infidèles ». Il fut enterré sur place, puis exhumé quelques mois plus tard et transporté à Malacca, où on lui donna une nouvelle sépulture. A la fin de 1553, son corps fut embarqué sur une caravelle qui, par Cochin, gagna Goa où elle arriva pendant la Semaine Sainte de 1554. Les dernières lieues marines de son dernier voyage le firent passer, toutes voiles dehors, sous les forts qui commandent l'entrée du Mandovi : Aguada, puis Reis Magos, les Rois Mages. On imagine que le canon tonna.

Les escarpements des Rois Mages dressent leur proue noire au-dessus de l'ultime étranglement du fleuve. Navire brûlé, échoué à la cime des palmes. Une prison y est installée. A l'entrée, un panneau signale qu'il est interdit d'y introduire « de l'alcool, de la ganja, de l'opium, des feuilles de bétel... des échelles de bambou, des bâtons, couteaux, armes à feu, explosifs, des livres... ». Il est réjouissant de voir les livres rangés parmi les stupéfiants et les moyens propres à faciliter l'évasion, il y a beaucoup de justesse dans cet avertissement. A l'époque où une nef aux pavillons en berne, portant la dépouille immarcescible du grand jésuite, remontait l'eau calme du Mandovi, sous les murs fraîchement achevés du fort, la Compagnie venait d'introduire l'imprimerie en Inde. Une presse fonctionnait au couvent de Rachol. Parmi les premières œuvres éditées en Orient, le catéchisme de François Xavier, puis des vers de Camões, qui naviguait, guerroyait et écrivait entre Goa, Mascate et Macao.

Sous les murailles, un escalier de latérite érodée mène à une église blanche, éclatante comme une voile. En 1554, elle était encore en construction. Entre les deux tours, des volutes font comme des vaguelettes sur les pans du fronton. Derrière l'église, un cimetière à l'abandon dans un carré de murs chaulés « reconstruit par M. & Mme Sebastian Souza en souvenir de leur fils Lawrie ». Un fagot de croix de bois noir, sur la terre rouge. Dans les murs, certaines niches ont été refaites, leurs inscriptions récrites dans une autre langue. *Domingos Caetano de Souza, died on 25.4.85, 103 years old. Here lies Papa.* L'anglais est la langue des morts ravalés. Les autres, les lusophones, ou bien faut-il dire les lusoglyphes, leurs ossements ont commerce avec les oiseaux, les insectes, le feu du soleil et les pluies de la mousson. Des tibias, des côtes comme des bouquets d'immortelles blanchâtres, dans des boîtes de tôle noire béantes au fond des enfeus. D'autres répandus par terre, parmi les bouses de vache sèches. Un crâne, de femme semble-t-il, entre Joaquim Menezes et Felicidade Vaz. *Amor e saudades.*

Sous la paillote du *River Deck*, à Panjim, des écroulés en chemisette boivent de la bière King Fisher. Il fait chaud, mais un peu de vent vient, par le fleuve, de la mer. Un brutal crépuscule fait péter au ciel des poches de bile, le soleil empalé sur une échauguette des Rois Mages ressemble à un énorme abricot. Des milliers de corneilles sillonnent le ciel en croassant, ces espèces de cisailles volantes, mangeurs de cadavres aux yeux en roulement à bille, conchient en vagues d'assaut serrées l'avenida Dom João Castro sur laquelle le travail plus terre à terre des hommes fait d'ailleurs planer une insistante odeur de merde. En contrebas, dans des champs de vase miroitante couleur de cendre et de cuivre, des femmes cul en l'air cherchent des coquillages comme d'autres récolteraient des graines d'hépatite, si ce produit avait cours. Sous une petite pergola surplombant un charmant égout, dans un jardin de sable dont un panneau apprend qu'il est *Government's property*, et qu'en tant que tel il est interdit de le dégrader (avertissement aussi poétique que les

Keep Bombay clean que l'on peut lire dans les rues de la mégalopole du nord), un homme dort sur un journal déplié, qu'une vache aux oreilles transparentes, guère plus volumineuse qu'un gros chien, commence, insouciante de son repos, à brouter.

Entre Panjim et Betim, sur la rive d'en face, un incessant trafic de bacs évoque la fébrilité des *cacilheiros* sur le Tage crépusculaire, et c'est curieusement tout l'estuaire du Mandovi, avec la ville un peu retirée de la mer, entre estuaire et collines, l'une d'elles couronnée, comme Alfama par le château São Jorge, par les hauts édifices désaffectés du collège des jésuites, puis la ligne des forts protégeant les passes, et les plages de Miramar et Dona Paula à la place d'Estoril et de Cascais, qui semble comme une projection homothétique, un peu réduite tout de même, de la géographie lisboète. Et même un petit chantier naval en face, pour pinasses et barges, « là » où se dressent, à Cacilhas, les portiques et les coques géantes de Lisnave. Et comme sur le Tage « navigue toujours/ pour tous ceux qui voient partout ce qui n'y est pas/ le souvenir des vaisseaux d'autrefois », sur le Mandovi glisse devant les yeux de la mémoire (ceux d'un buveur de King Fisher, ceux du dormeur, ceux, larges et noirs, de la vache aux oreilles translucides, ceux, à l'hôtel de l'autre côté du quai, d'un client à la recherche de Mister Nightingale ?) la caravelle-fantôme du saint voyageur, halée par des chaloupes maintenant, entre les barges qui descendent vers Vasco da Gama. Elle remonte le courant, passe devant les maisons coloniales, les petits immeubles miteux modernes, les vérandas et les colonnettes argentées du palais occupé par les vice-rois après qu'ils eurent abandonné Velha Goa, et la statue de l'abbé Faria, « fondateur de l'hypnose par la suggestion, né à Candolim le 31 mai 1756, mort à Paris le 20 septembre 1819 », et aussi au château d'If dans *Le Comte de Monte-Cristo*. Pas très catholique, cet abbé-là, dont une houle fait onduler la crinière et les plis de la soutane, tandis que ses mains volent au-dessus d'une femme en bottines, aux beaux seins ronds de déesse indienne, convulsée à ses pieds.

Au-delà de la ville, on voit sur de grandes îles lumineuses des églises blanches au milieu de bouquets de palmes. La caravelle accosta à Ribandar à onze heures du soir, et là, dans le rougeoiement des torches multiplié par l'eau noire, la dépouille fut chargée sur un canot, en face sans doute de Marie Supermarket et du café Devata, sur la cale inclinée où un enchevêtrement de scooters, de rickshaws et de Tata-bus attend le bac. Sur le mur de l'église, une nef ou une caraque peinte, portant la Vierge et l'enfant Jésus en vigies dans le grand mât, et une foule d'angelots comme des feux Saint-Elme autour des vergues, commémore peut-être ce débarquement. Un déambulatoire dallé de marbre, au mur duquel, sur un panneau en forme de couronnement de navire, est peinte une sombre Cène, domine le petit cimetière, des pentes de tuiles, le fleuve où, telle une barque mortuaire égyptienne, nage *in saecula saeculorum* le canot du saint.

C'est par l'arc des vice-rois, aujourd'hui dressé comme un décor dans le vide, que François Xavier fit son entrée dans Goa, au milieu du branle de toutes les cloches. Là où s'étendait autrefois une des grandes villes du monde, il ne subsiste à présent que des églises et des arbres. Pas la trace d'une maison, d'une rue, d'un entrepôt, d'un palais. Si Dieu et les épices, le zèle religieux et la fièvre marchande, furent les deux causes qui menèrent les Portugais jusqu'en Inde et au-delà, tout se passe comme si la première, plus éminente ontologiquement, plus conforme aussi au génie baroque des nations catholiques, avait fini par absorber et anéantir la seconde, élevant ses monuments sur la ruine des entrepôts, des quais, des demeures des négociants. Que vienne un jour improbable où la jungle envahira le site abandonné de Bombay, il restera de l'Empire britannique les ruines de gares gigantesques, néo-gothico-mogholes, sortes d'Angkor Vat industriels au milieu de la forêt : de ce qui fut, brièvement, la capitale du commerce entre l'Europe et l'Orient, il ne subsiste que des clochers. Cette bizarrerie d'apparence miraculeuse, cette seconde expulsion des marchands du temple, s'explique paraît-il par le fait qu'après que la ville, décimée par les épidémies de malaria et de choléra, eut été abandonnée, au cours du XVIIIe siècle, on récupéra les pierres de tous les édifices civils pour reconstruire ailleurs, et notamment à Panjim ; la force de la végétation et les déluges de la mousson achevèrent de disloquer et de niveler ce qui restait des blocs fragiles de latérite. Ainsi, pendant que le corps ramené de Chine défiait les assauts du temps, sa ville retournait à la poussière.

Face à l'arc des vice-rois, sous la statue de Dom Vasco da Gama, *« comde almirante descobridor e conquistador da India »*, une petite estacade en ciment plonge dans l'eau boueuse sur laquelle flotte une longue barque noire à balancier ; des filets sont tendus le long du rivage. Des femmes accroupies papotent à l'ombre. On a peine à croire que, dans ce lieu livré au silencieux abandon du grand soleil, débuta un mouvement gigantesque qui devait bouleverser l'histoire et la connaissance du monde, rapprocher et confronter Orient et Occident, faire de l'Europe, pour des siècles, le centre névralgique du globe, précipiter le déclin de l'Islam, etc. On a du mal à imaginer la presse des nefs et des gabares chargeant et déchargeant, ainsi que nous le décrit un voyageur du XVIIe siècle, l'argent, l'or et le musc de la Chine, les clous de girofle des Moluques, les muscades des îles de la Sonde, les rubis, les perles, le bois de tek et le cuir de Cochin, l'ambre des Maldives, l'ébène et l'ivoire du Mozambique, le santal, le camphre de Bornéo, le poivre et le gingembre de Malabar, l'indigo, le benjoin, l'encens, la soie du Japon et les soieries de Perse, les éléphants de Jafnapatam et les chevaux d'Hormuz…

La première chose qu'aperçoit de Velha Goa le voyageur qui arrive par la route de Panjim et Ribandar c'est, très haut dressée au-dessus de la cime des arbres, la tour déchirée de l'église Notre-Dame-de-Grâce des augustiniens. Privée de l'enduit qui la couvrait autrefois, la latérite dégradée par le climat, comme à demi fondue, prend des apparences gaudiennes de chair boursouflée, lépreuse, brûlée, à quoi concourt encore sa couleur rouge sombre. La voûte s'est écroulée depuis longtemps, laissant les pierres tombales qui dallent le chœur et la nef en tête à tête avec le ciel. Casques, couronnes, lions, étoiles, soleil et lune, têtes de mort, aigles, croissants, épées et caravelles, blasons et vieux noms lusitaniens, Albuquerque, da Gama, da Cunha, de Menezes, tout un funèbre armorial gravé, érodé par les pluies et les pas, ployé, gondolé par les mouvements de la terre ou bien peut-être des morts là-dessous retenus loin d'une patrie qui les a abandonnés au moment du départ. Dans les chapelles latérales, des gens dorment sur les tombeaux, à l'ombre des piliers décapités. Un chien fouine. Il règne une forte odeur de poisson pourri, venue d'on ne sait où, de l'Inde entière.

Sur une butte dominant les eaux miroitantes du Mandovi, l'église de Notre-Dame-du-Rosaire commémore la reconquête de Goa par Albuquerque, épisode qui semble, à l'autre extrémité du monde, préfigurer la seconde entrée des Espagnols dans Tenochtitlan, après la *noche triste*. Chassé en mai 1510 de la ville qu'il a enlevée trois mois plus tôt au sultan Adil Shah de Bijapur, passant tout l'été sur ses bateaux immobilisés dans l'estuaire par la mousson, à manger des rats et à ronger du cuir, le Cortes portugais revient à l'assaut, l'automne venu, avec une flotte de vingt-huit navires. Le vingt-cinq novembre 1510, il dirige la bataille depuis la hauteur où sera construite selon son vœu, trente ans plus tard, une dizaine d'années avant le retour du saint, Nossa Senhora do Rosario : une église massive et nue, puissamment assise, avec juste quelques discrètes fanfreluches manuélines, quatre colonnettes torsadées flanquant le clocher écrasé, et une cordelière nouant à la nef des tourelles surmontées de coupoles plutôt maraboutiques. L'intérieur est vide et un peu délabré, rincé de lumière. Abandonnée sur un autel du transept, la statue de bois polychrome d'une pécheresse (on se plaît en tout cas à l'imaginer), agenouillée, visage levé au ciel, longs cheveux dénoués dans le dos, main droite sur le sein, main gauche levée en signe d'imploration, semble repousser, effrayée, la survenue du visiteur. Dans le chœur, on voit le tombeau mural de Dona Catirina « *molher de Garcia de Sa* », dont les chroniques rapportent que, belle et aventureuse comme aucune, elle fut la première femme portugaise à débarquer à Goa, et qu'elle fut mariée, sur son lit de mort, par François Xavier, bien sûr. Pour réaliser cette tombe émouvante les artistes goanais ont sculpté avec une extraordinaire délicatesse le marbre blanc du Gujarât, suspendant une frise d'ostensoirs au bout d'arachnéennes chaînettes de pierre, l'entourant d'un foisonnement de motifs d'un baroque nettement indien, rosacé, serpigineux, lotiforme. Demandons à Dieu, ainsi qu'elle nous y invite, miséricorde pour l'âme de la femme romanesque qui repose ici, et pour celle aussi de sa sœur, Dona Leonor, la beauté la plus éclatante de l'Inde, dont la sépulture fut certes moins ornée : ne raconte-t-on pas qu'un naufrage l'ayant jetée sur une plage d'Afrique, elle s'enterra vive dans le sable pour ne pas s'exposer aux outrages inévitables des Cafres ?

Ces saintetés, ces vertus, sont d'un autre temps. Seuls peut-être y croient encore, les pratiquent toujours les jeunes fidèles indiennes dont on voit glisser les robes et les saris électriques sous les arcs rongés du couvent des oratoriens. Des arbres ont poussé sur les pas anciens des moines, on entend des cantiques en konkani s'élever dans la nef restaurée de l'église qui flanque la galerie du cloître. Longues nattes noires, chignons à hauts peignes, sveltes porteuses de cierges entrevues dans les ruines, comme le chœur d'une tragédie antique errant dans une ville mise à sac, sous les murs éboulés, d'un brun violacé, cendreux, hirsutes d'herbes. Dans les cellules, à quelques pas de la nef où survit une foi imposée par les armes mais devenue indigène, s'inscrivent sur les murs les nouveaux commandements de l'Occident : *Make love, Fuck, Ever ready for fucking*, et cet ordre de pensées rendu par le dessin. Il semble que l'Histoire ait accouché, comme toujours, d'un énorme malentendu. Par les fenêtres, percés de clochers, le moutonnement des arbres, la plaque brillante du fleuve, le ciel.

Dans la nef du Bom Jesus, une femme très gracieuse, en sari bleu-Sainte-Vierge, main gauche dans le dos, chignon tenu par un diadème de fleurs, balaie à petits coups les pierres tombales, faisant rayonner une gloire de poussière autour de la plaque mortuaire de Dom Hieronimo Mascarenhas, *« capitam que foi de Cochim e Ormus, e a cuia custa se fes esta igreja »* : éléphants de guerre, étendards et canons tonnants, tours, galères et caraques de cuivre repoussé, et lui-même, Mascareignes, avec sa fraise, son chapeau à plumes et son épée. Des saints veillent, à la robe et à la barbe roides, escortés de chérubins grassouillets aux yeux peints, dans le fourmillement doré des retables. Sous les palmes et les hibiscus du cloître, trois types accroupis lavent en rigolant, avec des pinceaux et de l'eau savonneuse, la châsse à brancards dans laquelle on balade à travers la ville morte, tous les dix ans, le trois décembre jour de sa mort, Francisco Iassu de Azpilcueta y Xavier, parvenu dans cette église, sa dernière escale, en mille six cent treize, et qui accueille enfin en lui le travail du temps. *Satis est.*

(*Goa 1510-1685*, ouvrage collectif,
éditions Autrement, 1996)

Kaboul, guerre de nulle part

Le directeur de l'hôtel Intercontinental de Kaboul est un homme mélancolique. Il se souvient du temps où, dans ses salons, on fêtait des mariages tous les jours, où l'alcool coulait dans les gosiers raffinés des diplomates et des *businessmen*, où la piste de danse ne désemplissait pas. *« It was during the Najib's »*, c'était pendant les années Najibullah, le dernier président communiste d'Afghanistan, qui vit depuis trois ans réfugié dans un bâtiment de l'ONU, sur Djadé Sulh [1]. On a beau dire, ce temps-là avait du bon, en tout cas pour les tauliers. Maintenant, dans le grand hôtel glacé, à la façade défoncée et noircie, ne logent plus que des clients non payants, barbus et fortement armés. *« Undercultured people »*, soupire le directeur : des gens sans culture autre que le Coran et le maniement des armes. Des fenêtres de la Khyber suite, la plus belle de ce paquebot devenu épave échouée sur un col entre deux collines, on domine de vastes étendues des quartiers sud et ouest, que le soleil disparaissant derrière les montagnes nimbe d'un poudroiement doré couturé d'ombres presque bleues. La ligne de front entre « gouvernement » et « opposition » passe là-dedans, au milieu des ruines. De temps en temps, une roquette file en sifflant au-dessus de l'hôtel, tirée du sud vers l'immense quartier de Khair Khanah où une bonne partie de la population de

1. En 1995. Le monde entier a vu, depuis, les photos du malheureux pendu par les talibans, lors de leur entrée dans Kaboul. La « synthèse » de la page suivante est, du même coup, devenue caduque.

Kaboul s'est réfugiée, le plus loin possible du centre et du feu. « L'avenir est très dangereux, murmure encore le directeur, plus d'école, plus d'université, plus de travail, les jeunes vont apprendre à devenir des tueurs. »

Essayons d'avoir l'esprit de synthèse. Du temps de la « djihad » contre les Soviétiques, il y avait des combats un peu partout en Afghanistan, mais Kaboul vivait en paix. Maintenant, c'est le contraire : chaque chef de parti ou de bande s'est taillé un territoire où il fait régner son ordre. Le malheur pour les Kaboulis, c'est que nombre de ces fiefs se rejoignent au centre de la capitale. Si le reste du pays vit plus ou moins tranquille, Kaboul est déchirée par la guerre civile entre les différentes factions des moudjahiddin vainqueurs. *Grosso modo*, s'affrontent d'un côté la coalition « gouvernementale » – le Jamiat de Rabbani, l'ex-président de la République (ex mais toujours en fonction, à titre provisoire), et du commandant Massoud, figure emblématique de la résistance contre les Russes ; le Harakat chiite, l'Ittehad, lié aux Saoudiens –, de l'autre, la ligue de « l'opposition » (opposition certes, mais dirigée par le Premier ministre Gulbuddin Hekmatyar) – le Hezb, la majorité du Wahdat chiite, le Djumbesh de l'ex-général communiste Dostom, rallié d'abord à Massoud, puis passé il y a un an dans le camp d'Hekmatyar. *Grosso modo* toujours, « l'opposition » joue davantage la carte du fondamentalisme, est plus anti-occidentale et liée à des puissances régionales telles que le Pakistan, l'Ouzbékistan ou l'Iran. *Grosso modo* enfin, le « gouvernement » tient le nord et le centre de la ville, « l'opposition » le sud. Tout cela ne va pas sans provoquer beaucoup de dégâts. J'espère avoir été clair…

Adossé à la montagne neigeuse, le palais de Darul Aman semble un énorme casino en ruine. Tout autour, des chars T-62, canon braqué vers le nord, sont enfoncés dans le sol de ce qui fut un jardin à la française. Sous les volées des escaliers monumentaux, des stocks d'obus. Stucs éclatés, dallages de marbre pulvérisés, sombres lambris arrachés. Le toit de tôle du salon d'honneur est tordu comme une vieille serpillière : une roquette a fait le ménage, une « Ouragan », me dit-on, il paraît que c'est ce qui se fait de plus gros après le Scud. Par les baies, on aperçoit une grande avenue filant vers les décombres du centre-ville. Des tramways, autrefois, y roulaient. Çà et là, de belles villas, des bâtiments néo-classiques, incendiés, noirs sur la neige, témoignent du rêve d'une ville nouvelle, moderne et européanisée, que conçut le roi Amanullah après que la Grande-Bretagne eut été contrainte de reconnaître, en 1921, l'indépendance de l'Afghanistan.

La carcasse du palais est désormais le quartier général de Muhamad Shafi, « premier commandant » du Wahdat. Vingt-cinq ans, cheveux noirs bouclés, fine moustache, petite barbiche, il ressemble à une sorte de Mazarin sauvage, un Mazarin hazara (c'est son ethnie). Il m'offre fort civilement à déjeuner dans un salon intact du dernier étage. Des tapis couvrent le sol, sur lesquels luisent des jonchées de balles, un poêle à bois brûle au milieu. Aux murs, entre des portraits de Khomeiny, des photos du commandant en train de lire le Coran dans un bunker, ou bien encore debout sur un char. Dans un coin de la pièce, un magnétoscope fait défiler les images muettes d'un film de kung-fu. Le commandant garde sa Kalach à la bretelle, il est bardé de chargeurs devant et derrière, sa main droite, quand elle ne porte pas le riz pulao à sa bouche, égrène un chapelet. Selon lui, Massoud n'a pas arrêté de pactiser avec les *Chouravis* (les Russes ; littéralement, les communistes). Puis, il n'a pas reconnu les droits des chiites. Si Hekmatyar fait de même, ils sont prêts à se retourner contre lui. Périodiquement, un bruit d'avion à réaction en rase-mottes interrompt la conversation, mais comme personne ne s'émeut, je comprends qu'il s'agit du vent secouant les paquets de tôle froissée du toit. Son grand homme à lui, Shafi, c'est Khomeiny. Et puis, pour la forme, le chef suprême du Wahdat, qui habite la *guest house* du roi, un palais de proportions plus modestes, mais apparemment en parfait état, un peu plus haut sur la pente : en voilà un à qui la guerre civile aura servi à quelque chose.

De l'autre côté de la ligne de front, Djade Maiwand, les anciens « Champs-Élysées » de Kaboul, offrent un spectacle de désolation monumentale. Grands pans de murs tragiques, éboulis de gravats, fouillis de ferrailles que le feu a tordues et soudées comme des spaghettis trop cuits. Le relief aberrant des ruines, où s'emmêlent ombres et lumières, se confond avec les plissements, les rides, les failles des montagnes en arrière-plan : loin des rêves modernistes, la ville retourne à la pure géologie. Il n'y a plus guère que des moudjahiddin pour camper dans ces décors romantiques. Ali Reza est l'un d'eux. Il est assis sur une chaise au milieu de la dévastation du quartier de Shindawol, casque de tankiste russe sur la tête, fusil d'assaut entre les genoux, grenades et chargeurs sanglés sur la poitrine. Il a seize ans. Cela fait un an qu'il fait ce job, si l'on peut dire. Ali Reza est chiite, lui aussi, tout comme le commandant Shafi. Seulement, il est dans l'autre camp, au Harakat. Qu'est-ce qu'il fait ? « Il garde son quartier. »

Il est extrêmement rieur, comme un gamin. Et pas vantard, avec ça : lorsque je lui demande s'il a déjà tué un ennemi, il me répond que non, il ne croit pas, mais blessé, ça oui, des gens du Hezb. Il a six frères. Son père est portefaix, il gagne dans les 8 000 afghanis par jour (environ deux dollars). Lui touche 25 000 afghanis par mois du Harakat, mais, pour ce prix-là, le parti le nourrit. Son aîné, un « moudj » aussi, est parti en Iran. Ali Reza n'est pas encore devenu un tueur : il se sent fatigué de faire la guerre, lorsqu'elle sera terminée, si Dieu le veut, il voudrait bien aller à l'école. Mais il n'a pas le choix, « c'est la faute à Gulbuddin, qui est assoiffé du sang des gens ». Il me conduit à son corps de garde, une pièce dans un immeuble éboulé, surchauffée par un poêle dont la fumée pique les yeux. Ses frères d'armes m'offrent le thé. Aux murs, à côté des portraits de Khomeiny, un tableau représente le cheval de l'imam Hussein revenant sans son maître de la bataille de Kerbala, tête basse de tristesse, la croupe hérissée de flèches. « Je ne peux pas entendre raconter cette histoire sans pleurer », me dit l'un des moudjahiddin qu'on vient de porter, tel un gros bébé barbu, dans la pièce. Il a eu les deux jambes arrachées par une mine, il y a deux mois.

A certains, la guerre ôte la vie, ou tranche les membres, ou détruit la maison, ou la raison, à d'autres, elle offre un palais, une 4 x 4 Toyota volée au Pakistan, ou une solde, ou simplement l'occasion de petits boulots. Namat Allah vend du plastique transparent au mètre sur un trottoir d'une rue poudreuse de Khair Khanah, bordée d'alignements de conteneurs dont chacun abrite une boutique. Il y en a qui ont pris la forme de grosse vessies de ferraille, dont les parois ont éclaté, distendues, gonflées par un formidable souffle : les petits commerces qu'ils abritaient ne rouvriront plus, ils ont tiré le mauvais numéro à la loterie de la mort subite. Namat Allah ne se plaint pas : « Je suis heureux, dit-il, l'hiver est froid, il n'y a plus une fenêtre debout en ville, les vitres sont hors de prix, je vends soixante à soixante-dix mètres carrés de feuilles de plastique chaque jour, à mille afghanis le mètre. » Dieu seul sait si les chefs veulent la paix, mais si jamais un jour elle revient, eh bien, il vendra du plastique pour couvrir les tables, voilà tout.

Ata Muhamad, lui, est vendeur de pierres tombales au milieu du grand cimetière dit « des cinq cents familles ». Le jour où je suis allé le visiter, le vent qui poussait des nuages de grésil sur la ville en contrebas faisait claquer les drapeaux verts ornant les tombes des *shahid*, les « martyrs ». Ces oriflammes déchirées, battant dans la brume glacée sur le champ de grossiers tumulus hérissés d'éclats de pierre, semblaient celles d'une armée morte campant devant les murs de Kaboul. « Mon cher fils, proclamait une inscription, un tyran t'a tué, tu es l'hôte de Dieu, tu auras les fleurs et la terre, mais à présent, ô ma fleur magnifique, te voilà sous la terre. » Une autre, au-dessus de huit tertres poudrés de neige : « le 29 février 1994, à cinq heures de l'après-midi, une roquette a tué les huit membres d'une même famille, qui vivait à Bagh Ali Mardan. » L'échoppe d'Ata Muhamad est une petite cahute très basse au milieu des tombes, il s'y tient accroupi au-dessus d'un feu de braises, emmitouflé de couvertures, avec un gosse, son aide. Il arrive quand le jour se lève, et reste là jusqu'à huit ou neuf heures du soir. Avant de faire ce boulot, il était maçon. Une pierre brute, non polie ni sculptée, coûte entre cinq cents et trois mille afghanis, et d'après Ata Muhamad, son commerce a beau avoir de l'avenir, il suffit juste à le nourrir. « C'est difficile de passer toute la journée au milieu des morts, ajoute-t-il, cela raccourcit ma vie, mais que faire ? Si la paix revient, je serai très heureux, je ferai alors un autre boulot. *Good bye rockets.* »

Ceux dont la maison a été un jour pulvérisée et qui ont eu la chance d'en réchapper, mais pas les moyens de fuir vers une ville de province, vont s'entasser dans une école ou une mosquée de Khair Khanah. J'en ai vu aussi dans une maison funéraire, mais ceux-là étaient, toutes proportions gardées, des vernis : Médecins sans frontières leur avait construit, avec des poteaux et des bâches, des cellules presque confortables en regard des antres abjects qui sont le lot de la plupart. Huit mille morts, quatre-vingt-dix mille blessés, des centaines de milliers de réfugiés : tels sont les chiffres estimés pour 1994 à Kaboul, mais que disent les chiffres ? Khair Khanah, ce grand échiquier de terre miséreuse à l'extrême nord de la ville, devient ainsi l'envers, le symétrique de Darul Aman à l'extrême sud : d'un côté, la ville réelle, ses galetas et mouroirs proliférant, le présent et un bon bout d'avenir, sûrement, en marche arrière toute ; de l'autre, la ville rêvée, les palais en ruine d'un passé moderniste.

A l'école Ta-i-maskan vivent cent vingt familles, soit environ mille personnes. Pour diviser les anciennes salles de classe, certains ont eu la possibilité d'élever des murs de torchis, mais la plupart se contentent de l'isolement précaire de vieux tissus infiniment rapiécés, raboutés et pendus à des cordes : retour à la horde. Les braseros sur lesquels on cuisine fument dans les couloirs noircis, les *sandalis*, ces réchauds de braises diffusant leur chaleur sous des couvertures, fument au milieu des pavillons de serpillières, le peu de jour qui tombe à travers les panneaux de plastique colmatant les fenêtres fait des tranchées de lumière dans la purée de pois. Les enfants toussent. Encore, dans cet extrême dénuement, des différences se recréent-elles entre « riches » et pauvres : certains, entre des murs en terre, ont pu disposer quelques tapis, le radiocassette récupéré dans les décombres de la maison, une carte postale de la Ka'aba de La Mecque attestant un souci de décoration ; le mari a encore du travail, l'un des gamins vend des cigarettes, un autre est « moudj ». D'autres n'ont rien. Cela fait deux ans qu'une famille de huit personnes vit dans six mètres carrés peut-être, sombres et glacés, sous l'escalier de l'école. Doivent-ils se réjouir du fait que deux des enfants aient été tués ? Sans cela, ils seraient dix.

Les gamins vont imbiber des éponges de pétrole dans les flaques qui stagnent sous les étals de jerricans au bord des rues, avec ça, on fait marcher le réchaud. Une vieille brandit en hurlant la demi-patate qui sera toute sa nourriture du jour. « J'ai cinquante et un ans, me dit l'homme, et je n'ai jamais pu me payer une bicyclette. Ceux qui se battent, Dieu les maudisse, ont des voitures modernes, de l'argent, des armes, voilà pourquoi ils se battent. » Des parois de chiffons divisent aussi la mosquée Khodjah Abdullah Ansar en réduits, dont chacun abrite quatre familles, les hommes d'un côté, les femmes de l'autre. Dedans, c'est la lutte habituelle entre la fumée âcre et les courants d'air glacés. Concert de toux. « Il y a des fidèles qui veulent nous expulser, s'indigne Khair Muhamad, barbe blanche hérissée et bouche édentée. Ils disent qu'ici c'est un lieu de culte. Mais Dieu est heureux que nous soyons hébergés dans sa maison. Si le mollah nous en chasse, Dieu sera en colère. Il a une maison privée, lui, le mollah, et une paie du gouvernement. C'est parce que nous n'avons plus d'argent à lui donner qu'il ne veut plus de nous : avant, quand on en avait, il ne nous considérait pas comme des *dirty people*. » Khair Muhamad caresse le crâne rasé de son petit-fils, au sommet duquel une balle a tracé un sillon profond d'un demi-doigt. Il a eu de la chance, le petit-fils. Si l'on peut dire.

« J'ai un désir au-delà de toute expression de retourner à Kaboul », écrivait à son fils l'empereur Babur, « le Tigre », conquérant de l'Inde au XVIe siècle et fondateur de la dynastie des Moghols : « Comment ses délices pourraient-ils jamais s'effacer de mon cœur ? » Son vœu fut exaucé après sa mort, et son corps enterré dans des jardins dominant la rivière. Cascades, ombrages, parfums de rose et de jasmin en faisaient une représentation du paradis musulman. Cet Éden retourné à la broussaille, sillonné de tranchées reliant des fortins en rondins et sacs de sable, est désormais le domaine du commandant Abdullah Shah, à quelques dizaines de mètres des positions du Hezb. « Ce sont eux qui nous obligent à nous battre, dit le commandant en jouant avec une fusée de RPG-7, nous ne voulons pas que des Pakistanais ou des Arabes fassent la loi chez nous. » Il fait allusion à la présence alléguée de mercenaires pundjabis ou arabes, algériens notamment, dans les rangs de « l'opposition ». « Ce sont de mauvais soldats, on les a refoulés depuis le palais présidentiel, ils ne savent que tuer les civils. » De l'autre côté de la rivière, le tigre du zoo a été tué, paraît-il, par un éclat. Des shrapnels, le commandant local, plus résistant apparemment que le fauve, affirme en avoir une cinquantaine dans le corps. Un lion et une lionne manifestent, dans leur enclos, une indifférence toute léonine aux détonations diverses et proches dont l'écho roule contre la colline de la télévision. « Le gouvernement les nourrit », m'affirme le commandant : étant donné le prix de la viande, je me demande si c'est bien utile. En face d'eux, un sanglier moins flegmatique doit à sa qualité de cochon le fait de n'avoir pas été boulotté par les moudjahiddin. Mais les lions, qui ne sont pas tenus par les interdits religieux, ont l'air de le lorgner, mine de rien. Autre animal féroce, un T-62 pris à Dostom monte la garde devant les bâtiments défoncés de l'entrée. Combien coûte-t-il à nourrir ? Un obus ne vaut, paraît-il, qu'une poignée de dollars au marché noir. Le commandant

Ghulam Ahmad, responsable des forces « gouvernementales » sur tout le front sud et ouest de Kaboul, me dira sans ambages qu'il leur arrive d'en acheter à Gulbuddin qui, ainsi, les vend pour se les faire renvoyer, les intérêts tonnants et éclatants étant perçus par ses hommes.

Un peu plus loin vers l'ouest, le long d'une avenue déserte bordée d'immeubles rasés qui évoquent des photos de Stalingrad ou de Dresde, s'étend le campus de l'université. J'avais entendu dire qu'il restait, dans la bibliothèque éventrée, des volumes offerts au feu et à la neige. L'idée que le zoo et la bibliothèque, les bêtes et le savoir, se trouvaient au coude à coude en première ligne me paraissait parée d'une mystérieuse et barbare poésie. Les « moudj » sur qui je tombai avaient l'air très allumés, et se répandaient en rires hystériques qui résonnaient dans les amphis et les salles de cours dévastés, jonchés d'éclats de verre, de papiers, de gravats, de douilles. Ils avaient dû fumer pas mal de noir afghan. On courait pour passer les allées qui menaient, à travers les pins, vers Karte Char. Ça avait dû être un beau campus. Alors que nous traversions la faculté d'économie, un canon antiaérien se mit à tracer son pointillé de tonnerre à l'étage au-dessus. Un blindé passait en cliquetant, s'arrêtait, son moteur ahanant comme celui d'un chalutier. Je trouvai enfin, un peu par hasard, la « maison des livres ». Beaucoup avaient brûlé, mais il y en avait encore, en effet, des milliers, en persan, anglais, allemand, français, sous le ciel écorché par les fers à béton. J'empruntai le *Journal* de Samuel Pepys, et je m'engage ici à le restituer si jamais la bibliothèque de l'université rouvre un jour. Un de mes accompagnateurs s'emporta un tome de l'*Annual Report of the Smithsonian Institute*, cela pourrait toujours servir à faire chauffer le thé.

La seule usine qui fonctionne encore à Kaboul, on la trouve dans un hôpital, le Wazir Akbar Khan, et c'est le centre orthopédique. Quatre-vingts personnes y travaillent sous l'autorité d'un jeune médecin italien. Ici, on moule, on forge, on fraise, on soude, on ponce, on alèse, on rabote, on fabrique tout ce qui peut rendre un peu de mobilité aux quelques deux cents mille personnes qui ont perdu pieds ou jambes du fait de la guerre : prothèses, béquilles, chaises roulantes, etc. C'est une chaîne qui commence par la mesure du membre amputé et finit par la livraison, l'essai et la finition de la prothèse articulée. Une centaine de « clients » défilent tous les jours. On les voit s'exercer à l'extérieur des ateliers, construits dans des conteneurs assemblés et aménagés : une jeune fille au triste et joli visage marche au bras d'une infirmière, sa jambe droite, inachevée, n'est qu'une tige d'acier chromé plantée dans un pied de bois chaussé. L'infirmière est elle-même unijambiste, avec sa longue robe cela ne se devine qu'à sa légère claudication. Un type attend en se marrant qu'on vienne bander ses moignons boudinés, ses deux jambes en plastique sont plantées à côté de sa chaise, droites dans ses baskets. Un jeune enfant passe en sautillant, sa prothèse sur l'épaule, il chantonne. Des gens marchent de long en large, d'un pas raide, essayant leur jambe comme on essaie des chaussures neuves. Le précédent centre, qui était installé à Ali Abab, près de l'université, m'explique un médecin afghan, a été détruit par des roquettes, maintenant il est occupé par des *gunmen*. C'était sans doute le plus important d'Asie. « Nous essayons d'aider les gens, soupire-t-il, mais les partis les tuent. Et ils ont plus de moyens de tuer que nous d'aider. »

Pas bien loin de l'usine à rafistoler les corps, le National Body Builder's Club in Afghanistan accueille trois cents pratiquants réguliers à Shahre Naw. Quand on pousse la porte, on est cueilli par l'odeur de sueur. Des dizaines de types, entassés dans un petit espace, poussent la fonte. Couchés sur des bancs, soulèvent des haltères. Font monter des poids le long de portiques. Attelés à des ressorts, tirent comme des bœufs. Se hissent entre des barres parallèles. Chocs métalliques, halètements, cadences infernales, on dirait un atelier absurde à fabriquer du vide. Aux murs, le Coran et la Kaaba sont entourés de posters de terribles musculeux, dont Rambo. Le prof et gérant du club, Aziz Arzo, cheveux poivre et sel et petite moustache, n'est pas spécialement impressionnant en blouson et jeans, sirotant son thé. Mais il y a des photos de lui en maillot, et là, il n'y a rien à dire, ça gonfle et reluit de partout. « J'étais le premier surpris, raconte-t-il, le club était ouvert même en janvier dernier, aux pires moments. Les gens venaient. La ville brûlait, mais les gens venaient s'entraîner. La vie continue. *Wealth is health.* »

A l'aéroport de Delhi, aucun panneau, aucun haut-parleur n'annonçait le vol pour Kaboul, c'est un avion fantôme qui atterrit à Bagram, l'ex-grande base soviétique au nord de la capitale. Il n'y a pas d'installation aéroportuaire, juste l'avion posé en bout de piste, avec quelques dizaines de types assez armés qui l'attendent, en turban ou *pakol*, l'espèce de béret afghan. L'avion sur ses pattes grêles, les gens, les carcasses innombrables de Migs, d'hélicos, de blindés désossés, effondrés : silhouettes sur la plaine caillouteuse à travers laquelle ont chevauché Alexandre, Gengis Khan, Tamerlan, sous le grand ciel bleu qui était le dieu des Mongols et dans lequel planent comme des nuages les cimes toutes proches de l'Hindu Kush. Dans la montagne s'enfoncent les vallées du Panshir et du Salang, c'est le pays des mines, des épaves de convois incendiés, à demi ensevelies par la neige, des tanks détourellés, renversés dans le torrent, canon étoilé de fleurs de glace, le « pays des cercueils de zinc ». « La principauté de Kaboul fait partie du quatrième climat et se trouve ainsi au centre du monde habité », écrivait l'empereur Babur. Je vous écris de Kaboul, au centre du monde, c'est-à-dire nulle part.

(*Le Magazine de Libération*, février 1995)

Patate germée

Je dois le confesser : je n'ai guère écrit sur mon pays. Pas de reportage sur le Tour de France, les élections municipales, le crime de la Vologne, les défilés de mode. Mes romans se déroulent en général dans des lieux étrangers, volontiers lointains : voire à la surface de la planète entière. *Port-Soudan*, en dépit de son titre, fait un peu exception. L'image qui y est donnée de la France manque de charme, je crois. Naturellement, un roman n'est pas un essai politique, un reportage, ni un traité de sociologie. Il y a une dramatisation, un forcement du trait propres à la fiction. Néanmoins, je crois que la désaffection manifeste dans ce livre n'est pas sans rapport avec mes tropismes exotiques. On part pour voir si ailleurs l'herbe est plus verte, et aussi pour aller se faire voir ailleurs. J'ai déjà parlé un peu de ces choses-là, inutile d'insister. Je dois le confesser encore : les deux seules « petites géographies » qui m'ont été inspirées par des lieux de l'Hexagone, ce sont d'abord des considérations assez trivialement intéressées qui m'ont engagé à les écrire. Les *Bords du fleuve Alphée* répondent à une commande d'un syndicat de petits vignerons du Bordelais. C'est comme ça. Pour ce texte, j'ai été (assez bien) payé en bouteilles, grâces soient rendues à mes commanditaires. Je n'étais pas le seul à me vendre ainsi, il y avait même Alain Robbe-Grillet, j'espère que cela me vaudra absolution. Je doute que nos contributions, la mienne en tout cas, aient eu un impact notable sur le commerce des côtes de Bourg ou de Blaye. En revanche, le fait d'avoir accepté ce marché a eu, très indirectement mais de façon tout de même décisive, des conséquences sur ma vie, même littéraire : le destin peut prendre l'apparence d'une bouteille de vin.

Quant au *Petit Dictionnaire*..., j'écrivais alors *L'Invention du monde*, et comme c'était un travail de longue haleine et que la générosité de mon éditeur, pour grande qu'elle soit, n'est pas sans limites, je n'avais pas résisté à la séduction d'un séjour d'un mois, payé, dans un gîte rural de Lozère. Il fut un temps où le standing d'une commune se mesurait au fait qu'elle eût une piscine : maintenant, depuis Jack Lang, c'est un écrivain ou un artiste en résidence. Les habitants ont perdu au change. C'est ainsi que je me retrouvai en plein hiver dans le désert français. J'habitais, non loin d'un hôpital psychiatrique, l'ancienne école d'un hameau fréquemment enfoui sous la neige. Vingt ans auparavant, à une époque où je menais des activités que la loi tient pour répréhensibles, des amis m'avaient planqué dans la région. Ces souvenirs subversifs, la lecture des *Tristes* et des *Pontiques* d'Ovide, le voisinage de la forteresse asilaire sur ses hauts plateaux glacés, m'ont suggéré l'idée du dernier chapitre de *L'Invention*... : il arrive que les lieux viennent à la rencontre, et comme à la rescousse des confusions d'idées et de sentiments qui sont la matière brute des écrivains. En attendant, il fallait justifier ma bourse en rendant un hommage écrit au génie des lieux. Ma Muse n'étant pas spécialement rurale, l'affaire me parut d'abord une corvée, à quoi l'honnêteté m'obligeait, mais une corvée quand même. Crayon en main sur les chemins, je ne tardai pas à y prendre un vif plaisir. J'y conçus même un projet qu'en fin de compte, comme la plupart, je dus abandonner à peine ébauché.

Il s'agissait d'écrire une collection de courts textes consacrés à des objets minuscules mais complexes (tout est complexe) : cendre de cigarette, grain de sable, etc. Faire mon petit Ponge, en somme : mais ce qui ajoutait à l'affaire une plaisante touche de défi, c'était (c'eût été) de proposer cette infime encyclopédie après un portrait de la planète. Le paradoxe ne me semblait qu'apparent : faire une crevette, un verre d'eau de mots, ou bien un océan et des continents de mots, techniquement ce n'est pas pareil, mais philosophiquement c'est au fond la même chose : la même difficulté, le même « accablant devoir », évoqué quelque part par Borges, de traduire les formes en paroles. *« With the twirl of my tongue*, écrit Whitman, *I encompass worlds and volumes of worlds »* : En tournant ma langue j'annexe des mondes et des tourbillons de monde ; mais aussi : *« I believe a leave of grass is no less than the journey-work of the stars »* : Je crois qu'une feuille d'herbe n'est pas moins que le travail voyageur des étoiles. Un grand écrivain, selon moi (Claude Simon, par exemple), c'est celui qui sait plier la langue à dire le vaste piétinement de l'armée en déroute, mais aussi la croupe du cheval et la luisance de la sueur sur le poil, la rumeur et tout le territoire d'ombres et de lumières et de lents mouvements de la forêt, mais aussi le cloisonnement des nervures, la subtile géométrie d'angles et de courbes, le vol glissé d'une feuille.

Il est courant de dire, après Nabokov et d'autres, que tout écrivain digne de ce nom est un grand menteur. Cette affirmation n'enferme bien sûr qu'une part de vérité. Il y a une exigence d'exactitude qui n'est pas moins impérieuse que le devoir de fabuler. Il me semble qu'on doit s'élever (ce mot n'impliquant aucune hiérarchie, juste une différence de point de vue) de l'exactitude à la fable, du procès-verbal à l'épopée. Et, en fait, on ne doit pas cesser de zigzaguer, imprévisiblement, entre ces extrêmes, jusqu'à donner la nausée au lecteur (la lecture n'étant évidemment pas une technique de relaxation). Les mots doivent avoir la précision exquise, douloureuse, d'une aiguille, il ne leur est pas interdit pour autant de rêver à la puissance des cyclones. Faire exister une pomme « comme une personne », ainsi que Ponge y invite, certes : mais aussi un océan, un continent, l'humanité, le ciel. La littérature n'est pas une technique du minuscule, ni non plus un art de l'immense, elle est une spéculation vertigineuse. Les objets infimes, verre d'eau, grain de sable, caroncule de lichen, nous rappellent l'un des pôles de son exigence contradictoire, les énormes ensembles flous, peuples, guerres, migrations, histoire, nous interdisent d'oublier qu'écrire, c'est aussi se prêter au risque de cette démiurgie-là. N'importe quel peintre, j'imagine (de ceux qui connaissent l'histoire de la peinture), connaît cette tension. Et ce n'est pas parce que les poètes ont cessé d'écrire la légende des siècles qu'il ne faudrait plus adopter que le parti pris des choses.

Bref. Il advint à l'époque qu'à peine avais-je élu mon premier objet, et commencé à essayer d'exprimer son âme de mots, des circonstances inopinées (comme elles sont toujours) m'empêchèrent de poursuivre. Dans l'affaire, j'ai perdu ces pages qui n'inauguraient rien, mais je me souviens qu'il s'y agissait d'une des choses les plus modestement extravagantes de la Création, un petit monstre compact et alambiqué évoquant aussi bien une vermine vue au microscope (pou, acarien & cie), un extraterrestre conçu par une imagination un peu plus secouée que celle de Spielberg, et surtout un symbole incroyablement puissant et mystérieux de sexualité brute, je veux dire : vie et mort embrassées, dépouillées de la moindre parade. A moitié vidée, couverte d'une peau flasque de vieille couille, mais projetant hors d'elle, se nouant à elle, se nourrissant d'elle, des turgescences couleur d'asticot, des tentacules passant par tous les verdâtres et les mauves cadavériques, cette chose digne des pinceaux du Greco et de Goya, que mon inattention avait laissé accomplir son travail au fond d'un vieux sac de jute pendu au clou d'une remise, était une patate germée.

(1996)

Au bord du fleuve Alphée

Les Anglais, qui appellent le vin de Bordeaux *claret*, pensent, paraît-il, que l'Afrique commence de l'autre côté du Pas-de-Calais. Les Anglais, qui sont un peuple casanier et terre-à-terre, ne s'y entendent guère en géographie. En vérité, l'Afrique commence de l'autre côté de ce grand bras d'eaux saumâtres qui s'étend depuis le phare presque mythique de Cordouan, dernière œuvre de Sostrate de Cnide, édifiée par lui peu avant qu'il ne boive la ciguë et peu après l'achèvement de l'autre phare, fameux, d'Alexandrie, à l'époque où les Ptolémées régnaient sur la rive du Médoc, jusqu'à l'embouchure des rivières Garonne et Dordogne, face à la citadelle de Bourg, de part et d'autre de la presqu'île métallique dite du Bec d'Ambès, connue dans l'Antiquité sous le nom de colonnes d'Hercule. Du haut de la citadelle de Blaye, édifiée, comme celle de Bourg, et non loin d'elle, pour prévenir les incursions garamantes, carthaginoises, barbaresques, etc., on aperçoit très bien, par temps clair, la côte d'Afrique : mince trait couleur d'amande ou de khôl, cela dépend des nuages que les vents amassent sur ces confins en voiles plus ou moins légers, laissant filtrer de rapides taches de lumière entre les îles basses, sur les eaux couleur de thé au lait (quand le rivage d'Afrique est souligné de khôl), ou bien dont le battement de vert diaphane, ocellé de légères touches de cuivre (et alors la côte, en face, est d'amande veloutée), évoque la couleur des vignes quand un souffle y sinue.

Autrefois, les jeunes gens de la rive européenne, des côtes de

Bourg et de Blaye, traversaient le détroit, ils allaient dans le Médoc se faire maîtres de chais ou bien, s'ils ne trouvaient pas de travail, ils s'enfonçaient plus au sud encore, dans ce qu'on appelait alors les *colonies*. On voyait des bateaux monter et descendre l'eau, porteurs de bois tropicaux et de bananes dont les senteurs baudelairiennes se mêlaient, en juin, à celle, entêtante, de la fleur de vigne, et d'autres navires encore appartenant à la Compagnie des Chargeurs Réunis, à la Compagnie Sud-Atlantique, etc., sur les coursives desquels déambulaient des messieurs en shorts et casques à bandages. Comme presque toutes les choses, vivantes ou inanimées, qui peuplent cette région frontière et fondamentalement ambiguë, ces bateaux pouvaient indifféremment aller sur l'eau ou sur terre, de nombreuses photographies qui nous les montrent prenant leurs aises au milieu des prés en témoignent encore.

Le courant, dans le bras d'eau appelé aujourd'hui Gironde, et jusque dans les rivières Garonne et Dordogne, à la hauteur de Langon sur l'une et Libourne sur l'autre, au moins, va indifféremment dans l'un et l'autre sens, vers le couchant ou vers le levant : particularité qui fit que les Anciens situèrent ici le fleuve Alphée qui était supposé, coulant au rebours des autres, surgir de l'Océan pour aller retrouver son amour Aréthuse dans le sein des terres, quelque part dans l'entre-deux-mers, sans doute (l'étymologie, au moins, semble l'indiquer) à Artigues-près-Bordeaux (mais d'autres localisent la célèbre fontaine à Saint-Girons-d'Aiguevives, dans le pays de Blaye). On tendait et on tend toujours en travers du fleuve Alphée des filets pour capturer les créatures étranges, amphibies et amphibologiques, qui remontent (ou descendent, c'est selon) ces eaux mi-chair mi-poisson : crocodiles, gavials et lamantins côté africain, aloses, lamproies, pibales, maigres et créas côté européen. L'habitude de disposer les pieds de vigne en longs rangs parallèles, de les palisser avec des fils de fer, comme les pêcheurs ramendent leurs filets avant de les déployer sur l'eau, vient de cette façon de pêcher, ou inversement, on ne sait plus bien. De même, on ne peut manquer de voir quelque chose d'œnologique dans la coutume, à première vue étrange, de certains pêcheurs qui, avant de laisser filer les nappes du tramail dans la mer couleur de vin, goûtent l'eau pour en mesurer, disent-ils, la salinité. D'ailleurs, le nom de côtes que portent les vignobles en dit assez sur la confusion, dans ces régions, de Bacchus et de Neptune.

Selon certains, Isidore de Blaye notamment, le mythe des Sirènes dont l'industrieux Ulysse craignait d'entendre le chant, trouve son origine sur la rive sud, dans les seins que haussent impudiquement au-dessus des eaux les lamantins femelles, animaux fort laids au demeurant. Pour d'autres, et c'est le cas de Montaigne, l'amorce zoologique de ce mythe serait à rechercher dans le chant des maigres ou courbines, grands poissons carnassiers du détroit, encore dits poissons-tambours, qui émettent en effet, lorsqu'ils sont possédés par le désir, un bourdonnement continu assez semblable à celui d'abeilles sous-marines. Il n'est pas rare de voir, en juin, saison de la migration de cet animal, des pêcheurs, l'oreille collée au plat-bord de leur barque dérivante : ils *écoutent au maigre*, dit-on dans la région.

Les autres créatures de ces étendues adultères ne sont pas moins étranges : on a évoqué l'alose et l'alose feinte, *alosa fallax*, en français gatte, dont le nom dit assez la perversité, sorte de sardine géante qu'on mange grillée sur un lit de laurier. Il y a encore les pibales, vifs écheveaux de verre que font fulgurer les feux nocturnes, et qui se laissent prendre en hiver, venues de leurs Sargasses natales, dans les parapluies arachnéens des *pibalours*. Plus aberrante encore, directement issue des enfers et des temps antédiluviens, la lamproie à la gueule en ventouse, serpent de mer paléontologique dont on fait des civets. Mais le roi de tous ces êtres fantastiques est évidemment le *créa*, que certains nomment esturgeon, le grand téléostéen gris à la peau blasonnée d'os, vers lequel cinglaient au printemps, il y a peu encore, les *filadières* comme autant de trières au-devant de la flotte de Xerxès. « Rivages, écueils sont chargés de morts, et une fuite désordonnée emporte à toutes rames ce qui reste des vaisseaux barbares, tandis que les Grecs, comme s'il s'agissait d'esturgeons, de poissons vidés du filet, frappent, assomment, avec des débris de rames, des fragments d'épaves », se lamente le messager devant la Reine, aux vers 422-426 des *Perses.* Trop lourdes pour être remontées dans les bateaux, les femelles pleines étaient remorquées le long du bord vers les quais de Blaye. Le pêcheur assujettissait la gueule de l'animal au moyen d'un bout passé à l'avant du bateau, et si l'on voit si souvent errer par les vignes des individus dont les incisives absentes ménagent un grand trou d'ombre au milieu du visage, c'est qu'il arrivait qu'au moment fatidique où, une main sur le plat-bord et l'autre sur les ouïes de sa proie, le pêcheur s'aidait de ses dents pour serrer le chanvre, le poisson fabuleux donnât un brusque soubresaut, et adieu les ratiches.

Ensuite, il n'était pas rare que des requins venus de la côte d'Afrique dévorent la prise amarrée le long de la filadière, arrivé à Blaye il n'y avait plus alors qu'une colossale arête témoignant du combat du vieil homme et de la mer. Mais celui qui avait la chance de ramener à terre une grande femelle de vingt ans avec ses œufs pouvait s'acheter un break 404 diesel, ou quelque chose du genre. On garde le souvenir de Mme Bagot, femme du dernier pêcheur de créa, partant tous les ans par le train vers la lointaine principauté de Monaco, avec ses deux valises pleines de caviar, pour ravitailler la famille Grimaldi, Rainier, Grace et princesses. Quant à savoir si les poches d'œufs gris ambré, serrés, doucement luisants, sont une évolution aquatique de la grappe de raisin, ou l'inverse, on en discute encore dans ce pays de lancinantes incertitudes.

La nuit, au bord du fleuve Alphée, qui est aussi un des quatre fleuves coulant du Paradis, ainsi qu'il est écrit dans les Livres, les roses font des taches pourpre dans l'ombre bleue, une grande lueur illumine le ciel au-dessus de Bordeaux, sur lequel se dessinent les courbes des palmes, des cerceaux de carrelets, dans les bars à matelots du quai Numa-Sensime, le *Vigo*, l'*Aphrodite*, le *Brazza*, le *Porto*, on se souvient des campagnes lointaines, des grandes années du vin, quarante-cinq, quarante-sept, cinquante-trois, des pêches miraculeuses. Un rayon de lune tombé des nuages, ou peut-être surgi du fond de l'eau, joue sur la pierre attique. On entend parfois rugir un lion, là-bas, de l'autre côté, vers Pauillac.

(Publication collective hors commerce, 1988)

Petit dictionnaire des curiosités physiques et morales de la Margeride, à l'usage des marcheurs hivernaux

Il y a aussi, dans les promenades d'hiver, des joies d'une étoffe presque fruste : bien terre à terre par exemple la satisfaction, renouvelée à chaque pas, d'avoir acheté à Saint-Chély-d'Apcher des chaussures de marche roides et légères, et qui surtout ressemblent à des chaussures, avec des couleurs de mousse et de feuilles mortes, et non à des Formule Un bariolées. Plutôt triviale l'approbation que l'on se décerne d'avoir su dénicher, pour s'asseoir le temps d'un repas minuscule, le rocher accueillant aux fesses, abrité du vent et permettant néanmoins aux yeux de jouer alentour cependant que les dents s'occupent. Déjà plus subtil le contentement d'avoir élu, parmi les soldes embarrassantes que proposent les sous-bois, le bon bâton, le mot canne conviendrait mieux pour cette baguette de bouleau un peu flexible, vibrant agréablement (assez, pas trop, sourcière et musicale) lorsqu'on en frappe le sol, capable de percer une petite couche de glace ou d'effrayer un chien si la chose était nécessaire (mais, on le verra plus bas, elle ne l'est pas), dont la crosse arrondie caresse la paume, et qui se fait oublier lorsque, le terrain la rendant superflue, on décide de la laisser, devenue badine, voltiger librement dans la main.

A l'autre extrémité de la gamme des plaisirs, il y a l'espèce d'orgueil naïf, si l'on veut, mais intellectuel tout de même, ressenti lorsque le chemin déduit d'une ligne de tirets sur la carte, dont l'esprit n'a cessé de comparer les courbes et les symboles abstraits, lus d'un coup, aux données que livrent à mesure les sens, referme en effet sa boucle là où on l'attendait sans trop oser y croire, c'est-à-dire au point d'où l'on est parti quelques heures, deux ou trois, auparavant, et où la fatigue vous rejoint avec le déclin de la lumière. Et puis, plus haut encore, voisines déjà des immatérielles passions des anges, il y a l'aisance étonnée avec laquelle l'œil se meut dans un bain limpide de couleurs, l'allégresse fraîche, déliée, qu'il en ressent et prête à tout le corps et de là à cette part charnelle encore de l'esprit dont la peinture est le langage.

De fauves peaux de lions sont étendues partout sur les prés ras, que bornent les lignes raisinées, un peu dorées, des genêts, les masses de vert bleuté des pins, les tailles nacrées des bosquets de bouleaux portant leurs voilettes mauves et rousses, les rouvraies couleur de havane et l'or hirsute des hêtraies. Les fruits vermillon, vernis, semblables à des piments, de ces rosiers sauvages qu'on appelle gratte-cul, voisinent au long des haies mortes avec la pruine nocturne des baies de genévriers. Tous les bleus de Patinir bouillonnent dans l'air et déteignent sur les monts lointains, avec des mines de plomb ou de pluie, des déversoirs de céruse et de mercure. Le soir tombe, flaques et ruisseaux sèment de pièces et de fils de cuivre la bure de la terre, le granit qui n'a jamais été gris prend la couleur du pain de seigle, le ciel en peau d'abricot au-dessus des dentelures noires des sapins, en s'élevant devient vert d'eau puis blanc, puis d'un bleu léger de dragée qui fonce jusqu'à l'outremer, les moignons des frênes hérissés de scions y coulent des encres incroyablement méticuleuses.

Matérialistes ou éthérées, toutes les impressions du promeneur hivernal et solitaire ont en tout cas ceci en commun d'être vives, discrètes, pointillistes, prestes comme le vent, piquantes comme l'air, elles glissent et passent avec tant de naturel qu'elles éloignent parfois, malencontreusement, de porter aux objets qui les font naître l'attention qu'ils méritent. Seul, peut-être, l'animal dont il va être question immédiatement ci-après impose, par sa masse et son incongruité, au passant que grise l'ivresse gaie de la marche, l'hommage d'un regard soutenu et même, disons-le, circonspect (encore faut-il ajouter que, conscient sans doute de la gêne qu'il cause, la plupart du temps, il se cache). Il a donc paru nécessaire, ou en tout cas souhaitable, de proposer aux piétons de la Margeride une petite initiation à l'acuité visuelle, comme un rapide exercice de musculation pour l'œil, sous forme d'un dictionnaire éminemment portable. En voici les quelques rubriques, moins nombreuses que les lacunes qu'il vous est maintenant loisible de compléter.

BISON

Le bison (Bison Bonassus) est sans conteste le plus grand animal de la Margeride. On ne sait si le Bonassus qui spécifie son nom fait allusion à son caractère, sans doute pas, mais le fait est qu'il donne le sentiment d'être assez bonasse. Encore que… Le curieux, avec lui, est justement le mélange instable de terreur et de sympathie qu'il inspire. Les sonorités obtuses de son nom, déjà, emportent l'imagination dans deux directions opposées, l'une qui se perd dans je ne sais quel effrayant sous-bois néolithique dental et sourdement nasalisé où mammouths et aurochs soufflent le feu par leurs naseaux, l'autre qui simplement évoque des bisous et des visons, enfin de petites choses vives et soyeuses (il est d'ailleurs divertissant de constater que le mammouth, quant à lui si proche du Béhémoth et même, par un croisement avec l'auroch qui est une sorte de bison, du Moloch, a aussi un pied, si l'on ose dire, dans les moumoutes et les mamours). Revenons à nos bisons : des bisons, disons que le corps se divise en deux parties à peu près égales qui correspondent grossièrement aux deux versants de leur personnalité de centaures fantasmatiques. L'arrière-train, la croupe et l'échine, tapissés d'une sorte de vieux velours tirant sur le grenat et laissant par plaques paraître la trame, sont, à quelque chose près, en plus haut et efflanqué tout de même, avec des hanches étroites et marquées et des jambes un peu cagneuses, ceux d'un bon gros bœuf de Salers. La queue fournie voltige joyeusement lorsque l'animal, en dépit de son poids qui peut dépasser la tonne sans paraître nullement l'embarrasser, part au petit trot ou franchit d'un bond un fossé. Il y a, en somme, dans la moitié postérieure du bison, quelque chose de familier et de modeste et même, à défaut de grâce, une certaine maigreur touchante. Un distrait qui le verrait par-derrière lui taperait volontiers sur les fesses. C'est une tout autre affaire lorsqu'on passe devant : sur une formidable fourmilière bossuée de muscle et d'os, revêtue d'une sombre toison, s'articulent deux forts jambonneaux aux sabots fourchus et une tête énorme, sans cou, busquée, barbue, qui fait l'aspirateur à la façon du rhinocéros. Cette montagne de chair hirsute poussant une enclume au ras du sol semble faite pour déraciner, soulever, envoyer valser en l'air, ce mufle de minotaure arc-bouté à des épaules de Quasimodo, ces gros yeux bleu sombre ourlés de rouge comme ceux d'un ivrogne semblent méditer un mauvais coup : immobile, le bison, naseaux au plancher, a déjà l'air de charger. C'est tout dire.

Au demeurant, il n'en est rien. Dans le coffre-fort de sa tête, le bison médite de s'envoyer un peu de fourrage, de ronger une tendre écorce. Ce n'est pas sa faute s'il est si lourd qu'il déracine les arbres lorsque, pensif, il s'y frotte. La petite chevelure blonde bouclée qu'il porte entre les cornes dit, mieux que sa terrible encolure, la gentillesse du bonasse bison.

BOULEAU

Le bouleau, aperçu à quelque distance, évoque une jolie rousse en bas de soie : c'est dire combien il est agréable. Les Russes, qui en raffolent, donnent d'ailleurs son petit nom, *beriozhka*, aux jeunes filles. Profitons-en pour signaler tout de suite que le bouleau est, avec la neige et les sapins, et aussi la vastité quelque peu déserte, portant à une rêverie aux confins de la mélancolie, d'une terre déroulée pli à pli, sans accident notable, jusqu'à l'horizon, ce qui apparente aux confins transsibériens de la Mongolie la Margeride, à qui le granit et les genêts créent d'autre part une solidarité hercynienne avec la Bretagne, tandis que l'accent et la langue en font une terre languedocienne : une petite Mongolie douce, une Bretagne dont la marée se serait à tout jamais retirée, offrant les laisses aux herbages, un Languedoc tenté par le nord, telle est la Margeride. Mais revenons au bouleau, pour l'observer de plus près : son tronc élancé est couvert, je l'ai dit, d'une soie blanc nacré tirant sur le gris, telle qu'on en voyait dans les salons de Saint-Pétersbourg du temps où Pouchkine y courait les femmes, et même encore du temps d'Anna Karénine. Ce fourreau à quoi convient si peu le nom rugueux d'écorce présente de légères striures horizontales, des yeux noirs, des soupçons de-ci de-là d'ocre pâle. Il s'arrache facilement, et forme naturellement de très fines pellicules roulées sur elles-mêmes, comme des accroche-cœurs minuscules. Doux au toucher, tendre à l'ongle, on a envie de le caresser ou de le manger, ce que font d'ailleurs nombre d'animaux parmi les plus raffinés. Lève-t-on, du pied de l'arbre, les yeux vers la cime, on a l'impression, si vaporeuse est sa ramure, de se trouver à l'intérieur d'une grande graminée. Au bout de ses rameaux, il porte des sortes de petits cornichons tressés d'un brun-vert. La feuille discrète, lancéolée, dentelée, couleur (en cette saison) de tabac blond, est ponctuée comme une aile de papillon d'ocelles ronds, tirant sur le gris. Et maintenant reculons-nous de nouveau : port svelte, gracieux, maintien réservé, corps souple, quelque chose de narquois et de modeste en même temps, s'il est vrai que les nymphes, autrefois, se transformaient volontiers en arbres pour échapper à des dieux trop pressants, c'est sûrement l'une d'entre elles, la plus belle, qui a pris cette forme.

CHIENS

C'est une affaire entendue (c'est le cas de le dire) : aboyant, se jetant à vos trousses, multipliant démonstrations agressives et simulacres de morsure, ils font leur boulot. Certes, mais il est des métiers qu'on aime moins que d'autres. Il ne suffit pas de constater d'un huissier, par exemple, qu'il fait son travail pour l'en trouver excusé. Il est à remarquer que le travail des chiens consiste à vous rendre la vie aussi compliquée que possible, précisément au moment où vous avez besoin qu'un peu de tranquillité vienne entourer votre réflexion, c'est-à-dire lorsque le chemin hésite et se perd dans la traversée d'un hameau. On ne saurait donc trop recommander au marcheur néophyte d'étudier soigneusement la question, de se graver dans la mémoire tous les détails de la carte, AVANT de pénétrer dans la zone, que le médiocre esprit d'aventure de ces animaux restreint d'ailleurs à peu de chose, où ils prétendent exercer leur autorité.

Au demeurant, il y a à leur sujet deux points qu'il faut tenir à l'esprit : d'une part, et en dépit des apparences, ils sont doués dans une certaine mesure du sens du ridicule. Ce qui veut dire que si, occupés à on ne sait quel reniflement ou léchouillage, ils se sont laissés surprendre à terrain découvert devant vous, si donc vous marchez sur eux, leur couardise naturelle leur interdira naturellement de vous barrer la route ; mais ensuite, une fois que vous les aurez dépassés, et qu'ils auront donc retrouvé leur position favorite d'attaque dans le dos, on pourrait attendre que, vexés, ils se livrent à une bruyante surenchère de gesticulations : eh bien non. Il faut croire que la conscience qu'ils ont d'avoir dû s'écarter en creusant les flancs, et fait en somme la preuve de leur peu de valeur, les dégoûte – momentanément – de fanfaronner ensuite par-derrière.

D'autre part, et surtout, le chien, mis à part quelques variétés de tueurs abrutis qu'on ne rencontre heureusement pas, jusqu'à preuve du contraire, sur les chemins, est au fond de lui-même si convaincu de sa navrante, irrémédiable infériorité, il vit dans une admiration et une crainte si constantes qu'il ne se risquera jamais à mordre fût-ce un talon, dès lors qu'on lui oppose le mépris le plus entier. Ce qu'il attend, sans trop y croire, c'est une marque de frayeur qui échauffera un instant sa pauvre imagination. La lui refuse-t-on, fait-on comme s'il n'était pas là, comme si tous ces grognements saliveux, ces dérapages au ras des chaussures, ces convulsions d'une rage factice n'étaient pas plus perceptibles que les manifestations de colère d'une fourmi, il laissera vite tomber et retournera aux reniflements, léchouillages et mâchonnements qui constituent sa vraie passion, et dont il ne s'est distrait qu'à contrecœur.

Quand un peu d'expérience aura convaincu de ces vérités, on pourra alors rire sans arrière-pensée de la puérile vantardise poussant certains chiens, qui espèrent par là se rendre redoutables, à agrandir leurs empreintes à l'orée des villages, lorsque la neige a recouvert les chemins, jusqu'à la taille de traces de hyène ; ou s'amuser à ce jeu qui consiste à prévoir, en abordant la première maison, à partir de quel mur, quelle porte, vont se déclencher leur orchestre désaccordé et leurs bonds de paillasses belliqueux.

ÉCUREUIL

Ramassant presque entièrement son corps (à l'exception de la queue qui semble mener une existence assez indépendante) en une pelote nerveuse, puis le détendant, petites pattes fébriles en avant, comme on se jette à l'eau, puis recommençant ce mouvement coulé de contraction-expansion avec une extrême vélocité et sans que la moindre hésitation, même légère, vienne le distraire du but qu'il s'est, on l'imagine, fixé, l'écureuil traverse le chemin sans prêter attention au marcheur : il n'en a cure, il s'en bat l'œil.

GLACE

Les bizarreries de la glace sont pour le promeneur un sujet de divertissement multiplié. Elle semble avoir à cœur de contredire la réputation – à certains égards justifiée – d'ennuyeuse inconsistance de l'eau, dont elle est pourtant issue, on le sait, par simple refroidissement. L'eau, selon Francis Ponge, est une esclave : certes, il en va bien différemment de la glace. Ce qu'elle a perdu en mouvement, elle le rattrape en forme. Même lorsqu'on la voit étalée en larges nappes, il s'en faut qu'elle se contente de la morne horizontalité qui est celle de la surface liquide : au contraire, des pentes légères, imperceptibles d'abord, la soulèvent, dues à un obstacle, rocher par exemple, qu'elle recouvre, à la façon d'un drap un vêtement oublié, ou bien simplement à son *travail* : car, pour immobile qu'elle soit apparemment, elle travaille, avec une obstination que ne décourage pas le peu de résultat sensible qu'elle obtient : lèvres arrondies, vitreuses, des cassures, voiles translucides des fêlures, mouchetés de bulles, zébrés d'éclairs pâles, présentant un peu l'aspect, en beaucoup plus agréable, des « peaux » qu'on voyait dans le lait du temps qu'il se livrait dans de petits bidons d'étain, éclisses et éclats brillants, vivement taillés, merveilleusement transparents, dressés comme des pièces d'échecs en cristal, craquements et tintements légers que parfois l'eau prisonnière répercute en longs borborygmes étouffés donnant l'illusion brève que hante le lac dur non pas un littéraire vol de cygnes, mais un banc de baleines.

Tout cela n'est rien cependant à côté de l'enthousiasme baroque qui saisit la glace sur les bords des ruisseaux ou rus : là elle livre complètement son âme fantasque, son absolu irrespect des convenances. Toutes les formes, elle les crée, les plus improbables, les plus à rebours des lois physiques, tous les grains, marbre poli, satin, langue de chien, peau de requin, pierre ponce, limaille de fer, toutes les nuances de la palette pauvre qui lui a été accordée, crème, ivoire, verre pilé, lait caillé, bonbon à la menthe, cire de bougie, gelée charcutière, cellophane froissée, elle les choisit et les mêle au gré de son imprévisible fantaisie. Là elle jette un tapis de membranes enchevêtrées, offrant la couleur et la rugosité sonore de l'os de seiche, ici des franges étincelantes qu'on dirait faites de pelotes d'aiguilles attirées par un champ magnétique, ailleurs elle pose des vitres sous lesquelles le mouvement de l'eau fait courir des fantasmagories pommelées, comme des tranches de nuages, elle enferme dans des globes de verre, frais comme l'œil, son cabinet de botanique. A côté de genoux, de fesses, de seins d'une douceur fatale, de longs cils recourbés sur un regard brillant, elle déverse de pleins sacs de couteaux et de rasoirs. Autour d'une cascade, elle amoncelle les cierges et les lustres fondus d'une église incendiée.

Le lecteur aura compris qu'en dépit de ce qu'un usage linguistique pauvre, qui ne retient d'elle que la froideur, suggère, ce sont plutôt des imaginations de libertinage, voire de débauche, qu'éveille la glace.

En vieillissant, ses formes se compliquent encore en s'échancrant de toutes parts, tendant vers des délicatesses que seuls des mots d'insectes, peut-être, pourraient décrire. C'est par-dessous, toujours, par mille petits tunnels, qu'elle se ronge et s'épuise. Craquant sous le pied, elle produit un bruit exquis, entre le carreau cassé, la soie déchirée et la biscotte brisée.

Enfin, la seule apparence sous laquelle la glace ne se montre jamais, c'est le cube opaque et insonore que les buveurs de whisky ont accoutumé de jeter dans leur verre.

GRANIT

Le granit, la chose est connue, présente un aspect général de bleu d'Auvergne. Mais cela suffit-il à en rendre raison ? On ne le croit pas. Il faut donc y prêter un peu plus d'attention.

L'occasion nous a été fournie d'observer de près, dans des conditions parfaites de tranquillité et de visibilité (air froid, vif, pur), quelques spécimens caractéristiques au bord du chemin qui s'élève du Franquet à Limbertes, sur les hauteurs dominant la rive gauche de la rivière la Limagnole. L'observation, doit-on le préciser, était méritoire, dans la mesure où elle obligeait à tourner momentanément le dos à un vaste et beau paysage s'étendant, par touches, glissements et recouvrements de bleus et de gris barrés de loin en loin du vert sombre des conifères ou du mauve léger d'un taillis de bouleaux, jusqu'au pavillon blanc du Plomb du Cantal et en fin de compte au ciel où allaient encore d'autres bleus et d'autres gris, aussi discrets et retenus que ceux de ce qu'il fallait bien appeler (parce que c'était *en bas*), et si semblable aux nuages (lié d'ailleurs à eux par de fragiles ponts de fumée) que cela fût, la terre.

Le granit, donc, se présente comme une pâte d'un blanc-gris retenant prisonnières des quantités de paillettes noires, scintillantes (qui en sont comme les grains de beauté), des éclats de bronze, des sortes de tavelures d'un ocre passé, des grumeaux vitreux, troubles, ressemblant assez à de la couenne de jambon finement découpée. Cette dernière qualité, avec l'idée d'un fromage (ou d'un fricandeau) que le granit, on l'a dit, évoque d'emblée, est sans doute la cause de l'envie qu'on a, assez fréquente, d'y mordre : ce qui est déconseillé, néanmoins. D'ailleurs, des rangées de dents lui poussent souvent, d'un blanc opalescent. Au toucher, il est grenu, franc, rugueux sans être blessant.

Je parle là du granit nu : mais il faut savoir que le plus souvent, on le voit habillé de vêtements de peau de lichen. Sur un fond sombre, couleur, pour être précis, de pelure de radis noir, et offrant l'aspect minusculement craquelé d'un cuir très fin et très vieux, genre galuchat, sont jetées comme des éclaboussures crémeuses, ainsi que des taches, plus petites, d'un jaune safrané. A quoi s'ajoutent encore des sortes de microscopiques petites salades écrasées dont les feuilles présentent diverses nuances de vert, allant du presque blanc au quasi-soufre. Tel est l'habit du granit.

Or, ce qu'on aura peut-être remarqué, et qui témoigne de la naïveté charmante (ou alors de la sophistication extrême) de cette pierre qu'on croit rude, c'est que son habit reproduit exactement, dans les moindres détails, sa peau. Ainsi croyant être vêtu, il se montre nu, imaginant se déguiser il se livre sans artifice (ou l'inverse). Le seul moyen, presque, de savoir si on a affaire à un granit déshabillé ou à un granit en habit, c'est de le caresser furtivement : le second, un peu râpeux, l'est légèrement moins que le premier. Encore n'est-ce pas évident.

Nu ou vêtu, on rencontre le granit sous quatre états principaux : rochers, maisons, calvaires et aiguilles ou stèles servant au bornage des champs.

LICHEN

Il faut savoir d'abord qu'on distingue le lichen d'arbre et le lichen de pierre, qui entretiennent moins de rapports que ne le laisserait penser leur commune dénomination. Le lichen d'arbre, coralliforme, ressemble à s'y méprendre à une petite salade frisée. Comme elle, il manifeste une passion sans mesure de l'arabesque, une frénésie à se contorsionner, se diviser, se recourber et se boucler, au point qu'il paraît étonnant que cette extrême agitation, cette épilepsie végétale se manifeste, en fin de compte, au sein de l'immobilité. Vert amande ourlé souvent de gris cendré, il laisse sur les doigts, comme une aile de papillon, une légère poudre, qu'on peut utiliser pour un maquillage impromptu et sylvestre. Excellent grimpeur, il se décourage pourtant vite : au-delà de quatre mètres de hauteur, on ne le voit plus guère sur les troncs. C'est lui, sa crinière tarabiscotée, qui évoque l'algue, sa couleur aquatique, qui donne à certains sous-bois, de mélèzes notamment, leur aspect caractéristique d'épave engloutie.

Chez le lichen de pierre, on l'a vu, nulle efflorescence, nulle extravagance des formes, un maintien, au contraire, si modeste qu'on pourrait, n'était sa couleur, ne pas l'apercevoir. S'agit-il vraiment d'un végétal ? On en doute. Une peau criblée d'imperceptibles papules, une petite langue râpeuse étroitement appliquée aux contours, une sorte de démangeaison de la pierre, voilà ce qu'il est. Son grand talent est la peinture : un chaos de rochers, la façade d'une maison, il les sème de touches de ce vert tendre qu'on voit à l'intérieur des feuilles de chou, de plombagine, de lait de cendres, d'un noir velouté de papier brûlé, de brun iodé, de pollen, de safran, d'ocre, de cadmium : il est le roi des petits pans de mur jaunes.

MINUIT

Pas d'autre bruit que de multiples petits écoulements, un ténu filet de murmures comme celui que laisse derrière elle la marée basse. Une glace absolument pure, invisible, que le doigt seul révèle, emprisonne l'eau noire, brillante, de l'abreuvoir, où le rayon de la torche montre de hautes herbes très vertes, droites, immobiles. Dans la cuve les étoiles fondent comme du sel, Capella au zénith, Cassiopée renversée, la Grande Ourse dont le timon plonge derrière les sapins, Orion dans son manoir flamboyant, un côté bleu et l'autre jaune. Le sol, comme du papier de verre très doux, est couvert d'une poussière de cristaux qui jette un brasillement minuscule. Ainsi astiquée, la route brille un peu, sous la lumière intermittente d'un lampadaire, puis se perd dans la nuit. Tiens, un chien se demande s'il doit aboyer, n'est-ce pas incongru dans ce silence, pèse le pour et le contre, se décide, c'est oui. Quatre carrés rouges trahissent par sa fenêtre la maison qui sent la fumée de bois.

NEIGE

C'est d'abord sur le chemin de Compostelle que l'on parcourt la tête pas loin de nuages gris, un certain trouble vitreux de la lumière, un soleil d'étain furtivement aperçu comme à travers un papier gommé. Puis un peu de vent vous jette aux yeux la première poignée, légère et sèche encore, un peu piquante, qui rebondit au sol, il semble que quelqu'un de considérable s'apprête à vous manger à la croque-au-sel. Le paysage, crêtes, prés d'herbe rase, bois de sapins et d'épicéas, bornes de granit, est tout parcouru, strié et finalement recouvert de fins pointillés, emballé dans un voile de tulle très léger où ne s'affirme pas tout de suite une qualité de blancheur évidente, ce pourrait être un vent de sable un peu froid. Une sorte de moisissure pâle, un champignon subtil se répand lentement sur la terre ocre, les branches vertes et bleues, sur vos vêtements. Il devient difficile, le carnet sorti de la poche, d'y consigner ces menues observations qui font le charme de la marche, mais que viennent sans cesse brouiller, maintenant, des lavis floconneux, bleuâtres, d'encre.

La façon dont les infimes cristaux prennent subrepticement, secrètement possession des arbres, jusqu'à ce que soit soudain réalisé, fait accompli, le coup de force de la blancheur ouatée, moelleuse, enveloppante, dans laquelle nous avons accoutumé de reconnaître la neige, est un prodige de constance et de ruse. Ce ne sont d'abord que quelques petits nids fragiles dans la corbeille des aiguilles, de maigres pelotes, qu'un souffle emporte, chevauchant aux endroits les moins hasardeux, nœuds, fourches, etc., le dos des branches et rameaux ; des sortes de petits pucerons éclatants poussent un peu plus avant, funambules toujours sur le point de choir de leur fil. A première vue, il semble que cette obstination soit vaine, que toute cette histoire ne soit pas plus sérieuse que le projet de vider la mer avec un broc ou de compter les galets du rivage. Pourtant, un moment guère très long a passé, et voici que ces modestes et précaires entreprises se sont jointes, que tout ce qui de l'arbre regarde le ciel est recouvert par ce minutieux fourmillement de lumière.

C'est bien plus tard, quand la neige enhardie par ce premier succès n'hésite plus désormais à paraître comme ces duvets erratiques, franchement blancs, froids et mouillés, un peu collants, à travers le tourbillon desquels la lumière ne parvient plus d'aucune direction mais de toutes à la fois, même du sol, que s'accomplit la seconde et plus étonnante encore partie du miracle : les dessous même, si je puis dire, des arbres sont comme soulevés et pris. Comment cela se fait-il précisément, on ne le sait, nul ne pouvant se vanter d'avoir observé le détail et l'accomplissement progressif du phénomène (pas plus que par exemple, dans un autre ordre de grandeurs, le rut du cachalot) : mais cela se fait, voilà qui est incontestable. On croit comprendre seulement que le secret de l'entreprise réside dans la sournoiserie qui porte la neige à dissimuler, sous une apparence de mollesse pataude, une structure presque invisible de petit madrépore aigu, aux qualités assez comparables à celles de cette graine amie des chaussettes et des bas de pantalons qu'en Afrique de l'Ouest (et peut-être ailleurs) on nomme *cram-cram*, propre enfin à l'agrippement.

Autres choses de la neige, vite et pour en finir : elle baigne la nuit d'une lueur égale, d'un blanc légèrement bleuté d'œuf de Pâques ou de dragée, et qui de toute façon évoque puissamment l'enfance, le sentiment de paix joyeuse et émerveillée qu'on y associe, à tort sans doute, quand on est au milieu de son âge, par une autre raison encore : qu'elle formait bien souvent le frais, immaculé décor des illustrations des premiers livres, où il était question de lièvres, de renards, d'écureuils, d'oursons marchant dans la forêt. Puis de ceux qui venaient immédiatement après, où déjà elle n'était plus en images (blanches) mais en lettres (noires), et au travers desquels couraient loups, caribous et trappeurs. Ainsi la neige, et particulièrement la neige étendue dans la nuit et la faisant rayonner, sur laquelle se dessinent les bouquets d'arbres même lointains, trait à trait, scion par scion, et la maison dont on s'éloigne et vers laquelle on va revenir, avec sa croisée allumée et sa fumée sur le toit, comme un coffret bien clos d'utopie enfantine, a quelque partie liée avec la lecture dont elle semble d'ailleurs partager le pouvoir d'annuler brièvement le temps qui a passé.

La neige, lorsqu'elle fond et dégoutte des branches, produit en tombant par terre un crépitement assez comparable à celui d'un feu de brindilles. Elle est, encore, la nourriture principale des corbeaux. Et en voilà assez.

PIN

Le pin possède, comme la plupart des arbres qui aiment à montrer, dans les ramifications de leurs branches, le dessin de leurs feuilles et nervures, etc., des images réduites d'eux-mêmes, mais à un plus haut degré qu'aucun, la passion de se reproduire en abyme à la façon d'un objet fractal. Chacune des petites houppettes d'aiguilles qu'il porte redouble son image en pied, et chacune ensuite des pommes qui y nichent.

Les aiguilles sont de minuscules sabres striés, d'un vert grisonnant qui évoque l'amande, un peu plus clairs (parfois franchement jaunes) au bout, légèrement vrillés, et fixés à la tige par paires formant un V fermé. Toujours pointant vers le ciel, elles donnent au pin son allure générale d'impertinence, qui le distingue tant, entre autres choses, du sapin : si ce dernier, on aura l'occasion d'y revenir, semble en permanence bénir, le pin, lui, doigts joints vers le haut, paraît « faire la figue ». Les pommes en sont comme de petits ananas réalisés par l'imbrication magnifique de languettes prismatiques d'une belle couleur foncée d'acajou dans leur partie cachée.

On rencontre souvent, en lisière des forêts de Margeride, des sortes de considérables bûchers, ou bien encore de radeaux échoués et disloqués. Quoi qu'une imagination mythologique suggère, il ne s'agit à dire vrai ni des apprêts pour les funérailles d'Hercule, ni de l'épave de l'Arche de Noé, seulement d'abattis de pins sylvestres. Le soleil, pour peu qu'il y en ait, se prend comme à des vaguelettes aux écailles irrégulières qui couvrent les troncs, rouge sombre, mauve léger, vert pâle lorsque le lichen s'y est installé, ce qui est fréquent. La coupe montre, sous la couronne foncée de l'écorce, le mince cercle ocre de l'aubier, puis un disque de beurre frais parcouru d'orbites légèrement elliptiques d'un blond tirant sur le roux, et gravitant autour d'une étoile lancéolée à cinq branches. Souvent la scie a imprimé, sur ce planétaire, des marques de dent en forme de vagues. Le sol est jonché de copeaux évoquant à s'y méprendre le gruyère râpé, et tout d'ailleurs, la tendresse légèrement gluante du bois, ses couleurs de crémerie, son odeur fraîche et sure, l'homonymie sans doute, inconsciemment agissante, de l'arbre avec le pain du boulanger, fait naître l'idée d'une espèce éminemment comestible, coupée là pour qu'on en prenne en passant quelques bouchées.

Aucun auteur avant nous ne semble avoir remarqué que le pin sylvestre, portant son vert bouquet tout en haut d'un fût interminable et que balance le vent, était le cocotier de nos contrées. Eh bien, voilà qui est fait.

RUS

C'est un des charmes des prés de ce pays que d'innombrables courants d'eau fraîche qui y courent les ligotent pour ainsi dire d'un mince filet murmurant. Au soleil, il semble que des rubans de papier d'étain, des éclats de miroir aient été abandonnés dans l'herbe. Où se nouent tous ces fils, on ne le sait pas bien. Certains traversent sans façon les chemins, y créant de petits marécages brillants où se marque entre les joncs le sabot des bêtes, d'autres fois c'est le chemin qui passe à pied sec, sur des ponceaux de granit qui ressemblent à des dolmens. Ils connaissent trois états principaux : c'est une étendue d'eau relativement calme, un peu chiffonnée en son milieu, se recourbant en son pourtour sur des plages de terre ocre que surplombent des falaises d'herbe, et assez limpide pour laisser voir, jonchant le fond comme de vieilles monnaies, des semis de feuilles rondes ; puis un déversoir d'eau lisse, bombée, rapide, peignant l'herbe, couleur de bronze ou de fer, enfin un clafoutis de légers bouillons et bulles crémeux, sans cesse expirant et se reformant là où plonge le dos luisant du courant. Ces trois phases épuisées, on recommence, sans se lasser. L'ensemble de ce manège produit le bruit de centaines de plongeons subtils, laisse la main qu'on y trempe rouge et douloureuse, et disparaît sous les jupes d'un sapin.

La glace y élabore des architectures et des dessins raffinés, mais ce point a été traité à part, nous n'y reviendrons pas.

SAPINS, ETC.

Les aiguilles du sapin se présentent comme de petits sabres, moins effilés et pointus cependant que ceux dont le pin est équipé, plus luisants et d'un vert plus franc, d'une section plus ronde. Mieux à vrai dire qu'un sabre, elles évoquent une courte épée gauloise. Elles sont attachées à la branche par de petites caroncules orange, et implantées régulièrement sur sa face supérieure, un peu à la façon des poils d'un balai ou d'une brosse à dents. Les caresser de l'intérieur vers l'extérieur de l'arbre procure à la paume une agréable sensation de picotement et de chatouillement. A rebours, l'opération est moins plaisante.

Les branches, étagées en plans rappelant les vasques successives d'une fontaine ou bien encore les plateaux sur lesquels on a coutume de présenter les pâtisseries arabes, se terminent par de longs doigts recourbés, largement écartés, qui donnent au sapin l'air de prononcer constamment des bénédictions. Sa cime, consistant en une sorte de parapluie renversé dont il ne resterait que les baleines, ne le protège guère de la pluie. La pomme du sapin, allongée, fuselée, d'un brun doré, ressemble un peu, avec ses écailles luisantes régulièrement imbriquées, à une petite carpe ; cependant, il faut bien avouer aussi que, surtout lorsqu'elle jonche le sol où elle pourrit plus ou moins, on pourrait fâcheusement la confondre avec une crotte de chien bien formée.

Le sapin, comme on voit, est un arbre presque entièrement constitué de métaphores. La fraîcheur de son ombre, bien connue des écureuils, en fait d'autre part le frigidaire de la Margeride. On ne doit pas le confondre avec l'épicéa, dont l'écorce, rouge, s'arrache par lambeaux, tandis que la sienne (au sapin) est grise et se desquame par plaques, ni avec le mélèze, dont le dictionnaire apprend que le nom vient par divers détours du miel latin, et encore qu'il fournit la térébenthine de Venise. En hiver, la confusion est d'ailleurs impossible avec ce dernier, dans la mesure où le mélèze, à la façon de Barberine dans les *Noces de Figaro*, perd ses aiguilles : à l'entour de son tronc le sol se montre couvert d'un soyeux tapis orangé de poils de carotte, comme si tout ce que la région compte de ces ombellifères était venu là se faire couper les cheveux : le mélèze est le sapin de Noël des coiffeurs.

VENT

Le vent s'annonce de loin par un bruit dans les arbres de cascade ou de train express. Contrairement à une opinion reçue, il ne travaille pas en gros, comme sans y regarder, mais au contraire avec une attention pressée, c'est vrai, mais méticuleuse : il empoigne un arbre ou deux, leur secoue les puces, les époussette à fond, passe à d'autres, s'aperçoit qu'il a oublié une branche et revient, repart, va plus loin, pas pour longtemps, le voilà de retour, et ainsi de suite. Il a un comportement d'agité compulsif, de grand anxieux. On pourrait d'ailleurs penser qu'il grille cigarette sur cigarette, à voir comme il ne cesse de couvrir le ciel de rapides fumées grises.

D'autre part, c'est par une facilité de langue qu'on dit qu'il plie ou courbe les arbres : en fait, à chacun selon son espèce il réserve un traitement particulier. Les sapins, par exemple, il les agite de haut en bas, leur faisant baisser et lever les bras, se retourner les doigts et se tordre les mains comme dans une expression d'émotion douloureuse excessivement théâtralisée ; les grands pins sylvestres, il les fait se balancer d'avant en arrière comme des marins à terre ou des hommes ivres (ce qui, on le sait, revient souvent au même), d'ailleurs dans une absence entre eux de synchronisation qui produit assez vite un sentiment de vertige, un dérèglement troublant de la notion de verticalité. Il fait courir sur les grands paysages bleus et fauves que parfois découvre une trouée dans le bois de vifs chiffons d'ombre et de lumière qui, ne cessant de se déformer au gré du relief qu'ils épousent, donnent l'impression que la terre se gondole continuellement et dans tous les sens. Parmi les facéties qu'on peut encore citer à propos du vent, il y a l'adresse avec laquelle il joue des branches comme d'une fronde, lorsque la neige fond, pour en projeter un pâté mou et glacial dans le cou du promeneur.

(*Margeride*, ouvrage collectif,
Presses du Languedoc, 1992)

Retour à Port-Soudan

Je regarde la mer. Je ne regarde rien, il est une heure du matin, tout est noir, je ne vois que deux chandelles pâles au-dessus d'un balcon de bois vermoulu, deux lampadaires qui se reflètent dans les eaux de l'Aber Wrac'h. L'eau noire est mon domaine. Je me souviens (cela demeure captif, encore, des étroits enclos de ma mémoire) que le soleil déclinant fait dans l'arc de la fenêtre un flamboiement de mercure qui interdit d'écrire : magnifique excuse à mon habitude du travail nocturne (et alcoolisé). Je relis des notes prises il y a deux ans, au cours d'un voyage en mer Rouge. Certaines raisons m'avaient conduit dans ce « profond canal des enfers » (Nizan), d'autres raisons m'ont détourné d'y revenir et d'achever le livre que, ne sachant rien faire d'autre, je projetais alors d'écrire. Ce n'est pas insulter à la décence, je crois, que d'avouer que je n'y allais pas de gaîté de cœur. Au frère Jibril, un moine du monastère de Deir Mari Bolos, autrement dit Saint-Paul, qui s'enquérait des raisons de mon voyage, j'avais répondu par de vagues considérations bibliques assaisonnées d'éloges de Justinien, l'empereur qui au VIe siècle avait fait édifier ces murailles de boue, et de son général Bélisaire, dont la valeur avait une dernière fois rétabli, contre les Goths et les Vandales, l'Empire romain. Apparemment, toutes ces considérations satisfaisaient le frère Jibril, mais tandis que je mangeais, en compagnie d'assez forts moustiques, le thon à l'huile et les oignons frais dont me régalait l'Église copte, je savais qu'une réponse véridique eût tenu en un mot : *sorrow* (c'est en *pidgin* anglais, bien sûr, que je m'entretenais avec mon hôte). On ne descend pas le littoral africain de la mer Rouge, seul, en plein été, pour s'amuser. *Bahr al Ahmar*, pour moi, c'était une photo brûlée, juste avant mon départ de Paris : c'était, cela demeure, exactement cela. Autrement dit, une onde mauvaise à boire. « Enfin, le plus probable », écrivait Rimbaud d'Aden, quelque cent dix ans auparavant, « c'est qu'on va plutôt où on ne veut pas, que l'on fait plutôt ce qu'on ne voudrait pas faire ». Je n'allais pas dérouter mon hôte avec de tels aveux, de si profanes références. Ses connaissances, même théologiques, ne me semblaient pas outrepasser ce qui est de mise pour un moine montant la garde, avec quelques dizaines d'autres, dans une citadelle sacrée et pouilleuse, vénérable et pestilentielle, en pleine terre d'Islam. J'étais intéressé, en revanche, d'apprendre de sa bouche barbue que ce saint Paul-là, chez qui nous étions, et qui n'avait rien à voir avec celui du chemin de Damas et des Épîtres, était fort ami de saint Antoine dont la fortune picturale et littéraire avait été plus grande : ils communiquaient entre eux, du fond de leurs privations volontaires et de part et d'autre du djebel el-Galâla el-Quiblya, par l'entremise d'un corbeau. Il me semblait qu'à eux, peut-être, les deux anachorètes, j'eusse pu parler : je me trompais évidemment. D'ailleurs, il y avait sûrement de la pose dans mon attitude : mais y échappe-t-on jamais ?

J'écris ce petit texte, non pour ressusciter des souvenirs, mais pour éprouver ce que peuvent évoquer, libérer, des notes griffonnées au crayon, il y a deux ans, sur un carnet de voyage : couleurs et formes des lieux, et tout le fatras culturel qui va avec, visages, émotions. Écrivant les premières phrases, devant les lumières reflétées par les eaux nocturnes de l'Aber Wrac'h, mon hypothèse était que ces traces écrites étaient désormais lettre morte : mais j'ai aussi, déjà, l'impression de me démentir moi-même. Toute une espèce de mer Rouge enfouie, me semble-t-il, est en train de se dresser autour de moi : en partie imaginaire, sans doute, je veux dire par là plus encore qu'à l'époque où, venant du Caire, je la découvrais pour la première fois, à

Ain Sukhna : bornant une sorte de terrain vague caillouteux, couleur de coquille d'œuf, piqué de trombes et de pylônes électriques. Trois tables bleues en plein vent brûlant à la jonction des routes du Caire et de Suez, des bouteilles de soda au frais sous des sacs mouillés, deux chiens faméliques s'enculant sous un tas de vieux pneus, une affiche géante du cow-boy Marlboro, une mosquée de poche, trois pétroliers au mouillage au milieu d'un champ de lavande complétaient le décor de ma rencontre avec cette mer fabuleuse. A la fin du XXe siècle, les lieux décevants sont ceux qui préservent quelque chose de la beauté du monde. En tout cas, ils ne font pas le trottoir.

Chez saint Paul, pour arroser mon thon à l'huile, j'avais une foutue envie de demander une bière. Après tout, j'étais en terre chrétienne, on voyait même des jeunes filles non voilées déambuler, à la lueur des lampes à gaz, sur les remparts de Justinien : on eût dit, pensai-je (en vérité, je pense à présent l'avoir pensé), des Troyennes. J'observe au passage qu'une des caractéristiques de mon esprit est de surimpressionner tout. En une fraction de seconde, je plaque Ilion sur Alexandrie, Euripide sur Eutychès. La métaphore (étymologiquement, dois-je vous le rappeler : le transport) est ma figure. Enfin, peu importe. Pour la bière, cependant, je n'osai pas. Je m'aperçois que mon carnet de voyage, à mesure que, descendant vers le sud, je m'éloigne des climats cosmopolites et méditerranéens encore du Caire et de Suez, est plein de pages exprimant une certaine nostalgie de la bière glacée : cela, en ces terres de haute spiritualité (comme il est d'usage de dire) ne porte pas témoignage de l'élévation de mon âme. Néanmoins, c'est ainsi. Au Caire, je colle une étiquette ovale, jaune bleu et noir (n'est-ce pas quelque chose comme un titre de Larbaud ?) de Stella Lager Beer, assortie de la légende suivante (de ma main) : *All my dream*, et de ce commentaire : « m'enfile deux Stella en revenant à l'hôtel. Pourtant, je n'ai marché que deux heures, et il ne doit pas faire plus de trente degrés. Commence mal mon entraînement à la soif ». Pour l'intelligence de la chose, il faut préciser que les bouteilles de Stella font soixante-quinze centilitres. A Bir Safaga, je colle une étiquette de Birell, *non alcoholic*, ainsi légendée par moi : *Birell avoids the Hell*, et commentée, extensivement : « 19 h 30 : les monts de la chaîne arabique font des scies violettes sur le ciel abricot. Des lampes éparses s'allument. Les minarets se ceignent de vert. Tout dans un état hésitant entre la construction et la ruine. Parpaings, fers à béton en gerbes. Barboteurs près de la petite jetée : que des mecs, évidemment. Hôtel Cleopatra : réceptionniste pas tout à fait aussi bien que Cléopâtre, mais pas mal tout de même. Petits navires de guerre dans le port. Après une première réparation réussie du carbu, la voiture retombe en panne à la sortie de Safaga : je vais donc rester chez Cléopâtre. » Puis (nouveau paragraphe) : « Le restau. Faut voir ça. Je suis seul dans une salle aux murs marronnasses, plongée dans une quasi-obscurité. Rideaux grenat. Instruments au fond, à l'enseigne du Cleopatra band. Pas de bière, ces salauds, juste Birell, "it's the same, but without alcohol". Just the same, en effet... O Stella, all my dream... C'est déjà vrai, avant d'avoir franchi les frontières du Soudan. »

Ici, je dois dire la chose suivante : je ne me souviens plus du paysage de Bir Safaga, ni même du visage de la Cléopâtre de la réception : là, ce soir, devant les deux chandelles de l'Aber Wrac'h, mon verre de gin tonic vide (tout à l'heure, une mouche est tombée dedans, je l'ai expulsée alors qu'elle avait presque atteint ma luette, même au Soudan ce genre de choses ne m'est pas arrivé), tandis que fraîchit un vent de suroît. J'ai pourtant écrit, autrefois, un roman où il était passablement question de serveuses de bar, et il me semble ce soir que ce livre a été assez largement suscité, que Dieu me pardonne, par la réceptionniste d'un hôtel de la *calle* Florida, à Buenos Aires : dans mon souvenir, peut-être l'ai-je idéalisée, elle ressemblait à Gina Lollobrigida, et ce dont je suis sûr c'est qu'elle avait eu le courage inconcevable (dont je n'eusse pas été capable, en tout cas), de quitter un moment son *desk* pour venir me dire dans ma chambre que je pouvais la rejoindre, après minuit, dans la sienne (quand tant de choses se sont effacées, et d'abord son visage et même son nom, à Gina, je suis bizarrement, intolérablement sûr, que mon *habitación* était la *nueve zéro uno*, au neuvième étage donc, d'où j'aimais contempler dans le crépuscule les hérissements barbelés d'antennes, noués d'écheveaux électriques, de Buenos Aires). Toujours est-il que dans sa chambre à elle, qui devait être au premier, ou à l'entresol, je devais la rejoindre sans prendre l'ascenseur, à pied en chaussettes par l'escalier de secours, et ensuite nous étions supposés faire l'amour sans faire le moins du monde grincer le sommier métallique : faute de quoi, m'avait-elle expliqué, elle eût été immanquablement virée. Je n'y parvins jamais, je ne parle pas là du silence qui m'était imposé. Je sais que je garde un grand regret de cette histoire, qui me revient ce soir, relisant mes carnets de la mer Rouge, et une grande admiration pour Gina. On écrit sans doute pour de pareilles raisons. Donc, comme le visage de Gina s'est effacé, a disparu aussi celui de Cléopâtre. En revanche, je crois me souvenir du goût de pisse d'âne de la Birell, et alors, ce que je reconstitue très bien, c'est la peur que m'inspiraient les instruments luisant dans la pénombre : annonciateurs d'une possible fiesta qui troublerait ma rumination solitaire et ferait en outre inévitablement de moi, *roumi* égaré dans cette gargotte d'un port phosphatier torride, le sujet d'une curiosité générale et d'autant plus insistante que, probablement, elle ne serait pas exprimée. Je ne me trompais pas : il y eut un grand bastringue, et d'incessantes coulisses de regards noirs, par-dessus les moustaches, vers ma table. Je préfère ne pas citer mes notes, tant elles attestent une déplorable misanthropie.

Je songe qu'écrire est épuisant (y compris physiquement) pour cette raison, entre autres : on lit un carnet empli de lignes qui ne « disent » plus rien, ou alors une « réalité » si déformée, anamorphosée, qu'il est vain d'espérer y retrouver celle qu'on a pourtant voulu fixer, au prix souvent de grands efforts, de longues hésitations (même si on n'est pas Ponge...). Bir Safaga est à jamais pour moi retourné à l'indistinction du monde, et le visage de la réceptionniste. En revanche les sentiments, les souvenirs qui m'avaient chassé jusqu'en ces lieux, qui animaient ces lieux et ces traits, les reliant à des territoires passionnels, à un visage aboli, ma mémoire n'en a pas perdu la trace. Mes notes les évoquent, sur un ton que je trouve maintenant un peu pleurnichard : mais n'est-ce pas la distance où je crois, plus ou moins, me tenir aujourd'hui qui est fausse ? N'est-elle pas là, la pose ? Et, au même moment, inopinément, les mêmes faibles lignes font revenir à moi des jours lointains à Buenos Aires. Et c'est tout cela, cet oubli, cette mémoire, cette censure, ce doute, cette réminiscence, c'est toute cette simultanéité, cette contradiction, cette convulsion nées d'un même minuscule fagot de mots, qu'il s'agirait de faire entrer de nouveau dans la forme stricte, contrainte, des phrases successives, des temps, de la syntaxe… Autant essayer de maîtriser une bête sauvage avec la baguette dont usaient encore, autrefois, nos instituteurs…

Quseyr, si j'en crois mes notes, est la seule ville qui ressemble à quelque chose sur cette côte égyptienne de la mer Rouge. « Maisons à balcons de bois ouvragés, sur les murs ocre ou pistache desquelles sont peints des Ka'aba, des bateaux ou des avions naïfs, indiquant qu'ici habite un Hadj. Barques de pêche à longue antenne dans le port. Vieux fort turc à demi écroulé. La moitié de la ville en ruines. » Tout cela est bien possible. Il est clair qu'à Quseyr je n'ai pas trouvé mon « rose sacripant ». Après, je remontai vers Hurghada et ses horribles *resorts* à touristes. La malchance fit que j'échouai dans un hôtel offrant tout le confort moderne, mais *religiously correct*, donc prohibitionniste, et comiquement nommé « Mirette ». A Hurghada, je me séparai d'Ahmadi, un chauffeur de taxi qui m'avait véhiculé pendant quelques jours. D'abord, j'en fus soulagé, car les geignements permanents de ce personnage de comédie égyptienne me fatiguaient. Je ne tardai pas, cependant, à regretter sa compagnie. Je lis mes notes, elles ont un ton d'épitaphe, modeste mais fervente, qui ne trompe pas : « Il avait un rhume et glaviotait par la fenêtre, ce qui est classique. Ce qui l'est moins, c'est la méthode qu'il avait pour se forcer à éternuer : se fourrait un filtre de mégot dans chaque narine. »

Heureusement, j'embarquai bientôt sur le *Captain Mimi el-Masri*, à destination de Sharm el-Sheykh sur le détroit de Tiran. A Na'ama Beach, je fis connaissance avec l'ethniquement homogène, idéal commun des forces vives du siècle finissant, le tourisme et le nationalisme. Na'ama était une colonie de vacanciers italiens, une *Berlusconi-cittá* sur la mer Rouge. *Benvenuti alla nostra beduina tenda ! Escurzioni in barca ! Oggi il maestro Corado e la sua orchestra !* Manger des *penne all'arrabiata* en lisant *La Repubblica*, sous les premiers contreforts du désert où Dieu parlait aux hommes, *che piacere !* La radio passait *Senza di te*, chanté hélas par un autre que Paolo Conte, et moi je me sentais plutôt le personnage d'*Una giornata al mare*. Le comique est que j'étais venu là, en mer Rouge, pour échapper au spectacle de l'été, à cette mise en scène intercontinentale et mercantile d'un bonheur obligatoire, et que je tombais en pleine superproduction de l'été... en panavision, écran sphérique, images de synthèse... Je n'avais jamais séjourné encore, je crois, dans une ville dont tous les habitants fussent des touristes ou des assimilés loufiats. « Le plus probable, c'est qu'on va plutôt où on ne veut pas... »

J'aimai Suez, sa magnifique agitation bordélique d'Orient nocturne, ses odeurs d'épices et de déjections, ses barques de pêche enluminées comme des Corans, ses dernières bières avant l'application stricte de la Sharia... De l'autre côté de Sharia Salaam, sur ce que le plan de la ville désignait assez curieusement comme *« entertainment zone »*, et qui était en fait un petit bout de désert assez miteux, on voyait les navires sortant du canal glisser sur le sable à la queue leu leu, disparaître derrière des HLM, leurs superstructures volant comme des nuages blancs parmi les antennes de télévision, reparaître... *Sicut nubes, quasi naves, velut umbra...* Mastodontes à pas de chameau, à la respiration puissante, roulant de grosses lèvres d'eau, lâchant de temps à autre un pet de fumée noire... Tous les ports paradant à leur poupe, Monrovia Amsterdam Singapour Sharjah Peiraieus Hanjin Valletta Vancouver Istambul London, salués par les *good bye* des gamins, les braiments d'un âne tirant sa charrette de pastèques sous les flamboyants... Tandis que je regardais (avec cette espèce de torpeur qui est le propre des contemplations maritimes) le grand théâtre du monde, contraint par l'artifice des hommes à se ranger en procession, défiler avant de se disperser de nouveau dans les brumes violettes de la mer Rouge, rien, dans mes notes, ne me permet de dire que j'ai pensé à la façon dont sont reçus en France les livres de Conrad. Mais à présent, devant les deux yeux nocturnes de l'Aber Wrac'h, je trouve étrange qu'on éprouve toujours le besoin de l'excuser de sa vocation et de sa thématique maritimes, comme s'il s'agissait d'indignités : nous précise-t-on, lorsqu'on évoque Proust, qu'il est tout autre chose qu'un auteur mondain ? Ou bien est-ce que le faubourg Saint-Germain entretient avec l'universel des rapports tellement plus évidents que ces cellules migratrices, utopiques, nostalgiques, reproduisant plus ou moins la forme de divers objets non dépourvus d'importance, œil, sexe féminin, cercueil, niche d'un saint, et sur lesquelles l'humanité a découvert et constitué son domaine (littérature incluse) ? Je crois, sans le comprendre complètement, qu'il y a dans cette répugnance un trait absolument français. En France, le siège de l'universel doit être quelque chose comme un village (Yonville, le Faubourg, ou bien cette fameuse affiche pour « la force tranquille »...). Je crois que c'est une des raisons qui poussent périodiquement à partir : oublier ce poids de la terre, cette culture de tubercule dans quoi nous sommes plantés (et en même temps, je n'oublie pas que l'aiguillon de l'universel se fait plus impérieusement sentir dans cette culture de cul-terreux que dans celles qui ont accoutumé de prendre le monde pour lieu de leur expérience : cela est notre paradoxe ; nous le tenons, j'imagine, des Romains, ces paysans grandioses). Quoi qu'il en soit, je doute qu'en Angleterre on perde du temps à disculper le raide barbu Korzeniowski de ses tropismes océaniques. Et, s'il est vraiment un des auteurs majeurs de l'âge moderne (ce dont, quant à moi, je ne suis pas assuré), pourquoi craint-on toujours de le voir confondu avec Édouard Peisson ?

Toutes ces considérations hésitantes, mal établies, je ne me les formulais pas, je crois, en regardant glisser les mastocs devant le piédestal rasé de la statue de Lesseps, à Port Tewfik, ni le jour où j'embarquai sur le *Joudi*, de la Dallah Transport Cy, à destination de Djeddah (Arabie Saoudite) et Souakim (Soudan). Mais c'est ainsi : les images qu'on aurait voulu retenir se sont évanouies, il n'en reste, comme de la statue déboulonnée du perceur de canal, qu'un socle abstrait, irrévocablement signifié par les mots ; en deçà et au-delà, en revanche, demeurent le souvenir des passions et la possibilité des idées dont elles ont été, à un moment donné, le nœud. Dix heures après que j'eus franchi la coupée du *Joudi*, au terme déjà d'un *steeple-chase* dont j'épargnerai le récit, nous étions stoppés à quelques encablures de Suez, en panne de générateur, m'expliqua Samir, un sympathique technicien égyptien qui retournait avec sa petite famille se faire esclavagiser en Arabie Saoudite. Notes : « Cette saloperie de *Joudi* n'est qu'un énorme fer à repasser chauffé par les braises de la mer. » Le fer à repasser en question, battant le pavillon vert frappé du sabre du Prophète, transportait jusqu'à Djeddah des émigrés égyptiens rejoignant leur bagne, et de Djeddah à Souakim des émigrés soudanais le quittant. Cela donnait une certaine liberté de ton aux propos que me tenaient mes compagnons de voyage : il semble que la solidarité arabo-islamique ne résiste pas à un séjour au pays des Lieux saints.

Avant même de franchir les jetées (que rehaussait l'épave noircie par le feu du prédécesseur du *Joudi* sur la ligne de la Dallah Transport Cy), mon sybaritisme avait déjà failli me causer de sérieux ennuis. M'imaginant avoir acheté, au Caire, un passage dans une cabine de pacha, ma déconvenue avait été grande en découvrant le réduit mazouteux et collectif que les sbires de la Dallah me réservaient à fond de cale. Mes protestations à cet égard étant restées vaines, je m'étais mis en quête tout seul d'un local un peu moins surchauffé et puant : entreprise incertaine, on s'en doute, sur un ferry-boat de la mer Rouge. A ma propre incrédulité, j'avais fini par dénicher une piaule assez spacieuse, avec vue sur mer, et absolument dépourvue non seulement de passager mais même du moindre mobilier. Cette dernière circonstance me fit réfléchir au milieu de l'excès de mon bonheur : seul infidèle d'un bateau dont les haut-parleurs diffusaient non des consignes de sécurité, mais des versets du Coran (c'est ce que me suggérait le ton des messages), n'étais-je pas en train de fouler de mes Pataugas la moquette de la mosquée du bord ? *Damned !* Je fis retraite sur la pointe des pieds, et bien m'en prit : alors que je refermais dévotement la porte, un type qui s'apprêtait à l'ouvrir me posa en arabe une question que je n'aurais pas comprise si je n'y avais reconnu le mot *Qibla* : on me demandait la direction de La Mecque ! J'avais bien mon idée, naturellement, le sens de l'orientation étant une des rares facultés qui m'aient été accordée, sans partage (et la mer Rouge est quand même un peu plus simple à visualiser que la Baltique, par exemple), mais je préférai ne pas prendre ce genre de responsabilité. Je lis dans mon carnet : « Deux personnes que je hais déjà à bord : une espèce de grosse à fichu noir et longue robe noire, mais talons hauts cependant, qui occupe une des quatre cabines de première. Et l'infâme Dallah, l'armateur, gras comme il se doit, lunettes, keffieh, moustaches, sourcils en taroupe, air fat, méprisant. Gros porc. J'espère qu'il sera l'hôte de la Fournaise » (je ne me souviens plus s'il était physiquement présent sur le *Joudi*, ou bien seulement en portrait).

Le style de mes notes se ressent du fait que j'avais pour lecture, avec les œuvres complètes d'Arthur, le Coran : au grand émerveillement de Samir et Muhamad, mes compagnons égyptiens. Le verset 44 de la sourate 10 me permit de comprendre le nom du bateau qui avait enfin mis en route, à six heures du soir, après une demi-journée d'immobilité foudroyée par maints diamants d'imperceptible écume : « le vaisseau (l'Arche) s'arrêta sur le *Joudi* ». Il s'agissait donc de l'Ararat islamique. Au dos de mon carnet, je recopiais les passages qui ne me paraissaient pas empreints de cet esprit de tolérance qu'il est de bon ton de prêter à l'Islam authentique. Mon mauvais esprit m'en fit trouver un certain nombre, qui me rendirent vite désagréable au sheikh Tourabi, l'un des commanditaires allégués du terrorisme mondial, lorsque le hasard fit que je l'interviewai, quelques semaines plus tard, à Khartoum (Dieu sait que je n'étais pas parti avec l'intention de faire le journaliste). Pour le reste, je trouve dans mes notes des leçons d'arabe phonétique et réduit à l'effarante simplicité de sentiment qui est la loi du dépaysé, cet espèce d'homme des cavernes volontaire : *sama* = ciel ; *amar* = lune ; *dawrit mia* = W.-C. ; *ana djaan* = j'ai faim ; *ana atchaan* = j'ai soif ; un dessin de requin, de ma main, légendé : *samak al khersh* ; un *eesif*, désolé, qui atteste tout de même une civilité inconnue de Cro-Magnon. Cette expérience, douloureuse et excitante, de l'*infantilisme*, cette limitation de la parole aux choses et aux besoins élémentaires, est sans doute un des attraits du voyage. La première phrase qu'on apprend dans une langue étrangère est celle qui signifie qu'on ne la parle pas : *ana moush aaref at qualim arabic*. Il y a là, évidemment, quelque chose d'assez profondément philosophique. Je m'avise que cette sorte d'ascèse n'est pas sans rapport avec le renoncement à la pensée qui est si déplorablement fascinant dans la vie du *militant*, cette espèce disparue. Bientôt trente ans après, il m'arrive de me demander ce qui pouvait nous rassasier (et de bien plus intelligents et érudits que moi) dans le fameux *Petit Livre rouge*, dit PLR : eh bien, sans doute cela, cette pauvreté, cette bure des mots. Ce renoncement même à la force des mots.

Lorsque je retrouvais ma langue, c'était pour noter des choses comme celle-ci : « Femme tout de noir vêtue, des pieds à la tête, voile noir ne laissant voir que ses mains, fines, et ses yeux regardant l'énorme cerise du soleil disparaître derrière les montagnes bleues de la côte africaine. A cet instant retentit, répercuté par tous les haut-parleurs du bord, l'appel du sea-muezzin. Silhouette droite et svelte. Que peut-elle bien penser ? Un phare s'allume (deux éclats, quinze secondes). Mer brillant dans le crépuscule d'un éclat terne et doré fractionné, brisé par les vaguelettes : peau de sardine à l'huile, de hareng fumé. Elle passe devant moi. A ses yeux, elle a l'air très jeune. Yeux tristes, qui ne regardent pas. (…) Le lendemain, midi : la femme en noir est là, encore. Tout à l'heure, ai croisé son regard : peut-être est-ce déjà un péché ? Son mari, maintenant, à ses côtés, grand et mince, barbu, en galabieh. Air de prophète, comme on dit. Et déjà trois petits moutards, vêtus comme n'importe quels enfants. Quel effet cela peut-il faire d'avoir pour mère ce fantôme mortuaire ? » Cela sent un peu son Pierre Loti. Peut-être n'est-il pas mauvais, après tout, d'être privé de ses mots : lorsqu'on en use sans trop de retenue, il arrive qu'on se laisse aller.

Mes leçons d'arabe, je les prenais sur le pont arrière du *Joudi*, au milieu de la foule des émigrés égyptiens, cependant que nous descendions la mer Rouge : le jour, poissons volants comme des giclées de sauterelles, de temps en temps un vieux cargo rouillé qui me faisait songer à la première chanson que ma mémoire ait enregistrée (enfants nous avions, mon frère et moi, un vieux gramophone à manivelle, dans une maison familiale, comme on dit, une maison disparue aujourd'hui, comme presque toutes choses, tous repères, ont disparu : y compris la famille). *Soleil de feu sur la mer Rouge/ Pas une vague rien ne bouge/ Dessus la mer un vieux cargo/ Qui s'en va jusqu'à Bornéo…* Je me souviens encore parfaitement, étrangement, des paroles et de la mélodie, et de la voix, et je suis sûr qu'il s'agit de Piaf, bien que je n'aie jamais retrouvé cette chanson dans aucun disque. Ainsi, la mer Rouge, ce n'était pas seulement pour moi une photo brûlée, et une idée d'exil, c'était aussi un de mes plus anciens souvenirs, dont la trace s'était perdue : la barre de soufre, la voix de Macedonio Fernández dont parle Borges : un blason, décidément, de la mort. La nuit, le *Joudi* naviguait entre les chevelures éclatantes des torchères, et lorsque ces bouquets de flammes s'éteignaient dans le lointain, tant d'étoiles fourmillaient, toute une Arabie céleste, qu'on pouvait s'imaginer à bord d'un vaisseau spatial.

Je lis ceci dans mes notes, qui semblera excessivement littéraire, et n'est pourtant dicté par nulle afféterie : « le sillage me fait penser à Hart Crane ». La fin de ce poète américain, volatilisé après l'escale de La Havane sur un paquebot de la ligne Vera Cruz-Miami (si ma mémoire ne me trompe pas), et donc certainement passé par-dessus bord, m'a toujours d'autant plus fasciné qu'elle forme un triangle fatal avec les disparitions au Mexique de deux autres écrivains, le poète-boxeur et l'auteur du *Trésor de la Sierra Madre* (il y a aussi Ambrose Bierce, mais lui, son nom ne colle pas, tandis que Crane-Cravan-Traven, cela fait évidemment une série codée...). Je lis encore ceci, qui donne l'ambiance : « Dans ma cabine, quelqu'un a barbouillé de noir la tête et les mains de la femme qui apparaît sur les consignes pour les gilets de sauvetage. Six photos, six fois ce qui apparaît de chair féminine été recouvert de noir. Un pèlerin particulièrement zélé ? » Ce qui me semble maintenant, c'est qu'il doit y avoir un certain rapport entre la femme en noir contemplant la mer, la figure d'Hart Crane plongeant dans le bouillonnement nocturne du sillage, les photos dévotement censurées et la photo brûlée. Voilà que je me mets à interpréter mes propres textes, même pas des textes, des notes de voyage...

Le neuf août, nous étions à Djeddah. Naturellement, je n'avais pas le droit de débarquer, ni même de faire quelques pas sur le quai. Néanmoins, pour autant que j'aie pu me former une opinion depuis le pont supérieur du *Joudi*, je ne recommande à personne le séjour en ces lieux, à cette saison. « Et c'est là que serait le tombeau d'Ève... », lis-je dans mes notes. Je me souvenais vaguement d'une description de la ville dans *Les Sept Piliers de la sagesse*, je m'attendais à apercevoir de vieilles demeures turques, des palmes, des minarets... Les minarets au moins me semblaient assurés, or pas un n'était visible. Au lieu de cela, tours de verre fumé, cheminées d'usines, silos, réservoirs de pétrole, autoroutes sur lesquelles glissaient des limousines américaines, toute une hideuse grisaille gaufrée par l'air brûlant. Car, en attendant, c'était moi l'hôte de la Fournaise. Sur mon carnet, j'ai noté : *sokh, har = hot* ; et, mû sans doute par un esprit de symétrie : *bêrit, sêea = cold.* Et encore ceci qui prête à rire, étant donné certaines habitudes auxquelles j'ai fait allusion au début de ce texte : *ana aawiz Pepsi = may I have one Pepsi ?* Je lis dans mes notes : « Il va bien falloir, en dépit de mes préventions, que je me décide à mettre un short. Or ce vêtement, depuis la disparition des Anglais de la région, est strictement réservé aux petits enfants. » Un peu plus loin : « Dieu soit loué, mon short n'a pas l'air de provoquer d'étonnement. Les filles de Muhammad, le copain de Samir, qui jusque-là avaient les cheveux découverts, ont mis le *shel* blanc pour débarquer. On se fait des adieux touchants. Samir : il ne comprenait pas ce que j'allais foutre au Soudan. Des vacances ? Même lui, l'idée le faisait rire. Travailler, alors ? Mais quel travail ? Écrire ? L'affaire ne lui semblait pas claire. Elle ne l'est pas, en effet. »

La scène suivante a quelque chose à voir avec ces embarras : « En mettant mon linge à sécher sur le pont supérieur, rencontré mon premier habitant de Port-Soudan : un grand nègre en djellabah qui me demande une cigarette. "Go to Sudan ?", il me dit. Et comme je lui réponds que oui : "I, Port-Sudan." Cette ville existe donc bien. » A franchement parler, ce n'était pas le souci de vérifier ce point qui expliquait ma présence à bord d'un ferry-boat saoudien, mais quelque chose d'un peu plus tordu. J'avais écrit un livre appelé comme ça, *Port-Soudan* : sans y avoir jamais mis les pieds. De cette ville, je ne connaissais qu'une vague mention dans *Aden Arabie*, et ce qu'en disent les *Instructions nautiques*, qui est magnifiquement précis et complètement abstrait, comme le sont tous les écrits prétendant à l'exactitude, à l'exception remarquable de la littérature : on pourrait même la définir ainsi (entre mille autres façons) : qu'elle doit être à la fois exacte et concrète, précise et quasi matérielle, le dernier stade des mots avant qu'ils ne cristallisent en matière. Écrire, c'est amener les mots aussi près que possible de cette sublimation. Dans les *Instructions...*, auxquelles un des textes de ce recueil rend hommage, la seule indication susceptible de parler aux sens était qu'il arrivait que la température, par vent de Sud-Est, montât jusqu'à cinquante-deux degrés : cela m'avait impressionné, dans la chambre d'hôpital où j'écrivais *Port-Soudan*, devant une fenêtre qui encadrait un entrelacs d'arbres noirs sur la neige. Un des objectifs de ma vie qui en a eu beaucoup, certains vastes, d'autres pas, pas tous avouables, c'est d'éprouver une amplitude thermique de cent degrés : histoire de faire cuire mon petit œuf-coque. J'avais déjà connu *sorok*, moins quarante, en Sibérie, je voyais que Port-Soudan pouvait m'aider à m'approcher de ce but enviable. L'amitié étant une des passions avouables de ma vie, je ne vois pas de raison de dissimuler ce qui me revient en ce moment où Djeddah n'est plus que ce que me dicte l'obligation due aux mots, où la mer Rouge est devenue un repli géologique entassant et mêlant souvenirs fossilisés et réflexions ingénues : ce volume des *Instructions...*, si j'avais pu le consulter dans mon asile hivernal, je le devais à l'attention d'une amie morte aujourd'hui, Odile Cail, que certains dans le milieu des lettres, comme on dit, ont connue. Et cela me fait penser à une scène qui m'avait touché dans un roman, *Sarnia*, dont j'avais fait la critique, au temps presque biblique où j'écrivais dans *Libération* : l'unique ami, je crois, du narrateur, marchant à marée basse vers un phare, sautait sur une mine laissée par la guerre. Je ne sais pas pourquoi, disait l'autre, ce sont toujours ceux que j'aime à qui il arrive malheur.

Toujours est-il qu'à l'époque où Amin Yousif Alloub m'aborda sur le pont supérieur du *Joudi* rissolant dans un bassin de Djeddah, ce roman, *Port-Soudan*, dont la disparition est le thème, traversait lui-même l'éclipse totale qui précède la parution : achevé, remis à mon éditeur, il avait cessé d'exister par moi, je n'y pouvais plus rien changer (peut-être l'eussé-je voulu) ; non encore publié, il n'avait pas commencé à exister pour d'autres. C'était une lettre irrévocablement échappée et pas encore reçue, prenant le prétexte d'un lieu inconnu pour parler d'absence : je flottais dans l'indéterminé, et cela, dans mon déplaisir, ne me déplaisait pas. La mer Rouge était, aussi, le lieu de ce *flottement* (de ce ravissement ?). Et voilà que ce type de chair et d'os me disait être de là-bas, de cette métaphore, dans un sens aussi terre-à-terre que *Le Monde des livres* d'aujourd'hui (deux ans et une semaine après, pour être précis) qualifiant Didier Daeninckx de « gars d'Aubervilliers ». À vrai dire, ce que son propos avait de précis, l'imprécision de sa langue le rendait équivoque : car, à la lettre, cela semblait signifier : « Je *suis* Port-Soudan »... Ayant tout oublié de lui, je lis dans mon carnet, de sa main, l'adresse du gars de Port-Soudan : New Halfa, P. O. Box 14. Je ne lui ai jamais écrit : il est presque incroyable de penser à la somme, la soustraction plutôt, de gestes minuscules qu'on a négligé de faire, et qui eussent donné de la joie à des parents, des amis, des inconnus rencontrés sur un ferry-boat. Une carte postale de la tour Eiffel, à New Halfa, eût été un faste inouï. Envisagées de ce point de vue, qui n'a rien d'absurde, nos vies sont un tissu de crimes de non-assistance. J'ai tout oublié d'Amin, cependant les mots, pour sommaires qu'ils soient, ne me permettent pas de douter que je le prenais pour un type bien : « Si je veux, me dit-il, je puis rester un an chez lui. » « Putain ! Amin, l'homme au turban, connaît Garaudy ! Il me demande si je lis le Coran dans une traduction du fameux Roger ! Barbe, visage intelligent et souriant, dents éclatantes, il aurait plu à Lawrence ou Loti. » Des images m'eussent permis de me souvenir de ses traits, pas du jugement qu'immédiatement je portai sur lui. Les lettres ne sont jamais complètement mortes. Et ce n'est pas par hasard si notre époque leur préfère décidément les images.

Une dernière équivoque devait faire un mirage à tiroirs de ce « retour à Port-Soudan » qui n'en était pas un, puisque je n'y étais jamais allé qu'en songe : alors que je remplissais ma fiche à l'hôtel assez pompeusement baptisé « Port-Soudan Palace », une voix anglaise se fit entendre derrière mon épaule : *« You are Olivier Rolin ? The writer ? »* Auteur d'un livre encore clandestin, de passage incognito dans une ville où ne fourmille pas l'intelligentsia cosmopolite, et que j'avais calomniée sans la connaître, j'étais immédiatement reconnu comme écrivain, et par un Anglais, qui plus est ! La chose était tellement ahurissante qu'en dépit du vif plaisir d'amour-propre qu'elle me causait, je n'y crus pas plus d'une demi-seconde, le temps de me retourner et de demander à mon interlocuteur s'il était bien sûr de ne pas se tromper. Non, non, il avait lu un livre de moi, dont il avait oublié le titre. En français ? Non, en anglais. Comme si les Anglais avaient du temps et de l'argent à gâcher à traduire des *froggies*... Cet homme, peu au fait du commerce des lettres (je crois me souvenir qu'il s'occupait d'adduction d'eau), s'imaginait sans doute que la littérature française était une affaire aussi considérable que la Lyonnaise des Eaux. Il devait me confondre avec Marcel Proust ou Guy de Maupassant.

Djeddah était plus aimable de nuit, peut-être parce qu'elle s'éloignait au bout du sillage : traînée de lumières orange répandues sous le ciel mauve, et un immense jet d'eau au bout des quais, que le vent faisait onduler comme un fantôme : hormis quelques détails, dont la température, on eût pu se croire sur un vapeur du Léman. En fin de compte, un midi, le *Joudi* fut en vue d'un rivage couleur de peau de lion, surplombé dans le lointain par des montagnes presque transparentes. Sur le récif, tel Xerxès au bord de l'Hellespont, des silhouettes humaines frappaient l'eau avec de longs bâtons. Pas un souffle de vent, tout, l'eau lisse, la côte, les maisons basses, les arbustes à toit plat, semblait écrasé par le marteau-pilon du soleil. L'antique Souakim, ogives, créneaux, minarets de corail blanc-rose, grande arête de poisson parmi les épaves de boutres, nettoyée par le ciel ardent. Des chèvres au milieu des ruines incandescentes. Une tortue nageait dans les eaux transparentes du port. Sur le quai, ce qui paraissait de loin des tas de détritus se révélait être des amoncellements de bagages débarqués du *Saudi Golden Arrow*, le courrier de Massaouah. Sous un hangar que le tournoiement de dizaines de ventilateurs semblait vouloir arracher du sol, enlever dans les trombes d'air brûlant comme une machine de Jules Verne, des militaires présidaient à la cérémonie des passeports. Je lis mes notes : « Le mien passant d'une table à l'autre, au milieu d'une cohue indescriptible, puis revenant, inchangé, observé de nouveau attentivement, comme une chose rare, repartant vers une autre table. De temps en temps, l'un ou l'autre militaire remplit une fiche, dont la multiplication forme vite une liasse, que d'autres agrafent. Ils inscrivent des choses, très lentement, sur de grands registres comme en avaient les comptables d'autrefois. *Sit down here*. Et puis non, après il faut aller à une autre table, sur laquelle au bout d'un certain temps mon passeport atterrit miraculeusement, nanti des mêmes fiches, de nouveau observées avec soin, etc. Parfois, il est sur le sommet de la pile et passe en dessous, rétrograde derrière des Égyptiens, parfois c'est le contraire. Tout cela, au demeurant, fort poliment. »

Je transcris mes notes sans y rien changer. J'aurais bien enlevé la « cohue indescriptible » qui est un parfait lieu commun, mais non. Jeunes gens qui prétendez écrire, sachez que des expressions avariées comme celle-là ne doivent jamais venir sous votre plume. Il n'y a rien d'autre à apprendre. Mes notes sont portées au crayon sur un carnet beige, obligeamment fourni par Actes Sud, et du même format que les livres de cette maison qui sont on le sait, de toute l'édition française, les plus agréables à glisser en poche (*La Mort en Arabie*, de Thorkild Hansen, qui m'accompagnait en mer Rouge avec Arthur et le Coran, faisant exception : trop gros). Sur la couverture, une main tenant une plume d'oie surmonte la sobre inscription : CAHIER. Dans quelques années se seront effacées les lignes qui déjà ne libèrent plus les images qu'elles prétendaient enfermer dans le piège des mots. Toute la mer Rouge aura brûlé, comme une photo d'autrefois, comme la mention, sur les registres de la police de Souakim, de mes nom, prénom, date et lieu de naissance, nationalité, sexe, religion, numéro de visa, objet et durée du voyage. Soixante kilomètres séparent Souakim de Port-Soudan. On les franchit cramponné aux ridelles d'un de ces camions appelés « box » qui servent au transport dans tout le pays. De part et d'autre de la route, à travers des platitudes piquées d'épineux, des voiles écarlates, indigo, vert véronèse, mènent quelques chèvres vers les tentes des Bédouins Rashaidas. Peu avant la ville, l'épave d'un cargo flotte sur des lames d'air scintillant (quelques jours plus tard, je croirai crever en marchant vers elle, à une heure de l'après-midi). Des silos, des bicoques en ciment, des friches de ferraille croûtées de sel, l'énorme quadrilatère ocre de la prison marquent l'approche de ce centre du monde. Une raffinerie retourne l'*Alchimie du verbe* : « Je voyais très franchement une mosquée à la place d'une usine. » Une lagune à main droite, quelques grues, un rond-point sableux au centre duquel la statue d'une bouteille de Coca-Cola géante manque vous faire défaillir de concupiscence : on est arrivé.

Table

RÉALISATION : I.G.S. - CHARENTE PHOTOGRAVURE À L'ISLE-D'ESPAGNAC
IMPRESSION SUR ROTO-PAGE
PAR L'IMPRIMERIE FLOCH À MAYENNE
DÉPÔT LÉGAL : MARS 1997. N° 31264 (41041)